生态文化旅游资源开发
社区参与机制研究

张 英 著

湖北省社会科学基金项目成果

科 学 出 版 社

北 京

内 容 简 介

生态文化旅游产业是最具关联效应和乘数效应的产业，也是践行"绿水青山就是金山银山"理念的重要领域，是传承弘扬中华文化的重要载体，坚持以文塑旅、以旅彰文，生态、文化和旅游的进一步融合成为大趋势。本书从生态文化旅游发展的理论和中国的实践出发，认为在生态文化旅游高质量发展中旅游目的地社区参与是关键，并从社区参与的驱动、利益分配和保障监督方面，构建了社区参与生态文化旅游开发的"三位一体"模式，探索旅游目的地新型集体经济与个体经济的互惠共生，推动旅游业发展与旅游目的地社会经济生态效益的有机统一，推动旅游高质量发展和可持续发展，巩固旅游业作为国民经济战略性支柱产业的地位。

本书适合关注旅游发展、生态文化旅游开发的相关理论研究者、实务工作者和学生阅读。

图书在版编目（CIP）数据

生态文化旅游资源开发社区参与机制研究 / 张英著. —北京：科学出版社，2023.9

ISBN 978-7-03-076385-3

Ⅰ. ①生… Ⅱ. ①张… Ⅲ. ①生态旅游-旅游业发展-研究-中国 Ⅳ. ①F592.3

中国国家版本馆 CIP 数据核字（2023）第 176511 号

责任编辑：郝　悦 / 责任校对：姜丽策
责任印制：张　伟 / 封面设计：有道设计

科 学 出 版 社 出版
北京东黄城根北街 16 号
邮政编码：100717
http://www.sciencep.com
固安县铭成印刷有限公司 印刷
科学出版社发行　各地新华书店经销

*

2023 年 9 月第 一 版　开本：720×1000　1/16
2023 年 9 月第一次印刷　印张：13
字数：262 000
定价：136.00 元
（如有印装质量问题，我社负责调换）

目　　录

绪　　论

社区参与生态文化旅游资源开发是指旅游目的地居民参与生态文化旅游开发与发展，并通过参与来享受经济、社会等各项利益。社区参与生态文化旅游资源开发已经成为当今旅游业可持续发展过程中一项重要的内容和不可缺少的环节。我国旅游资源丰厚、发展潜力巨大，发展生态文化旅游顺应了旅游业可持续发展潮流，体现了"以人为本""又好又快"的发展理念，要实现生态文化旅游的可持续发展，离不开当地社区居民的智慧、参与和支持，社区参与是我国生态文化旅游发展战略实现的底气和根基所在。

一、生态文化旅游发展新机遇

（一）政策驱动：生态文化旅游成为我国新兴支柱产业

生态文化旅游成为旅游业发展的新趋势。20 世纪 90 年代后期，生态文化旅游在西方蓬勃兴起，1995 年 4 月，可持续发展世界会议在西班牙加那利群岛召开，大会强调要认识旅游对环境的依赖性，旅游和环境保护相结合才能获得可持续发展，旅游业的可持续发展应与经济、文化等其他领域的发展相协调，会议还通过了《可持续旅游发展宪章》。1998 年，在墨西哥召开的国际环保大会上，作为环境发展战略，生态文化旅游首次被提出来。

旅游业已经成为我国支柱产业，国务院《关于加快发展旅游业的意见》（国发〔2009〕41 号），将旅游作为扩大内需、拉动消费的战略产业和优先突破口，首次提出把旅游业培育成国民经济的战略性支柱产业。旅游业因具有综合性强、关联度高、产业链长、辐射面广、带动力大的特点，在国民经济中的作用日益凸显，呈现快速发展的势头。近年来，党中央、国务院高度重视旅游业发展，提出要把旅游业打造成为传承中华文化、弘扬社会主义核心价值观、提升国民素质、促进社会进步的重要渠道，成为绿水青山转化为金山银山、生态文明建设的重要抓手，并制定了《关于促进旅游业改革发展的若干意见》《关于进一步促进旅游投资和消费的若干意见》等一系列鼓励支持发展旅游业的政策，旅游业被提高到前所未有的战略高度。2018年5月，习近平总书记在全国生态环境保护大会上发表重要讲话，阐明了新时代推进生态文明建设的新原则、新体系、新目标和新任务。他强调，要自觉把经济社会发展同生态文明建设统筹起来，充分发挥党的领导和我国社会主义制度能够集中力量办大事的政治优势，充分利用改革开放40年来积累的坚实物质基础，加大力度推进生态文明建设、解决生态环境问题，坚决打好污染防治攻坚战，推动我国生态文明建设迈上新台阶[1]。他还指出"中华民族向来尊重自然、热爱自然，绵延5000多年的中华文明孕育着丰富的生态文化"[1]。2018年6月，《中共中央 国务院关于全面加强生态环境保护 坚决打好污染防治攻坚战的意见》明确提出，深入贯彻习近平生态文明思想，"坚持绿水青山就是金山银山"。"十三五"期间，旅游业成为践行"绿水青山就是金山银山"理念的重要领域。各地区在严格保护生态环境的前提下，科学合理推动生态产品价值实现，推进旅游与生态、文化等产业深度融合，走出一条生态优先、绿色发展的特色旅游道路。《中华人民共和国国民经济和社会发展第十四个五年规划和2035年远景目标纲要》，提出"坚持以文塑旅、以旅彰文，打造独具魅力的中华文化旅游体验"。《国务院关于印发"十四五"旅游业发展规划的通知》（国发〔2021〕32号）明确提出，坚持"绿水青山就是金山银山"理念，通过发展旅游业促进人与自然和谐共生，打造人文资源和自然资源保护利用高地。为此，各地区发布了相关优惠政策助推生态文化旅游业发展，如财政补贴、税收优惠等，为生态文化旅游发展提供了财力支持，推动生态、文化和旅游业的深度融合。2022年召开党的二十大，习近平总书记在报告中明确指出：中国式现代化是人与自然和谐共生的现代化。人与自然是生命共同体，无止境地向自然索取甚至破坏自然必然会遭到大自然的报复。我们坚持可持续发展，坚持节约优先、保护优先、自然恢复为主的方针，像保护眼睛一样保护自然和生态环境，坚定不移走生产发展、生活富裕、生态良好的文明发展道路，实现中华民族永续发展[2]。我国生态资源和文化资源丰富，发展生态文化旅游产业资源禀赋得天独厚，大力发展生态文化旅游，促进地区经济发展，成为人类政治、经济、社会健康发展的助推器。

---

① 习近平出席全国生态环境保护大会并发表重要讲话[EB/OL]. https://www.gov.cn/xinwen/2018-05-19/content_5292116.htm，2018-05-19.

② 习近平. 高举中国特色社会主义伟大旗帜 为全面建设社会主义现代化国家而团结奋斗——在中国共产党第二十次全国代表大会上的报告[EB/OL]. https://www.gov.cn/xinwen/2022-10-25/content_5721685.htm，2022-10-25.

（二）现实推动：生态文化旅游发展迅速

"十四五"时期，我国将全面进入大众旅游时代，旅游业发展仍处于重要战略机遇期。进入新发展阶段，旅游业面临高质量发展的新要求。全面建成小康社会后，人民群众旅游消费需求从低层次向高品质和多样化转变，由观光旅游向休闲度假旅游、生态文化体验旅游转变。为了推进旅游业转型升级，提升旅游发展质量，必须统筹生态、文化和旅游业发展，构建生态文化旅游协作区。在加快东部地区推进旅游现代化建设、建设完善休闲度假体系、提升旅游核心竞争力的同时，需要进一步推动中部地区完善旅游体系，加大旅游资源整合力度，促进旅游品牌升级，如支持革命老区、少数民族地区、边疆地区和欠发达地区发挥特色旅游资源优势，加快旅游产品培育，打造一批红色旅游融合发展示范区、休闲农业重点县、美丽休闲乡村、少数民族特色村镇、民族文化旅游示范区、边境旅游试验区和跨境旅游合作区等，如长江中游城市群生态文化旅游协作区、西北旅游协作区、京津冀旅游协作区、北部湾旅游协作区等。

生态文化旅游是一种新型旅游模式，通过协同自然景观和人文景观，构建相对完整的生态文化旅游系统，吸引五湖四海的游客前来欣赏优美的景观和体验特色文化，创造新的利润增长点，使当地群众的生活条件得到明显改善、收入水平提高。发挥旅游景观的文化载体功能，让游客在受到艺术审美熏陶的同时，对当地特色产生新的认识，产生深入探究文化的欲望，让地方文化由各地游客迅速传播开来，保护环境的意识渗透到游客心中，提升国民整体素质，增强民族自豪感和文化自信，展现中华民族全新的精神面貌，有效抵御外来文化入侵。生态文化旅游充分体现了习近平生态文明思想内涵和旅游高质量发展的要求，是我国旅游业发展的重要方向，可促进旅游业提档升级、提质增效，更好实现文化赋能、旅游带动，实现发展质量、结构、规模、速度、效益、安全相统一。

我国有绮丽秀美的自然风光、悠久厚重的历史文化，旅游资源得天独厚且独具特色。依托富集的生态资源、厚重的文化底蕴，按照"大文化、大旅游、大产业"理念，全力推动生态文化旅游持续健康发展。生态文化旅游以绿色经济为主导，注重生态效益与经济效益的协调发展，具有很大的发展空间和附加价值。从当前的经济大环境来看，生态文化旅游既有市场经济形态的经济支撑，为各种民营企业提供了合作契机和优势条件。同时，经济发展的历史时期也成为激活生态文化旅游竞争活力的重要条件。随着国际经济复苏，经济整体活力、收入水平及就业市场都得到了复苏，从而使消费者的消费水平得到提升，生态文化旅游迎来了新的发展机遇和市场空间。近年来，生态文化旅游获得了长足的发展，每年以15%~20%的速度迅速发展，成为当前旅游业可持续发展的新趋势。"特色小镇"是生态文化旅游产业发展的重要类型之一。特色小镇不同于传统乡镇，而是以产业发展为基础，集产业、文化、旅游、社区功能于一体的综合平台。2016 年 7 月，住房和城乡建设部、国家发展和改革委员会、财政部联合发出《关于开展特色小镇培育工作的通知》，提出到 2020 年，培育 1 000 个左右各具特色、富有活力的休闲旅游、商贸物流、现代制造、教育科技、传统文化、美丽宜居等特色小镇。中国各省区市开始密集颁布特色小镇政策并策划特色小镇建设工作，中国特色小镇行业市场规模出现爆发性增长。2016 年 10 月，第一批特色小镇名单公布，共有 127 个中国特色小镇。2020 年，全国特色小镇规划数量达 2 698 个。中国特色小镇行业市场规模由 2015 年的 555.1 亿元增长至 2019 年的 13 458.1 亿元，年复合增长率为 121.90%。与此同时，各省区市也大力推进生态文化旅游建设。2019 湖南·益阳第三届洞庭湖生态文化旅游暨水上运动节在长沙举办，共促成了 10 个重大项目签约，总金额达到 74.87 亿元。2019 年，四川省宜宾市长宁县打造国际竹生态文化旅游目的地。2021 年 6 月，内蒙古黄河几字弯生态文化旅游季在鄂尔多斯市黄河大峡谷启动，推出红色革命文化游、绿色生态文化游、特色景观景致游、考古历史文化游、乡村民俗文化游等主题生态文化旅游活动。2021 年 10 月 12 日，湖南省怀化市举办生态文化旅游产业发展大会，共签约了 9 个文旅项目，总金额为 62.6 亿元。随着旅游业的快速发展，游客出游的兴趣会更加浓烈，出游的消费者需求正在发生悄然变化，消费需求将会更加多元化和个性化，绿色生态环境和文化资源结合为一体的旅游景点将会成为游客的首选。因此，市场推动和游客消费需求的转变为生态文化旅游发展带来新机遇。

（三）发展动力：社区参与是生态文化旅游的本质要求

1993 年，国际生态旅游协会明确指出生态旅游应"维系当地人民生活"，将社区参与作为检验生态旅游的重要标准之一。1997 年，世界旅游组织、世界旅游理事会和地球理事会联合制定的《关于旅游业的 21 世纪议程——实现与环境相适应的可持续发展》明确指出，可持续发展的旅游业必须保证社区成员都能享受旅游所带来的益处。

在现代旅游业中，生态文化旅游脱颖而出并受到广大游客的追捧。社区参与对于生态文化旅游不是"应当"而是"必须"，要真正成为生态文化旅游，必然要实现社区参与。针对生态文化旅游，国内外学者开展了大量研究。国外学者主要是从生态文化旅游产品开发上进行研究，国内学者主要是通过案例分析的形式分析社区参与生态文化旅游带来的效应，并提出建议。研究表明：社区参与能增强文化自信心，弘扬和发展文化，保护当地生态环境，增强当地居民的自我发展能力。社区居民是生态环境的倡导者、管理者和监督者，文化资源的传承者和保护者，只有通过支持社区的发展，才能实现对自然区域以及整个生态环境和文化的保护。因此，生态文化旅游需要建立良好的社区参与机制，赋予社区居民参与的权利，从而实现生态文化旅游的可持续发展。

二、生态文化旅游开发社区参与的意义

（一）生态文化旅游开发社区参与机制呼唤理论指导

　　旅游业发展在促进旅游目的地经济和社会快速发展的同时，也不可避免地给旅游目的地带来了诸多问题，如环境污染、社会文化破坏、旅游业收益分配不公平等。若社区居民被动承担了过多旅游业发展带来的负面影响，却没有因此获得应有的补偿或权益，长此下去，可能引起社区居民的怨恨，出现多克西（Doxey，1975）所说的现象：社区居民对旅游发展的态度经历欣喜、冷漠、恼怒和对抗几个阶段，最后社会文化和环境遭到破坏。仅从旅游者、旅游管理者或旅游研究者角度，很难解决现实中的诸多问题。很多旅游地的发展都要依托社区，只有从社区的角度出发，处理好社区与旅游发展的关系，才有可能获得旅游发展新的突破。尤其在很多欠发达地区，社区成为重要的吸引物，如具有浓厚文化风情地区居民的日常生活及习俗等，发展旅游更是无法忽视与社区的合作。

　　我国还存在地方政府、行业部门和基层组织"包打天下"的情况，认为旅游产业的经营是各旅游主管单位与企业组织的事，与城乡社区无关，对社区居民的利益贡献主要停留在提供就业和物质销路方面，而经营管理人员大多都来自外地。为了谋求最大化的经济利益，经营者有可能漠视生态环境保护、滥用资源，对环境构成威胁。当地社区居民由于被排斥在生态文化旅游开发之外，不仅难以分享旅游业发展的利益，而且还要承受环境和文化等各种负面影响。诚然，现在很多地方已经开始认识到社区参与生态文化旅游的重要性，并做了一些有益的尝试，但缺乏理论上的指导，吸收社区参与的观念不够强，途径、方法缺乏。因而，探讨生态文化旅游开发中的社区参与问题，分析市场经济条件下生态文化旅游开发及社区发展中的冲突与矛盾，找出两者的协同路径和建立两者的利益平衡与保障机制，对生态文化开发和发展有理论研究上的价值，同时也可为各地区社区参与生态文化旅游开发实践提供指导。

（二）生态文化旅游开发社区参与机制的现实需要

　　生态文化旅游的特点之一就是当地居民能参与旅游开发与管理和分享利益，

并为自然环境和文化保护提供支持。我国生态文化旅游资源品质高、种类全、规模和集中度好，具有广阔的开发空间与发展潜力。我国既有海洋、平原、丘陵、高山、大江、湖泊、森林、动植物等自然资源，又有历史悠久、丰富多彩的历史文物、艺术成果和民族风情等文化旅游资源。生态旅游资源和文化旅游资源相融合，具有典型的生态文化旅游资源特征，为生态文化旅游开发提供了良好的资源优势。生态文化旅游遵循可持续发展理论进行开发，将生态环境保护和文化资源利用相结合，是较好的环境友好、社会友好的旅游发展方式。发展生态文化旅游，当地政府、开发商和经营者、专业技术人员、社区居民和游客等各个利益主体追求的目标是不一样的，存在一定的利益矛盾甚至冲突，社区居民作为重要利益主体之一，其地位和利益不能被排挤在边缘地带。因此，必须重视社区居民的主体地位，尊重社区居民的意愿和利益诉求，构建参与驱动、利益分配和保障监督机制，将社区居民参与权利合法化和制度化，实现社区居民有效参与，让社区居民成为生态环境和文化资源的保护者，从而推进生态文化旅游持续健康发展。

三、生态文化旅游资源开发社区参与机制的研究思路、主要内容和研究方法

（一）研究思路

本书以可持续发展、生态文化旅游规划、社区参与、外部性和利益相关者（stakeholder）等理论为指导，从生态文化旅游目的地社区参与在实现地区经济结构调整中既有利于保护环境又有利于文化传承的思路出发，认为社区参与生态文化旅游开发是促进当地经济发展、提升社区居民收入水平、推动乡村振兴，最终实现共同富裕的有效方法，是实现旅游目的地社区经济、生态、社会效益平衡的有效途径。研究思路如下（图0-1）。

第一章从研究背景出发，提出写作的缘由和意义，介绍研究思路、主要内容、研究方法和学术创新。

第二章从旅游经济学、制度经济学出发，厘清社区与生态文化旅游发展之间的关系，界定生态文化旅游开发中各相关利益主体，从社区参与生态文化旅游开发的参与驱动、利益分配和保障监督三方面，构建社区参与生态文化旅游开发的"三位一体"模式。

第三、四、五章分别从社区参与生态文化旅游开发的驱动、利益分配及保障监督三方面进行分析，构建社区参与的驱动机制、利益分配机制和保障监督

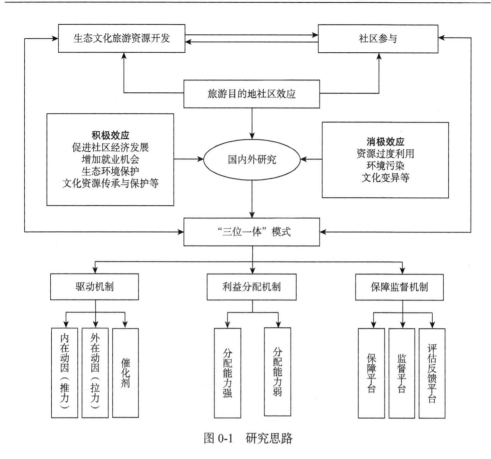

图 0-1　研究思路

机制。

第六章典型案例分析，以湖南省张家界市泗南峪社区为例，从问卷调查及统计分析结果入手，运用前面的理论和模型对当地居民和村委会参与生态文化旅游开发情况进行系统分析，掌握社区居民参与生态文化旅游发展的特点、利益分配状况和保障等情况，找出其经验和问题，并提出针对性建议。

第七章是研究结论与展望。

（二）主要内容

1. 构建社区参与生态文化旅游开发"三位一体"模式

本书基于社区参与的视角，搭建社区参与平台、利益分配平台和保障平台，构建社区参与生态文化旅游开发的驱动机制、利益分配机制和保障监督机制形成"三位一体"模式，合力推动社区与旅游一体化发展，推动社区经济发展、社会和谐和生态和谐。

2. 构建社区参与生态文化旅游开发的驱动机制

从动力系统角度出发，构建社区参与生态文化旅游开发驱动机制，推动生态文化旅游健康发展。内在动因（推力）有经济因素、文化因素、资源整合因素、旅游参与因素、基础设施因素；外在动因（拉力）有政府引导、融入社区规划、国际组织的援助和推动；催化剂有开发需求、社区自治、自然保护战略的转变。

3. 构建社区参与生态文化旅游开发的利益分配机制

根据利益机制形成机理，按照社区居民的分利能力，设计不同的利益分配方式，既有保证个人能力在生态文化旅游发展中充分施展而直接获利，也有在企业、能人、集体带动帮扶下的间接获利，构建新型的集体经济与个体经济互惠共生机制，满足全体社区居民的利益分配要求。

4. 构建社区参与生态文化旅游开发的保障监督机制

保障监督机制由社区参与保障平台、监督平台和评估反馈平台构成，保障社区参与生态文化旅游高效运行。社区参与保障平台有法律保障、技术保障、体制保障；社区参与监督平台有政府监管、行业协会监督、社会舆论监督、社会公众和社区内部的监督；社区参与评估反馈平台有评估机制、反馈机制和构建社区参与效果评估模型。

（三）研究方法

基于社区参与生态文化旅游研究是一项边缘性、交叉性的科学，它涉及旅游学、经济学、管理学、生态学、社会学等多门类、多学科的理论及研究方法，同时又有较强的应用性，因此，本书的研究遵循理论联系实际原则，应用具体研究方法如下。

（1）系统分析方法。系统思想可以说是从整体上把握事物内部结构和变化规律的思想方法，将研究对象看成具有一定层次结构的系统，以整体的观念对系统要素进行组合、分解、协调及反馈分析。系统思想有助于认识整体及其部分之间的关系，厘清相互联系的要素，是研究复杂系统的一种有用的思想方法。本书总体构建上是尝试以系统分析方法对社区参与生态文化旅游进行综合性分析和整体上的把握。

（2）实证分析和规范分析相结合的方法。本书在社区参与的影响因素、社区参与的驱动力、利益分配等方面都运用了实证分析和规范分析方法，在社区参与的驱动和评估体系构建中采用了层次分析法与综合指标评价指数模型，确定综合评价标准，以评估社区在生态文化旅游开发中的参与程度及效果，从而使本书研究更直观，更具有可操作性。

（3）比较分析方法。在社区参与方面国内外已经积累了较为丰富的经验，在旅游资源开发的社区参与上也有一些实践，本书通过收集、整理和分析国内外相关案例，对其具体实践进行了有针对性的对比和分析，以此作为前面理论研究的论据和后续发展的借鉴与参考。

（4）田野调查案例分析方法。为收集真实、准确、翔实的第一手资料，通过对贵州省丹寨县万达小镇、湖南省怀化市鹤城区大坪村、云南省元阳县阿者科村、陕西省礼泉县袁家村、云南省南华县咪依噜风情谷、新疆喀纳斯景区、湖南省张家界市泗南峪社区等地进行资料搜集或实地调研，了解生态文化旅游开发中社区参与的驱动机制、利益分配机制和保障监督机制等情况，积累了较为扎实的研究资料。

四、生态文化旅游开发社区参与机制的学术创新

生态文化旅游产业是最具有关联效应和乘数效应的第三产业，生态文化旅游体现出保护性、经济性和差异性特征，决定了社区参与是生态文化旅游活动的重要内容。从各国生态文化旅游的实践来看，不论是在发达国家还是在发展中国家，生态文化旅游发展得好的地区，一定也是社区积极参与和支持旅游发展的地区，通过发展以社区参与为基础的生态文化旅游，调动社区全体成员的积极性，实现收益最大化，在发展目的地社区经济、维护当地环境、保护当地文化方面都取得了良好的效果，从而也证明了社区参与生态文化旅游在实践上是可行、有效的，在理论上也是必需的。本书研究的创新点具体体现在三个方面。

（一）构建社区参与生态文化旅游"三位一体"开发模式

本书提出社区与生态文化旅游开发一体化观点，并从理论上构建社区参与生态文化旅游开发的"三位一体"模式，通过模式运作，发挥社区参与的经济、社会和生态和谐效应。

一是旅游体验的高质量效应，为游客提供更美好的体验。对旅游者而言，高

质量可归纳为三类：设施的舒适性、体验的真实性和心理的满足感，其中，游客体验的真实性是生态文化旅游活动的本质之一。旅游者欣赏到原汁原味的自然生态和民俗文化的基本前提，是当地居民的服务、表演、生活、生产等活动都是出于真情的自然流露，而不是虚伪的纯商业化的。只有让社区居民切实参与生态文化旅游，并参加必要的行业培训，他们才会以适当的形式积极展示本地的独特文化。社区居民尤其是一线接待人员长期与游客接触，他们了解游客需要什么，能提供生态文化旅游项目开发与设施安排方面的建议，这一点对那些已经有一定生态文化旅游实践的地区非常适用。

二是社区居民的增权效应，维护社区居民的权利。社区居民作为生态文化旅游活动的利益主体之一，有权对生态文化旅游的开发与规划发表意见或直接参与决策。人类学观点认为，社区参与生态文化旅游的意义在于尊重旅游目的地居民的主人地位，进而获得他们的全方位支持，其中，主人地位是指社区居民的利益主体权，社区居民作为目的地的主人，理应"在旅游规划和管理过程中占有领导地位"（Murphy，1985）。他们有权知晓生态文化旅游开发将对本地未来一段时期社会文化发展带来的影响，进而对是否进行生态文化旅游开发、开发的速度与时机，以及如何保护当地的社会文化等问题提出自己的想法和建议。

三是经济、社会和生态发展的协调效应，促进当地社会文化资源的保护。许多生态文化旅游目的地的成功经验都表明：社区的参与有利于增强当地居民保护和弘扬传统文化的自觉性与自信心，避免地方文化在外来文化的冲击下发生扭曲甚至迷失方向，以参与这种动态的形式实现对旅游目的地社会文化资源的保护，从而实现旅游目的地社区经济、生态、社会效应的平衡。

（二）探索旅游目的地新型集体经济与个体经济的互惠共生

2022 年中央一号文件《中共中央 国务院关于做好 2022 年全面推进乡村振兴重点工作的意见》指出：探索新型农村集体经济发展路径，实施乡村休闲旅游提升计划。我国山水生态和民族文化资源丰富，历史文化古村镇和全国乡村旅游重点村很多，基于乡村旅游产业特性和乡村振兴、共同富裕目标的考量，走新型集体经济与个体经济互惠共生道路，成为一种较好的选择，而且在实践中也形成了阿者科村、袁家村、泗南峪社区等多种新型集体经济与个体经济互惠共生模式。在生态文化旅游发展中建立新型集体经济与个体经济的互惠共生关系，完善新型集体经济与个体经济的互惠共生机制，是实现共同富裕的有效路径，也是对中国式现代化乡村振兴道路的新探索。

（三）实现旅游目的地经济效应、生态效应和社会效应平衡

《国务院关于印发"十四五"旅游业发展规划的通知》（国发〔2021〕32号），提出"坚持以文塑旅、以旅彰文，推进文化和旅游融合发展"。与此同时，贯彻落实习近平生态文明思想，坚持生态保护第一，适度发展生态旅游，实现生态保护、绿色发展、民生改善相统一。充分考虑生态承载力、自然修复力，推进生态旅游可持续发展，推出一批生态旅游产品和线路，加强生态保护宣传教育，让游客在感悟大自然神奇魅力的同时，自觉增强生态保护意识，形成绿色消费和健康生活方式。生态文化旅游成为践行"绿水青山就是金山银山"理念的重要领域，成为传承弘扬中华文化的重要载体，推进生态保护、文化传承、旅游发展深度融合与相互促进，把生态文化旅游打造成衔接脱贫攻坚成果和推动乡村振兴的主导产业、支柱产业、先导产业，从而实现旅游目的地社区经济、生态、社会三大效应的平衡。

第一章　社区参与生态文化旅游开发的文献回顾和理论渊源

一、文献回顾

社区参与旅游发展源于公众参与理念（public participation）在旅游发展中的渗透，参与旅游发展是公众参与理念在旅游领域的应用。社区参与生态文化旅游不仅体现在决策层面，也体现在旅游发展的管理、利益分配和保障监督等方面。在旺盛旅游需求的带动下，旅游业的内涵正在一步步拓展，产业结构在一步步升级，生态文化旅游在现代旅游业中发展势头强劲。社区参与是生态文化旅游开发的重要组成部分，是让社区作为生态文化旅游发展的主体进入旅游开发、规划、管理、决策、监督等涉及重大事宜的活动中，社区参与能促进当地生态环境和文化的保护，有利于生态文化旅游的可持续发展。

（一）社区参与旅游的相关研究

1. 社区参与旅游规划

西方学者一开始是将社区的旅游参与当作一种旅游规划方法纳入研究视野。从 20 世纪 70 年代末开始，加拿大的一些国家公园游憩规划已经重视社区参与的问题。1979 年，Gunn 出版了《旅游规划》（*Tourism Planning*）一书，明确提出社区的整合是旅游规划的目标之一。在 20 世纪 80 年代，Murphy（1985）在旅游研究中首次使用"社区参与"概念，率先将社区参与引入旅游规划中，主张从社区的角度开展规划和管理，并将旅游定义为主客双方的一种文化事件，认为社区参与问题是乡村旅游的中心问题，发展旅游必须给旅游接待地带来实实在在的利益，同时需要考虑旅游目的地居民的感受。此后，学者们关注到旅游发展中的公众参与问题，即社区参与旅游问题。Keogh（1990）将访谈法引入旅游规划的调查研究中。通过访谈法能够明确社区居民在旅游发展中的核心诉求，同时在访谈过程中也能鼓励居民积极参与并尽其所长。Keogh（1990）以滨海旅游公园的规划为例，认为在规划制定中要格外注意工作参与，在规划的早期阶段就应该了解居民对信息的需求，识别与社区及相关集团利益有关的问题，并以此作为发展的指导方针，提出只有通过这样的识别过程才能实现有效的公众参与。此外，Kangas 等（1995）、Parry 和 Campbell（1992）认为，在乡村旅游的规划和开发中应当考虑到环境与社区发展的问题，让当地社区的居民获得一定的资源控制权，此举容易得到当地社区居民的支持，从而使得乡村旅游的社区参与得以顺利进行。Tosun（2000）提出，社区参与主要体现在旅游决策与收益分配上，一方面，旅游决策将推进社区参与的实现，另一方面，合理的收益分配将激发社区居民积极参与旅游。Reid 等（2004）研究了乡村旅游的社区参与问题，认为乡村旅游的社区参与是其健康发展的关键，只有当地社区居民参与旅游规划决策和旅游利益分配，他们对旅游才能有较正确的认识，才能够真正地支持旅游，促进乡村旅游的顺利发展。Bello 等（2016）认为社区在旅游业发展进程中的位置越发显著，必须考虑到发展旅游业的关键就是要将社区实际同本地旅游特色结合在一起共同发展。Hurdawaty 等（2020）通过对印度尼西亚北苏拉威西西塔罗区西奥岛当地社区参与旅游的研究，指出社区参与能为当地带来良好的效益和影响，并强调政府应该在动员当地社区参与等方面发挥更大的作用。

国内学者关注社区参与旅游开发问题在时间上晚于欧美。张广瑞（1999）明确提出，社区居民是旅游发展中不可或缺的部分，指出社区居民的地位与作用。自此，我国学者在社区参与旅游发展方面开始逐步探索，开始将社区参与定位在旅游决策参与和旅游收益分配两方面，后来逐渐认识到社区应全面参与，即全民自觉地参与旅游开发的全部内容，包括参与旅游决策与规划、参与旅游开发与管理。唐顺铁（1998）对旅游目的地的社区化建设和社区旅游进行了研究，认为旅游目的地的设施建设不但要考虑游客的利用程度，还要考虑当地社区居民的需要；社区旅游应当把社区居民的参与决策权和利益分配制度放在首要地位。周世强（1998）提出了在自然保护区的旅游开发过程中，如何协调旅游者行为与当地社区的发展问题。刘纬华（2000）研究了社区参与旅游的理论问题，认为重要的是建立社区居民参与旅游的机制，确保社区居民能够参与旅游开发决策、利益分配和有关的知识培训，他还对中国旅游发展过程中的社区居民参与问题进行了分析，提出了相应的对策。刘明（2001）提出了旅游地社区结构和功能更新问题，认为在乡村旅游的开发过程中，当地社区应当实现产业结构调整、景观的更新及人口素质方面的提高。保继刚和孙九霞（2003）认为目的地社区居民是旅游发展的核心力量，旅游规划社区居民的参与不但是必要的，而且是完全可以实现的。

左冰和保继刚（2008）将社区增权的概念引入社区参与旅游发展的研究，认为增权是目的地获得可持续发展的原因。杨晓红（2011）认为社区参与旅游强调社区的主体地位，并由社区作为旅游发展事务的参与和管理主体，目的在于促进社区和旅游的共同发展。翁时秀和彭华（2011）以浙江省楠溪江芙蓉村为例，认为社区增权的关键在于激发社区居民在日常生活中的主人翁意识，尤其强调了心理增权的重要性。胡北明和张美晨（2019）基于西方旅游增权理论研究的评述，构建了符合我国国情的本土社区旅游增权的理论框架，具有一定的指导意义。

2. 社区参与旅游发展模式

社区参与旅游发展的各种模式就是描述在不同环境中解决一系列社区发展问题的核心方案，是对现象和经验的高度总结，每一种模式都具有典型的意义，能够为解决同一类型社区问题提供参考性的建议和思路。对于社区参与旅游发展模式，国外学者主要针对不同旅游资源开发模式进行分析和概括。社区在旅游规划中的作用不容忽视，直到现在，这种重视社区参与规划依旧是国外旅游发展的研究重点，体现在社区依托型旅游（community-based tourism，CBT）的发展模式研究上。社区旅游是一种以社区为基础的旅游发展模式，也是一种可持续的发展模式，强调社区的积极参与，并取得决策权，不仅可以实现社区经济效益最大化，也可以最大限度地减少旅游发展产生的负面效应。在社区旅游发展的基础上由于更加注重生态保护和建设衍生了另一种旅游发展模式——社区依托型生态旅游（community-based ecotourism），即社区生态旅游。生态旅游注重人与自然的和谐发展，社区参与生态旅游既强调旅游发展的环境保护，又强调社区的发展权利。Reimer 和 Walter（2013）以柬埔寨西南部热带雨林的一个社区的生态旅游发展为例，阐述了社区生态旅游在环境保护、当地生计、文化保护等方面的复杂性，并提及当地环境对生态旅游管理的重要性。Singgale 等（2019）通过对印度尼西亚北哈马赫拉地区的旅游开发进行研究，指出当地社区参与区域旅游开发在旅游规划、实施和评价开发方案中体现，以社区为基础的旅游方法已在印度尼西亚北哈马赫拉地区成功实施。我国相关学者对社区参与旅游模式的研究，主要是从不同主体、不同类型及不同旅游资源开发等方面进行的。郑群明和钟林生（2004）归纳出公司+农户模式、政府+公司+农村旅游协会+旅行社模式、股份制模式、农户+农户模式、个体农庄模式。佟敏和黄清（2004）根据中国目前生态旅游中社区参与的现状，构建了以社区参与为主体的生态旅游发展的新模式。王丽华和张宏胜（2004）从旅游的非物质文化遗产（以下简称非遗）开发层面入手，探讨社区参与旅游产品开发的"IDPC"模式，即社区参与认同（identification）、社区参与设计（design）、社区参与推广（promotion）、社区参与培育（culture）。黄郁成等（2004）根据不同利益主体在资源配置中的作用差别，将农村社区旅游开发模式分为地方政府主导型、农村集体组织主导型、外来投资者主导型、农民个体主导型四种模式。李德明和程久苗（2005）分析了乡村旅游发展对我国农村经济发展的意义和乡村旅游互动持续发展的基本条件，提出了促进两者互动持续发展的模式，主要有政府主导发展驱动模式、以乡村旅游业为龙头的旅—农—贸联动发展模式、农旅结合模式、以股份合作制为基础的收益分配模式、公司+农户的经营模式、资源环境—社区参与—经济发展—管理监控持续调控模式，并根据不同模式特点提出了持续发展的主要对策。余向洋（2006）提出了发挥政府主导作用，构建社区整合平台的整合论社区参与模式。杨兴和柱玉群（2006）根据居民意识、民主化程度和社会发展等条件，将居民参与旅游规划发展分为传统型、行政主导型、居民政府共同参与型和居民全过程主导参与型四种模式。刘静艳等（2008）以南岭国家森林公园为例，提出了企业主导的社区参与模式，在该模式下社区居民通过加入旅游管理公司参与旅游开发，企业最大化地雇用当地居民，与居民和谐相处，尊重当地文化，极大程度地体现社区居民利益。郭文（2010）以云南省香格里拉市雨崩村为例，分析了该村独具特色的社区参与方式"轮流制形式"，出于利益均衡和机会均等的考虑，该村村民以户为单位轮流接待游客，并由马队长给马编号，按顺序为游客提供服务。唐承财等（2011）从管理经营、资源环境保护、产品生态化开发、利益合理分配四方面构建了社区参与模式，并在此基础上探讨其保障机制。蔡碧凡等（2013）通过对浙江省三个典型村落的发展进行比较研究，提炼出基层组织引导、企业（景区）带动、社区主导三种典型社区参与模式，并对这三种模式的共性、特点和存在的问题进行了比较分析。张艳萍（2014）从原住民角度出发提出了古镇旅游发展的问题，如年龄结构不平衡、文化保护意识差等，并提出了原住民主导参与、政府辅导管理的发展模式。王华等（2015）以广东省断石村为例，探索契约主导型社区及其增权意义，为我国社区旅游实践提供了一种具有典型意义的"契约主导型社区增权模式"。李涛等（2022）通过对比浙江省和江西省两个典型村落不同的乡村旅游社区发展路程，厘清了社区化和景区化这两种在实践中乡村社区进行旅游开发重要模式的路径差异与特征，探索了影响乡村社区旅游发展模式选择的核心要素及理论规律。

3. 社区参与旅游的影响因素

社区具有异质性的特点，且依附发展的旅游资源不同，地方实际状况各异，因此就参与影响因素而言，地方差异性很大。Ross和Donald（2001）提出了社区居民参与旅游发展的程度、参与的平等权、参与的效率是影响社区参与旅游发展的三大要素，他们还对如何引导社区居民参与旅游发展做了初步探讨。Tosun（2006）分析了不同利益相关者在土耳其旅游业发展中的特征，并指出了当地社区居民参与的内部障碍主要体现在地方层面，包括地方财政乏力、商业意识不足、缺乏专业的旅游技能和知识等，这些对社区参与的有效性有较大影响。外部障碍主要来自对国际旅游经营者的依赖，并提出增加有效参与需要下放行政权力，地方政府应该积极行动，有所作为。另外，也要发挥非政府组织的作用，引导当地居民参与发展。Matarrita-Cascante（2010）通过对比哥斯达黎加不同地区的旅游发展状况，发现社区要想实现全面发展，离不开以下四点：广泛参与、开发沟通、社会包容、社区居民与各个利益相关者的共识。Hamzah 和 Mohamad（2011）通过对马来西亚 20 多个社区旅游项目的跟踪，发现影响社区参与旅游成败的因素包括社区居民对旅游资源的管理、决策和控制能力，社区旅游发展初期能否获得外部支持（尤其是政府和非政府组织的援助）以及私营企业的介入水平。Jaafar 等（2020）研究发现社会网络、对外部群体的信任、相互合作、共同目标是居民参与社区旅游的重要激励因素。此外，Rasoolimanesh 等（2017）利用 MOA（motivation，opportunity，ability，动机、机会、能力）模型测量世界遗产地社区居民参与的影响因素，主要包括参与动机、参与机会和参与能力这三个因素，并评估了对强制式参与、诱导式参与及自发式参与三个参与层次产生的影响会依次增加。Emily 等（2021）运用 MOA 模型分析影响萨拉瓦克帕达社区生态旅游社区参与的因素类别，并通过这项研究确定了 12 个因素，分别是缺乏兴趣、缺乏接触、收入不一致、资金限制、设施有限、缺乏意识、游客不一致、基础设施具有挑战性、缺乏就业、缺乏领导力、技能限制和缺乏年轻人的支持。

针对社区参与旅游的影响因素，国内相关专家学者分别从宏微观、内外部及不同利益主体等视角进行分析。杨效忠等（2008）将社区参与旅游影响因素划分为三层，即家庭（包括居民）微观因素、社区中观因素和区域宏观因素。漆明亮和李春艳（2007）从社区内部和外部两个方面对社区参与旅游的影响因素予以概括，认为社区内部因素包括社区政治经济文化发展水平、社区旅游资源、旅游目的地规模大小、社区居民的参与意识等，社区外部因素包括旅游市场状况、国家及区域旅游政策法规等。潘秋玲和李九全（2002）提出了授权旅游社区自主地决定社区旅游发展目标的旅游社区一体化问题，认为影响旅游社区一体化的因素主要有社区居民的合作意愿和合作能力，社区居民能否平等地获得旅游收益，社区居民对旅游开发的控制程度，以及旅游社区对外来文化影响的整合能力。张洁（2005）、邱美云和封建林（2005）将影响社区参与旅游发展的因素归纳为民主意识淡薄、参与意识不强、机制不健全、参与渠道不畅通、整体素质不高、参与能力较弱。张海燕（2013）分析了旅游企业与社区居民所产生的矛盾冲突，体现在旅游企业受益与居民就业权益、企业受益与居民参与受益、企业忽视居民利益三个方面，提出了完善产业开发参与机制与构建居民收益均衡分配机制的建议。周雨（2017）认为社区参与乡村旅游受多方面因素的影响，主要有经济因素、社会因素、文化因素。也有不同学者通过案例分析总结出社区参与旅游的影响因素。张洁和杨桂华（2005）以云南省中部古州野林彝族村寨、大槟榔园花腰傣村寨两个生态旅游景区为例，通过定量分析，得出影响社区居民参与旅游积极性的五个因素，即社区经济和旅游业发展水平、景区优势旅游资源、社区居民对旅游开发的认知和对政府的信任度及民族传统习俗。路幸福和陆林（2011）通过对宏村等四个乡村旅游地的实证研究发现，文化归属、利益分配、效益认同、组织需求、政策支持、参与能力六个因素是居民参与的主要影响因素。张萍（2015）以怀化市为例分析侗寨社区在旅游发展过程中居民权益的受损问题，总结了生存发展权益、社会经济权益、文化继承权益受损，提出在宏观方面要加强政府管理，在微观层面要建立旅游运行体系的建议。王兆峰和向秋霜（2017）基于 MOA 模型以武陵山少数民族聚居区为案例地，从参与动机（参与意愿、参与影响）、参与机会（政策支持、就业支持、渠道支持）和参与能力（知识、技能）三个方面对社区参与旅游的影响因素予以剖析。吕君（2012）通过对欠发达地区社区参与旅游发展进行分析，发现影响社区参与旅游发展的因素有开发条件、资源禀赋、管理指导、居民素质、市场竞争能力、旅游发展状态。此外，还有学者通过分析社区参与旅游的影响因子进行研究。例如，修新田等（2015）通过主成分分析法，认为影响社区居民参与森林旅游发展的因素主要有非政府组织支持因子、政府支持因子、参与能力因子、经济驱动因子、社区支持因子、社区归属因子、资源禀赋因子、自我发展驱动因子。刘静燕和李玲（2016）在新疆喀纳斯社区的 3 个民族村落向社区居民发放 363 份问卷，并运用结构方程模型进行分析，认为公平感知正向影响居民可持续发展支持。时少华等（2017）通过建立数据模型，认为政治、经济、社会文化、制度及社区权力和社区信任是对社区参与旅游发展重要的影响因素。杨昀和保继刚（2020）以社区旅游发展较为成熟的阳朔为例，指出本地旅游精英对于目的地实现社区控制和规范管理具有积极影响，并且从旅游发展的起始阶段就要注重人力资本的培养。

4. 社区参与旅游的效应

社区为旅游发展规划中不可或缺的一部分，社区参与旅游为当地居民带来实实在在的收益，对社区产生积极的效应，与此同时，社区及其居民也能明显感觉到旅游发展给社区带来的负面效应。Simmons（1994）提出了社区居民是旅游地"好客氛围"不可缺少的一部分，居民参与旅游既可以提升游客的满意度，使游客感受到当地氛围，也可以使居民获得持久的利益。Jamison（1999）指出，旅游虽然增强了族群或民族的内部认同，但也加剧了不同族群或民族之间的矛盾。Medina（2003）阐述了旅游与玛雅文化认同的关系，认为玛雅人通过开展旅游活动能从中直接获取经济利益，并发现本民族习以为常的文化正是吸引游客的关键，于是进一步保护了当地民族文化，增加了玛雅文化认同。Nicholas 等（2009）提到了居民参与自然遗产地管理和旅游发展，既可以改善当地人的生活质量，也可以促进文化遗产的保护。Pam 等（2013）对澳大利亚昆士兰旅游社区的研究指出，旅游业既给当地带来了积极影响（如地方文化的复苏、就业机会的增加、跨文化理解的增强、福利条件的改善），也产生了消极影响（如社区互动减少、文化变质、资源过度使用）。Ashley 等（2000）发现旅游发展不仅能够增加地方财政收入、带动地方经济发展和投资增长，也能为当地居民提供就业和生活来源。Ashley 和 Roe（2003）发现旅游发展产生的效益显而易见，在提高居民人口净福利的同时也可以降低社会、环境文化等方面的成本。Rasoolimanesh 等（2016）指出社区参与的作用不仅体现在宏观方面，也可以延伸至微观的社区内部发展，社区参与使得社区成员之间能够建立起归属感和信任感及更加牢固的纽带关系，促进成员共同发展。除此之外，还有相关专家学者通过案例分析社区参与旅游带来的积极效应和产生的负面效应。Rafael（1996）对塔桑尼亚的石头城的研究表明，旅游发展虽然为当地社区居民创造新的就业机会、改善生活，但也大量破坏古镇本身就脆弱的社会和文化系统及居民居住的古建筑。Trakolis（2001）以希腊西北部 Prespes 湖国家公园为案例，剖析了社区居民看待旅游问题的观点，提出社区参与有利于缓解当地的矛盾与冲突，从侧面可以得出加强社区参与能够化解旅游实际过程中产生的摩擦。Sebele（2010）以博茨瓦纳的卡马犀牛保护区为例，论述了旅游给社区带来的风险、利益和挑战，他认为社区管理自然旅游资源对于保护自然资源和维持当地居民的生计是一个双赢的选择。Bello（2021）通过对马拉维马杰野生动物保护区的研究，指出加深社区参与的程度、赋予当地人更多的权利是破解获得旅游信息和旅游规划专家的途径有限、保护区缺乏合适决策结构困境的方法。

国内专家学者从不同视角分析了社区参与旅游带来的效应，充分肯定社区参与给当地居民带来的积极效应，但也看到了社区参与给当地带来的负面效应，并提出解决措施。黎洁和赵西萍（2001）认为，社区参与旅游面临着许多复杂的问题，因而未必是增加居民收益、解决旅游目的地社区一切问题的灵丹妙药，不应过于夸大。刘岩等（2002）、杨桂红（2001）通过研究旅游地的具体实例得出，乡村旅游社区居民通过土地、山林、风景资源和劳动入股或者其他一些途径，参与乡村旅游的开发决策和利益分配活动，不仅使得社区居民能够得到实际收益，而且激励了他们自觉保护旅游资源和维护良好生态环境的责任心。赵福祥等（2003）认为社区旅游对社区居民既有有利影响，也有不利影响，需要通过强化社区参与的方式减少其不利影响。王洁和杨桂华（2002）认为，旅游目的地的发展需要社区的大力支持，社区参与生态旅游活动能够提升居民收入，促使总受益面不断上升。孙九霞（2006，2005）从文化保护视角出发，认为社区参与有利于增强居民主人翁意识，强化居民认同感，对民族传统文化具有积极的保护作用，指出旅游经济利益驱动刺激了乡村社区参与旅游活动的积极性。但是，村民对旅游业给社区带来的消极影响缺乏认知，普遍持乐观态度，认为旅游业有利无害，且农村社区参与层次低、范围窄，社区参与过程中普遍存在矛盾。连玉銮（2005）以白马社区为例研究脆弱生态区的社区参与旅游问题，发现在乡村旅游的发展过程之中，存在天然的社区居民参与不平等、收入分配不公平及民族文化的过度商业化问题，而这已经引起民族文化的变异和邻里关系的紧张等问题。李友亮和吴忠军（2005）、叶晔和程道品（2005）提出社区参与旅游发展中存在利益分配不公的问题。杜宗斌和苏勤（2011）以浙江省安吉县乡村旅游地为实例，提出社区参与有利于提升居民社区归属感，强化居民意识，促进旅游业的健康发展。徐燕等（2012）提出社区参与旅游既有利于环境、资源、文化的保护，也有利于旅游产品质量的提升。吴雨晴（2021）通过对延吉市乡村进行实证分析，发现社区参与旅游对旅游效应、旅游发展支持度有显著的正向影响。刘欣（2021）认为社区参与旅游的强弱与居民文化认同正相关，社区参与程度越高，居民文化认同意识越强。

5. 社区参与与旅游可持续发展

社区参与的概念之所以能够被引入旅游研究领域，是因为其与旅游可持续发展理念息息相关。20世纪70年代后，可持续发展的思潮在世界范围内兴起，旅游业也开始关注旅游可持续发展的问题。1997年，世界旅游组织、世界旅游理事会与地球理事会联合颁布的《关于旅游业的21世纪议程——实现与环境相适应的可持续发展》首次明确地将社区居民作为关怀对象，并把居民参与当作旅游业可持续发展过程中的一项重要内容和不可缺少的环节。

社区参与除了有积极效应外，旅游发展负面效应也日益凸显，使得相关专家学者开始寻求减少负面影响的办法，竭力实现旅游可持续发展。Inskeep（1991）认为，可持续旅游发展的本质是，继续维持环境系统和文化的完整性，以及对旅游业带来的各种社会经济效益的目的地社区的公平分配。Bridger 和 Luloff（1999）提出要将实现旅游可持续发展的目标与社区居民参与结合起来，并提出建立可持续发展的社区，将之定义为在环境问题与发展目标之间取得平衡并同时加强地方关系的桥梁。Gezici（2006）提出基于可持续发展的理念，旅游业的可持续发展是为了维持一个地方的经济福利，同时兼顾社会与环境责任。Matarrita-Cascante（2010）通过对哥斯达黎加不同地区发展旅游的过程和结果的对比调研，发现"广泛参与、开放沟通、社会包容，以及居民不同利益相关者的共识"对于社区通过旅游业实现全面发展有密切关联。Sebele（2010）深刻剖析了博茨瓦纳旅游资源开发所带来的收益和面临的问题，肯定了社区旅游给当地居民做出贡献，并指出更加深入的社区参与模式和管理当局的互动能够确保乡村居民获得增权，并有效保护自然资源。Clausen 和 Gyimothy（2016）以墨西哥的一个社区为例，特别强调了北美移民社区作为文化经纪人、社会企业家和市场知识调解人在塑造可持续旅游发展方面的作用。Humphrey（2019）通过对南非夸祖鲁-纳塔尔省乌古区的一个社区进行研究，认为全面参与方法可以成为加强社区参与生态旅游发展进程的有效战略。

关于旅游业可持续发展的研究，国内专家学者分别从不同利益主体、社区居民增权及存在的问题等方面提出对策建议，来促进社区参与旅游可持续发展。诸葛仁等（2000）根据武夷山自然保护区资源管理中存在的问题，提出股份合作制作为一种内在的经济激励机制，能够把社区居民的责、权、利有机结合起来，引导公众自觉保护他们赖以生存的生态文化资源，促进旅游业可持续发展。杨桂红（2001）提出，为解决社区利益冲突和旅游业可持续发展的问题，可通过增加社区参与旅游发展的项目，不断拓展社区参与旅游业发展的途径来实现。胡志毅和张兆干（2002）从社区的角度出发，认为社区全面参与有利于旅游业的可持续发展。刘昌雪和汪德根（2003）通过对皖南古村落旅游发展状况进行研究，提出实施旅游可持续发展必须采取科学对策：一是要加强宣传与教育，强化管理者、经营者、旅游从业人员及居民对可持续发展战略的理解；二是提高古村落旅游开发、管理和服务水平，真正实现文化旅游；三是坚持严格保护、科学管理和合理开发的方针，保障资源的永续利用；四是建立社区参与旅游的机制，实现旅游发展与社区发展的良性互动；五是完善有关古村落保护和旅游业发展的各项法规制度，促进旅游业的可持续发展。罗永常（2006）在对少数民族村寨社区参与旅游发展中存在的问题进行系统归纳和总结的基础上，综合考虑文化经济背景下的理念和目标，从立法保障、制度建设、促进参与、财政刺激、教育培训、监控评价等方面探讨了实现民族村寨合理开发和可持续发展的现实途径。吕君和吴必虎（2010）认为对于旅游目的地而言，无论是空间位置、地域范围还是旅游资源、活动内容，都与社区存在着较高程度的一致，所以从社区的角度来进行旅游目的地建设和管理，谋求与社区的共同发展被认为是实现旅游可持续发展的有效途径。李进兵（2010）利用开发商和当地居民为主体的互动博弈模型进行研究，结果表明：在满足一定的条件下，收益分成模式能激励当地居民积极参与旅游业的可持续发展。吕秋琳（2012）立足增权理论视角，认为增权理论中的心理、经济、社会、政治四个维度的增权意义符合可持续发展原则且具有递进性，是社区参与乡村旅游可持续发展过程中所应达到的社区发展高度。崔晓明和杨新军（2018）通过对秦巴山区的研究，探讨了企业资本介入后如何在社区旅游中实现居民利益的最大化，从而给社区居民带来主动传承和保护民族文化的正向激励，破解少数民族文化旅游资源的开发和保护难题，实现少数民族社区旅游的可持续发展。邹嘉（2021）通过对乡村旅游主体参与性的研究丰富了社区参与和社区增权的研究现状，还帮助乡村社区从参与转向增权，实现乡村旅游目的地的可持续发展。

（二）社区参与旅游利益相关者的研究

旅游业的综合性决定了旅游业涵盖众多的利益相关者，旅游的持续发展目标取决于利益相关者的协调程度和行为的协作方式。因此，研究不同利益相关者的利益要求，充分考虑各利益相关者参与旅游的积极性，合理有效地协调不同利益相关者的矛盾与冲突，实现利益相关者参与旅游目标的融合成为近年来社区参与旅游研究的热点。利益相关者一词源于管理学概念。弗里曼（Freeman）在1984年出版的《战略管理：利益相关者管理的分析方法》一书，被学术界认为是利益相关者理论形成的标志。在这部著作中，弗里曼认为："利益相关者是能够影响一个组织目标的实现，或者受到一个组织实现其目标过程影响的所有个体和群体。"20世纪80年代，旅游研究领域正式引入利益相关者这一概念。1987年，世界环境与发展委员会（World Commission on Environment and Development）明确指出，引入利益相关者理论是可持续发展过程中必不可少的要求之一。Haywood（1988）将社区参与旅游规划定义为所有利益相关者共同的决策过程，包括当地政府、居民、规划师和专业人员等。1999年10月1日，世界旅游组织第十三届会议通过的《全球旅游伦理规范》中明确使用了"利益相关者"一词，提供了旅游业发展中不同利益相关者行为参照标准，这标志着"旅游利益相关者"概念已正式得到官方认可。但WTO（World Trade Organization，世界贸易组织）对旅游利益相关者的界定却很简单，仅仅指出是由旅游专业人员、公共管理机构和新闻媒体的旅游利益相关者简单构成，没有包括当地居民、游客、相关机构等，并且仅给出了旅游企业的利益相关者定义。尽管对其理解尚没有统一的定论，但也表明WTO已经认同了旅游发展的利益相关者管理的必要。Jamal和Getz（1995）将有关组织间关系的协作理论应用于社区旅游规划中，认为建立在社区基础之上的规划应该在决策中充分考虑不同的利益主体。Sautter和Leisen（1999）提出，为了促进旅游业和谐发展，使旅游规划得以有效实施，旅游规划师必须认真审视各利益主体之间的关系，其在Jamal和Getz（1995）的研究基础上，提出了基于利益相关者利益管理的旅游协作规划模型。Reed（1997）研究了权力关系与基于社区的旅游规划，他认为政府和开发商的消极对待，导致实际工作中难以找到某个独立的组织去召集其他不同的利益相关者，因此研究这些独立的权力关系对社区旅游的影响胜于去研究如何分散权力。Araujo和Bramwell（1999）在研究中发现，在发展中国家的旅游规划中虽然力图让更多的利益相关者参与，但因为经济、政治和行政上存在困难，规划仍可能主要采用传统的政府决策模式，所以最后的有效参与在很大程度上只限于各级政府和政府各部门，而私营部门、商业部门和当地居民的参与非常有限。Bramewell 和 Sharman（1999）进一步探讨了在当地利益相关者参与下的旅游政策制定的合作问题，利益相关者参与的机制与决策流程问题。Yuksel 等（1999）、Burns 和 Howard（2003）运用半结构开放式访谈分别调查了土耳其世界遗产地 Pamukkale 在旅游保护与发展规划的实施中受到影响的各相关群体。Fallon 和 Kriwoken（2003）以澳大利亚塔斯马尼亚岛的游客接待中心为例研究了社区参与旅游基础设施的相关问题。Aas 等（2005）主要通过问卷的形式探讨了遗产保护与旅游业之间的交流渠道、遗产保护与管理如何产生收入、当地社区参与决策制定、当地社区参与旅游活动、旅游相关者合作广度与成功评价五个方面的问题。Tosun（2006）认为土耳其传统村镇应该建立旅游社区参与模式，通过旅游业的发展促进当地社会经济的发展，同时研究了四个不同利益主体对社区参与旅游发展的态度：社区居民、旅游企业、地方政府部门和中央政府部门，并解释了阻碍发展中国家社区参与的因素。

目前，国内学者在旅游领域对于利益相关者的研究多集中在对其概念和各相关者关系这一层面。国内最早涉及利益相关者研究内容的专著为保继刚和钟新民（2002）出版的《桂林市旅游发展总体规划（2001~2020）》，研究者首先确认了区域旅游发展中的主要利益相关者，即游客、政府、商业部门、本地居民、景点开发商等，然后分析了各利益相关者的利益表现、决策过程与行为、主要利益相关者的相互制约和相互影响关系，进而结合系统的反馈分析，寻找和认识主要利益群体在旅游业中的促进与限制作用，剖析了旅游业发展的内部结构和制约机制，并在此基础上制定出旅游业发展规划。张建萍（2001）认为社区利益群体主要由当地居民、游客、旅游业的参与者、研究者和政府构成。张伟和吴必虎（2002）认识到不同利益主体之间的合作是区域和城市旅游业可持续发展的保障，尝试将利益主体理论应用到四川省乐山市旅游发展战略规划过程中，并对不同利益主体的旅游意识和利益表达进行了分析。黄昆（2003）讨论了景区利益相关者的含义，提出构建利益相关者共同参与的景区环境管理模式，并对实施该模式应注意的问题做了初步的探讨。冯淑华（2003）从流域利益主体关系的角度来探讨风景名胜区旅游发展问题，试图从理论与实践的层面探讨流域内资源共享的各方在权利、义务等方面的关系，提出主体之间的协调措施，为旅游资源开发及可持续利用提供借鉴。张祖群等（2004）将人类学田野工作参与观察的方法应用到不同旅游利益主体的经济互动关系研究中，以特有的文化景观为中介，分析不同利益主体之间的经济互动关系，把不同利益主体之间的矛盾看成旅游活动的实质。周年兴等（2005）对旅游发展中各类利益相关者角色、作用进行了系统的分析和诠释。张伟和吴必虎（2005）应用利益主体理论对旅游社区不同利益主体的旅游意识和利益表达进行了定性和定量分析，提出了社区参与旅游的具体操作途径。宋瑞（2005）从博弈角度分析了生态旅游社区的利益相关者，提出调整现有的利益相关者角色和关系的建议。罗辉（2006）从理论上分析了利益相关者之间的关系，提出利益协调机制。刘静艳（2006）从系统学的视角出发，构建社区居民、政府、旅游企业、生态旅游者、保护区五个利益主体之间的结构关系，提出社区参与必然会损害其他利益主体的好处，但各个利益主体间既是互利共生的合作关系，也是利益冲突的矛盾关系，因此要建立各利益主体之间的利益均衡机制。吕宛青（2007）从典型个案出发，分析了利益相关者之间的相互关系及其影响，分别提出了协调利益相关者利益的策略和模式。陈俊安（2014）从利益相关者视角分析了我国旅游发展的有关主体，其中社区参与是必不可缺的一部分。李华忠（2016）表示当地居民对乡村旅游发展成功与否起到至关重要的作用，这个群体是不可忽视的重要利益关系者。刘思雨（2018）提出了利益相关者对社区参与起到促进作用，尤其是度假旅游者的社区身份认同有助于壮大社区规模，促进社区参与进程。

（三）社区参与生态文化旅游的研究

生态文化旅游产业将生态环境、文化底蕴与旅游业融合在一起，有效满足了人们的精神文化需求，成为一种新型旅游发展模式。近年来，生态文化旅游呈现出一种蓬勃发展的良好态势。

1. 社区参与生态旅游

生态旅游作为强调对资源的保护、社区参与和高质量旅游体验的可持续旅游形式，一经提出便在全球旅游界、环境保护界掀起了热潮。很多研究人员和国际组织纷纷从不同的角度对生态旅游活动进行了界定，并通过案例研究的形式分析了生态旅游的效应。Ross和Wall（1999）构建了一个生态旅游开发的理论框架，认为生态旅游开发必须协调好当地社区、生物多样性与旅游三者之间的关系，而三者之间关系的协调要靠合理的管理，并提出了一系列的生态旅游管理策略，如制订有效的管理计划、实施监测、制定社区参与规划、加强对旅游者的管理、制定有关法规等。Scheyvens（1999）在生态旅游研究中开发了政治、经济、心理、社会维度的社区旅游增权框架。Fennell（1999）认为生态旅游应该根据有利于旅游目的地居民的原则定位于当地社区。Akama（1996）以肯尼亚生态旅游为例，提出国家公园入口社区不仅受自然环境变化的影响，也受到周边社区生产和游客活动的影响，需要重视当地居民需求与入口社区的建设。Sudhiani（2000）分析了社区参与生态旅游开发的优势，通过大量案例研究发现社区参与程度越高，生态旅游开发目标越容易实现。Björk（2000）从生态旅游概念的角度提出为了实现国家公园的可持续发展，以自然资源的合理利用和环境保护为前提，以可持续发展为基本原则，协调经济、社会与文化关系，通过生态旅游来缓解传统旅游对国家公园造成的环境压力。Dadvar 和 Khani（2011）以伊朗乡村旅游作为案例研究，总结出社区居民更多地参与旅游发展才能激发当地旅游业更快更强发展，创造更为显著的经济收入增加，强调社区参与旅游发展是平衡生态旅游和可持续旅游间关系的基本要求。Authony（2018）评估了尼日利亚奥约国家公园的社区意识和参与生态旅游的程度，提出社区积极参与利益相关者会议、决策和提供启动资金对园区生态旅游发展至关重要。

由于社区参与给生态旅游和社区发展带来了巨大的利益，越来越多的学者关注生态旅游发展中的社区参与问题。彭如月等（2019）根据生态旅游发展中涉及的不同利益者，对其之间的联系进行分析，这为研究社区利益分配机制奠定基础。朱元秀（2014）在生态旅游发展中探讨社区参与乡村旅游发展典型模式比较与分析。张宏宇（2020）以东北虎豹国家公园入口社区为研究区，提出构建"社区共建，多方参与，协同发展"的参与模式，逐渐提升入口社区的地位与重要性，建立有效的社区参与决策机制、公平的利益分配机制及规范的法律保障机制，以入口社区为主体，科学全面地规划生态旅游。梁嘉慧等（2021）以江苏省盐城市滨海湿地为例，提出了政府—景区—社区有效联动的生态旅游发展模式。杜永川（2021）以云南省西畴县国家石漠公园为例，提出政府牵头、突出社区居民主体地位，推动企业与当地居民制定互利共赢的合作发展方式能够促进石漠化地区旅游业健康发展。王洁和杨桂华（2002）以碧塔海生态旅游景区为例指出，在影响社区居民心理承载力的诸多因素中，居民参与旅游发展并从中获利，受益能力增加了居民的心理承载力，在生态旅游资源丰富但居民生态比较贫困的地方体现得尤为明显。王毅和黄宝荣（2019）认为推动以国家公园为主体的自然保护地改革应充分利用保护地良好的生态环境，在周边区域发展生态旅游业。邓海雯（2021）根据演化博弈理论进行研究，结果表明：①在社区参与下，旅游企业和政府经过一定时间的演化博弈无法达到帕累托最优，旅游企业实施生态旅游开发的动力不足，无社区参与不利于生态旅游的可持续发展；②社区参与行为对旅游企业实施生态旅游开发有一定的促进和监督作用，加大旅游企业实施生态旅游开发的动力。李琳和徐素波（2022）对 2000~2021 年生态旅游相关文献进行了综述，研究结论认为，生态旅游研究热点集中在生态旅游概念界定、当地居民生计的可持续性、生态资源环境保护影响、传播社会文化和教育功能、生态旅游的社区经济模式及生态旅游推动区域经济协调发展等方面，结合生态旅游可持续发展实践进展，从建立有效的利益相关者合作、关注社会资本投入、完善市场机制及健全法律体系等方面展望了生态旅游研究的重点方向。

2. 社区参与文化旅游

尽管旅游与文化的紧密关系很早就被人所知，但文化旅游作为专业名词出现是较近的事情。1977 年由美国出版的《旅游学——要素·实践·基本原理》一书，把文化旅游作为一章的标题，并提出"文化实际上概括了旅游的各个方面，人们可以借助它来了解彼此之间的生活和思想"。Reisinger 和 Waryszak（1994）认为文化旅游是指那些对体验文化经历有特殊兴趣的游客发生的旅游行为，除了一般的遗产旅游，还包括艺术、信仰、习俗等方面的旅游。Jamieson（1994）认为文化旅游应该包括手工艺、语言、艺术和音乐、建筑、对旅游目的地的感悟、古迹、节庆活动、遗产资源、技术、宗教、教育等方面。MacDonald 和 Jolliffe（2003）分析了加拿大乡村地区发展乡村文化旅游的文化因素和社区参与的因素，探究一种乡村文化旅游发展模式，强调乡村旅游文化的重要性。Cano 和 Mysyk（2004）以墨西哥乡村社区的亡灵节为例，说明不同级别政府作为文化旅游规划者和市场行为的仲裁者，如何协调文化旅游与社区居民的关系，结果表明政府对社区居民发展文化旅游的态度有所重视，但政府为了社区经济发展，仍然提倡发展文化旅游。

国内专家学者对文化旅游社区参与主要是从文化旅游的开发与保护、影响因素及可持续发展等方面展开研究。单纬东（2004）从少数民族文化旅游资源保护方式和存在问题入手，指出仅以民俗博物馆、民族文化村和生态博物馆等方式来保护少数民族文化旅游资源，不能从根本上解决少数民族文化旅游资源开发中的保护问题，而应从产权合理安排方面着手，改变以往不合理的产权安排，让少数民族在文化资源开发中成为自己资源的真正主人，在旅游开发中得到最大的利益。刘欢（2018）研究了社区居民参与茶文化旅游的影响因素，通过研究发现，社区居民参与茶文化旅游发展的因素主要有七个：政策支持性因子、经济驱动性因子、资源禀赋因子、参与能力因子、社会支持性因子、企业发展因子、文化归属因子。孙九霞（2005）指出了旅游的适度开发与有效控制可以削弱旅游的消极影响，扩大积极影响，有利于传统文化的保护。社区参与可以强化社区居民的自我意识，增强社区认同感，促进传统文化的延续。颜亚玉和黄海玉（2008）通过对资产参与模式、人力资源参与模式、社区文化参与模式进行分析，提出应激励投入增大总效用、认定和提高社区居民的分利能力及构建"社区参与"的利益保障机制等。邓小艳（2012）指出旅游开发要以社区文化传承为基础，以民族村寨为依托，构筑参与平台，提升参与能力，营造参与环境，充分实现社区主体角色的培育。宋鹏（2012）认为社区参与文化旅游开发是关键，不仅能够增加当地居民的经济收益，减少旅游对当地的消极影响，还能促进少数民族地区旅游可持续发展。孙九霞（2013）基于社区参与的不同层次，通过对国内六个不同参与程度的案例社区进行实地考察与分析，证明社区参与层次和族群文化保护存在内在的逻辑关联，社区参与旅游发展的强度与族群文化保护的程度之间呈现正相关关系，社区参与中"文化自觉"将成为族群文化保护的合理支撑，为目的地社会的全面发展提供了重要的理论与实践指导。黄益军（2013）提出，在非遗旅游开发中，应树立以社区为中心的非遗旅游发展理念，构建涵盖各利益相关者的非遗旅游协调机制，建设信息对称的非遗旅游信息共享平台，丰富社区参与非遗旅游的方式，保持社区参与非遗旅游的动态性的社区参与非遗旅游开发的一般模型，以期更好地实现非遗旅游开发与社区发展之间的良性互动。巩俐（2015）针对葡萄沟社区参与旅游发展的问题，进行文化空间再造下的社区参与旅游发展机制模型的构建，分别从公平利益分配机制、规章制度保障机制、宣传机制、监督机制四个方面进行制度空间再造，从沟通监管机制、教育培训机制两个方面进行意识空间再造，从完善公共服务设施建设机制、民俗文化开发机制、生态与环境保护机制三个方面进行物质空间再造，为社区参与旅游发展提供理论依据，同时将旅游的开展与文化保护结合起来。王英等（2020）认为农业文化遗产旅游解说是实现农业文化遗产旅游教育功能的重要途径之一，无论是农业文化遗产的解说资源还是解说方式，都应以社区居民为核心，农业文化遗产旅游解说要充分考虑当地社区的参与。孙九霞等（2020）认为民族社区在旅游过程中并非只是被动卷入，而是根据其现实需求、价值观念及地方知识的内在合理性等采取接受、调适、创造与抵制等多种应对策略。

3. 社区参与生态文化旅游

社区参与是生态文化旅游成功开发的重要因子和生态文化旅游管理的一个重点研究内容，社区参与对于生态文化旅游不是"应当"而是"必须"，要真正实现生态文化旅游的可持续发展，就必须社区参与。与生态旅游产品开发和文化旅游产品开发的研究对比，生态文化旅游产品的研究较为零散。在生态文化旅游产品方面，Fennell 和 Eagles（1990）指出了生态文化旅游产品包括作为体验主体的资源、服务行业，以及营销、游客管理和游客态度为基础的游客体验，并强调了生态文化旅游产品管理的重要性。Chhabra 等（2003）从人类学角度分析了旅游者对遗产旅游产品的场所和文化理解的真实性反应与作用。

在人们旺盛旅游需求的带动下，生态文化旅游在现代旅游业中脱颖而出，受到广大游客的追捧。国内专家学者对生态文化旅游主要是从生态文化旅游的概念界定、案例分析，生态文化旅游给社区带来的效应、存在的问题与不足及利益相关者方面进行的研究。冉琼和苏智先（2010）认为生态文化旅游是指依托生态资源和人文资源，遵循可持续发展思想进行开发，对生态环境影响较小的旅游发展方式。洪颖和卓玛（2000）通过对云南省香格里拉市实施的社区居民参与生态文化旅游项目的研究，发现由于建立了良好的社区参与机制，并将民族文化融入旅游产品中，不仅使当地社区居民具有了某些文化方面的自觉，而且增强了民族文化的自信心和荣誉感，民族文化得到了较好的弘扬和发展，但也存在被外来强势文化同化的危机。彭多意（2001）通过对云南省可邑彝族村的实例分析，探讨了在欠发达少数民族社区的乡村旅游发展中，如何通过社区参与来增强当地居民的自我发展能力，以及社区民族文化的自觉保护与传承问题。程占红（2001）就社区居民对待旅游发展的认识和态度问题，对自然保护区附近的生态文化旅游社区居民进行了调查，发现总体上大多数人持正面和积极的态度，但也对旅游所产生的垃圾和污染等负面影响有一定的感受。何艺玲（2002）、张建萍（2003）分别介绍了泰国和肯尼亚生态文化旅游发展的成功经验，认为当地居民的有效参与是取得成功的主要原因。杨桂华（2003）根据景观生态学的基本原理，将民族生态旅游接待构建为一个景观生态系统，以云南省香格里拉市霞给村为例，对民族社区参与家庭接待的意义进行了实证研究，结果表明：民族生态旅游村对于游客具有"真品"旅游价值；对于村民具有脱贫的经济价值；对于村寨具有民族传统文化传承和生态环境保护的社会与生态价值。于笑云（2007）详细分析了社区参与乡村旅游对社会经济发展、生态环境及当地本土文化引发的负面影响，并提出了乡村旅游发展同时需要社区参与模式。艾菊红（2007）分析了云南省三个傣族文化生态旅游村的"旅游场域"，比较了三种不同开发模式中社会资本、经济资本和文化资本在"旅游场域"中相互作用与相互转换的方式，指出"旅游场域"中的三种资本之间的良性循环需要两个重要环节：良好的社区参与、良好的民族传统文化保护和发展方案。章晴（2009）基于社区居民视角分析了乡村旅游开发在经济、文化、环境上的问题，并以构建和谐旅游社区为目标，提出相应对策。郭清霞等（2010）在研究鄂西生态文化旅游圈社区生态旅游时，提出居民的参与形成社区生态旅游发展的内在动力。李小丽和赵振斌（2006）通过研究生态旅游社区参与与乡村亚文化价值观的变化发现：在生态旅游发展初期，当地社区"亚文化"中层次较高的价值观（终极价值观、社区意识）没有明显变化，环保与生态意识在传统基础上有显著增强，一些低层次的价值观（对外交流方式、语言交流、时空观念）变化很大。唐玲萍（2010）认为要将社区参与化作原生态文化保护的动力，仅仅把社区参与纳入社区旅游的规划与发展中是不够的，应该站在社区居民的角度换位思考，对旅游现象进行"我观的"调查和研究，"从居民的地方性知识出发，寻找居民对自身生活的表述和解释，逐渐接近社区居民的旅游参与真相"。吴吉林（2020）在乡村振兴视角下研究生态文化旅游产业发展，提出以下观点：从纵向层面来看，乡村景区的旅游产品深度不足，既缺乏大量的技术投入，又没有成熟的品牌形态，对于消费者个性化需求的挖掘度不足，导致旅游产品形态单一，同质化严重，市场竞争力逐渐下降；从横向来看，由于乡村基础设施水平较低、发展平台较少等原因，其生态文化旅游产业的人才吸引力不足，无法进行专业系统的市场开发，很多优良的自然生态资源不能有效转化为创意旅游产品，整体产品结构单一、差异化不足，无法形成有力的旅游附加效应。另外，资源整合度较低，各类旅游景点之间没有形成联通的产业链，而且当地特色文化没有真正融合到旅游项目开发上，从而使旅游景区无法形成优势产业。宋瑞（2005，2004）开始尝试将利益相关者理论引入生态文化旅游领域，探讨生态文化旅游不同利益群体之间的关系处理问题，并尝试提出一些合理建议。

（四）研究评述

经文献梳理，发现国内外学者对社区参与做了大量研究，采用多学科、多视角对社区参与生态文化旅游进行开发规划，从机制体制、发展模式、影响因素、产生效应及可持续发展等不同层次进行研究与讨论。对旅游资源的研究角度也比较广泛，有国家公园、乡村旅游、自然风景区等生态旅游资源，也有历史文化、民族民俗文化、非遗等文化旅游资源，还有将生态环境、文化底蕴与旅游融合在一起构成的生态文化旅游资源。通过文献梳理，发现还需进一步拓展研究，具体表现如下。

（1）在社区居民主体地位方面：就社区参与旅游规划的内容来看，自从将社区参与纳入旅游规划后，国内外专家学者对此展开大量研究，认为社区参与是旅游不可或缺的一部分，是旅游的中心问题，只有社区最大限度地参与旅游规划和决策过程，并拥有一定的权利，实现社区经济利益最大化，才能促进旅游发展。但在实践过程中，尤其是旅游规划、决策和管理过程中，社区居民拥有的权利很少，尚未真正参与旅游规划，没有突出社区居民主体地位。就社区参与旅游发展模式来看，根据不同主体主导、不同类型、不同旅游资源等，国内外专家学者分析和概括出多种发展模式，如政府主导型、企业主导型、居民主导或政府/企业/旅游协会+社区主导等发展模式，在诸多参与模式中，社区居民虽然参与其中，但仍处于弱势地位。就旅游利益相关者的研究来看，多数专家学者认为社区居民是旅游开发规划、决策和管理过程中的主体之一，但在开发规划上认为社区居民参与能力有限，在利益分配上社区居民处于弱势地位。就社区参与旅游的影响因素的内容来看，社区发展的旅游资源不同，地方差异性很大，因此影响因素很多，国内外专家学者分别从宏微观、内外部及不同利益主体等视角进行分析，多数人认为社区居民的参与动机、参与机会和参与能力等是影响旅游发展的重要因素，但社区居民整体素质不高、参与层次相对较低、参与能力较弱等仍是未来重点研究方向。就社区参与旅游的效应及可持续发展的内容来看，国内外专家学者认为社区参与旅游有增加居民收入、提升社区居民归属感、促进文化认同和保护等积极效应，与此同时，也有居民赋税加重、资源过度利用、文化变质等负面效应。基于此，提出了把社区居民权、责、利结合起来，鼓励社区居民全面参与旅游，加强宣传与教育，提升居民素质水平，保护资源的永续利用，实现社区发展与旅游发展的良性互动，有利于旅游业的可持续发展。

（2）近年来，生态、文化旅游已形成国际趋势。在知网"生态旅游"、"文化旅游"、"生态旅游社区参与"和"文化旅游社区参与"的关键字检索中，有关此类主题的文献很多，但在"生态文化旅游"和"生态文化旅游社区参与"的关键字检索中，有关文献相对有限。当前，针对生态文化旅游主要是从概念界定、生态文化旅游产品开发及机制体制等方面展开研究，研究成果较为零散。在产品开发方面，重在提供参与型和启迪性强的体验、对资源价值的认识及对产品的理解并进行推广等方面。此外，通过案例的形式分析社区居民的参与机制、利益分配机制及社区参与对旅游场域带来的积极效应和负面效应。在新阶段，生态文化旅游场域基础设施水平较低、缺少发展平台和缺乏专业人才指导等原因，导致生态资源和文化资源整合度较低，同时存在旅游产品开发深度不够、产品形态单一、差异化不足等问题，无法形成优势产业，从而无法为旅游目的地和社区居民带来实实在在的收益。因此，研究如何整合生态资源和文化资源，如何开发出丰富多样且个性化需求的旅游产品，如何构建社区居民参与机制，促进社区发展和旅游发展的良性互动，对实现生态文化旅游的可持续发展具有重要的理论和现实意义。

二、社区参与生态文化旅游开发的相关概念

（一）社区

"社区"一词在英语日常用语中，是指生活在同一地区由一群具有共同意识和认同感或相同国籍、身份或宗教信仰的人组成的特定群体及其建构的制度或生活方式，最早在 1887 年被德国社会学家滕尼斯（Tonnies）写进著作 *Community and Society*（《社区与社会》）中。滕尼斯认为，社区是一种相对封闭的、自给自足的、亲密的、合作的和富有人情味的社会关系的组织形态。费孝通先生在翻译滕尼斯这部著作时将"community"翻译为社区，后来被学者沿用下来。

本书说的社区，是指居住在旅游资源开发区内及旅游资源富集地（景区、景点）周围，参与旅游开发、管理和服务，与旅游发展有着共同利益的人群集合体。社区在地理上与旅游区密不可分，是旅游区的生存空间和根基；社区与旅游

区有着共同的生存背景，是旅游区发展的重要力量。

虽然社区观念的提出和社区实践的开展均有较长历史，但是对社区研究的角度不同，至今国内外学术界对"社区"仍然没有一个统一的定义。美国社会学家帕克（Park，1936）从生态学角度提出了社区的定义，他认为社区具有以下特点：它有一群按地域组织起来的人，这些人扎根在他们所生息的那块土地上；社区中的每一个人都生活在一种相互依赖的关系中。其后，社区的定义众说纷纭，如有的认为社区是"有共同地域基础，共同利益和归属感的社会群体"；有的认为"社区是一定地域内共同生活的人群的组合，是一种社会关系的区位组织"；国内社会学界主要是把社区界定为地域社会。在《中国大百科全书·社会学卷》中，社区被定义为，"以一定地理区域为基础的社会群体"。总的来说，这些定义归纳起来不外乎两类：一类是功能的观点，认为社区是由有着共同目标和共同利害关系的人组成的社会团体；另一类是地域的观点，认为社区是一个地区内共同生活的有组织的人群。实际上，社区既是一个人文区位，也是一个地理区位，其本质是社会关系与地理空间上的有机结合。因此，单纯强调社区的地理区位性，或者只强调社区的社会关系特性都是不全面的。据此，我们可以在总结和借鉴前人论述的基础上，提出社区的定义：社区是指由一定数量拥有共同经济利益和心理因素的人口组成的，具有内在互动关系与文化维系力的地域性的社会共同体。

（二）社区参与

关于社区参与的概念，联合国大会在 1969 年发表了《社会进步与发展宣言》，指出公民参与是社会发展进程中不可缺少的部分，具有举足轻重的地位。1971 年发表的《广泛参与》和 1981 年出版的《广泛参与作为一种战略推动社区层面的行动和国家的发展》对"社区参与"的概念做出了详尽的表述。迄今为止就"社区参与"比较有代表性的表述如下。

（1）社区参与是政府及非政府组织介入社区发展的过程、方式和手段，也是社区居民参加社区发展计划、项目等各类公共事务与公益活动的行为及其过程，体现了居民对社区发展的责任分担和对社区发展成果的分享。

（2）社区参与是受益人影响发展项目的实施及方向的一种积极主动的过程。这种影响主要是为了改善和加强他们自己的生活条件，如收入、自立能力及他们在其他方面追求的价值。

（3）社区参与旅游发展，是指把社区作为旅游发展的主体纳入旅游规划、旅游开发等涉及旅游发展重大事宜的决策、执行体系中。

（4）"参与"并不是政府居高临下地对居民的一种权力施舍，而是后者多年来以各种方式进行抗争以及社会发展的结果，"参与"目前已是世界各国社区建设的必要环节。

综合社区参与的各种表述意见，我们了解到社区参与的本质是社区居民能够有效地参与社区的创造、规划与设计的过程，获得民主的权利，能够自由地发表自己的意见并提出建议，在参与的过程中平等地分享既得利益。真正的社区参与将会促进社区的健康快速发展，实现社区价值的整合，依赖政府"自上而下"的推行和社区"自下而上"的参与，成为社会经济发展新的驱动力和着力点。本书所提到的社区参与，是指在生态文化旅游发展过程之中旅游目的地社区的参与。

（三）社区参与旅游

社区参与在旅游领域的研究一方面源于规划方法的完善和进步，另一方面也来自旅游发展对目的地影响的深入认识。国内外学者虽基于不同的研究角度对"社区参与旅游"进行界定，但具有一定的相似性。有的学者认为，社区参与旅游就是当地社区最大限度地参与旅游规划和旅游决策过程，并通过最大限度地参与发展和管理，实现社区利益的最大化。也有学者认为，社区参与旅游是指旅游项目由社区拥有和管理，与政府共担风险和共享收益，这个过程一般包括文化和环境保护要素。还有学者认为，社区参与旅游是指在旅游的发展中要充分了解社区居民的意见、建议和需求，尊重他们在旅游的开发、规划过程中的话语权和决策权，应重视社区居民的主体地位，既是开发者也是参与者，更是利益相关者和受益者，以促进旅游和社区融合发展，从而使旅游业长远发展。能够实现区域可持续旅游发展行之有效的方法就是社区参与。

总结起来，社区参与旅游的概念具有以下特点：一是体现在参与主体上，认为社区居民居于主体地位，为参与提供强有力的支撑；二是体现在参与内容上，社区居民参与旅游发展的各个环节；三是体现在参与结果上，社区参与旅游最终的目标是实现社区居民和旅游业都可持续发展。据此，在总结和借鉴前人的基础上，提出社区参与旅游的定义：社区参与旅游是指旅游社区作为旅游发展的主体之一，通过各种形式实现社区居民参与旅游开发项目的决策、实施、评估和经营管理过程，达到降低项目开发管理难度、提高当地居民就业机会、增加社会居民收入来源、共同分享旅游业带来的社会经济利益的目的，从而促进旅游产业兴旺，实现区域社会经济全面发展。

（四）生态文化旅游

近三十年来，生态文化旅游已形成国际趋势。1989 年，Megan Epler Wood 在美国佛罗里达州成立了世界上第一个非营利性的国际生态旅游协会，推动生态旅游的发展，增强对环境和文化尊重的意识。在世界各地，生态文化旅游已成为寻求文化享受和民间交流的一种重要形式。

生态文化最初是在对"环境教育"的探讨中提出来的。人类学家泰勒认为，文化是一个复合整体，"包括知识、信仰、艺术、道德、法律、习俗，以及作为一个社会成员所习得的其他一切才能和习惯"。人通过文化产生关联并在自然环境中生存，与自然界也产生相应的联系。地球上每一个民族都是在适应自然与人文环境的发展过程中不断增长智慧，发挥能动的创造力指导社会实践，才逐渐形成了该民族独特的民俗文化。当人类活动与自然相互作用时，就会产生生态环境问题。从这个意义上来说，生态环境问题就是一个生态文化的问题。从狭义理解，生态文化是以生态价值观为指导的社会意识形态、人类精神和社会制度。从广义理解，生态文化是人类新的生存方式，即人与自然和谐发展的生存方式。

我国余谋昌先生于 1986 年从意大利《新生态学》杂志中引入这一概念，随后有了更多学者参与讨论。余谋昌先生作为国内"生态文化"这一术语最早的引入者，在 1989 年发表的《生态文化问题》、1996 年发表的《从文化视角思考生态文化问题》、2003 年发表的《生态文化：21 世纪人类新文化》、2006 年发表的《古典道家的生态文化思想》、2007 年发表的《"生态文化"专题研究》等著作中，从不同角度阐述了他对"生态文化"的解读。首先，他界定了生态文化的含义。他认为，"从狭义理解，生态文化是以生态价值观为指导的社会意识形态、人类精神和社会制度，如生态哲学、生态伦理学、生态经济学、生态法学、生态文艺学、生态美学、生态政治制度等；从广义理解，生态文化是人类新的生存方式，是生态化的生产方式和生活方式，即人与自然和谐发展的生存方式"。其次，他对生态文化的结构进行了解析。他认为生态文化包含三个层次，即精神文化、制度文化和物质文化。最后，他对可持续发展的含义进行了解读，他认为，"生态文化是可持续发展的选择"，"可持续发展的基本目标是社会发展要实现三个相互联系、不可分割的持续性：生态可持续性、经济可持续性、社会可持续性。这也是可持续发展的三个基本原则"。生态文化是从人统治自然的文化，过渡到人与自然和谐发展的文化。生态文化是一种物质生产与精神生产都高度发展、自然生态和谐统一的文化，是人类面对全球化生态危机，以及在这种危机中为人类发展提供新的机遇基础上选择的新型文化。生态文化旅游以生态自然环境为主要旅游资源，因此它与生态旅游有极大的相似点，但它异于生态旅游，因为它兼容部分文化旅游的要素。生态文化旅游有效地考虑了自然生态环境和人文文化的特点，同时满足了人们对生态和文化的需求。它已经成为一种新的旅游方向，受到旅游业、文化开发及生态保护等政府机构和有关人士的高度重视。国内学者对生态文化旅游进行了定义。徐克勤等（2016）认为生态文化旅游以游客的生态文化体验需求为基础，重视生态旅游和文化旅游的融合与发展，兼具生态与文化特色，满足旅游者生态和文化的需求，从而提高旅游的综合效益。生态文化旅游业以旅游发展理念为指导，它将生态、文化旅游活动与自然资源和人文景观的保护与利用及市场管理行为相结合，在保障可持续发展的基础上，实现社会效益和经济效益双提升。生态文化旅游是生态、经济、文化、科技、教育等相结合的产物，具有高附加、深渗透、强集成的特征，生态、文化、旅游三者相辅相成，相互促进。文化是旅游的灵魂，旅游是文化的载体，生态是文化旅游的保障。没有文化的旅游是苍白的，没有旅游的文化是缺乏活力的，没有生态的文化是不可持续的，所以，生态文化旅游可以说是以生态文明为理念，依托自然旅游资源与文化旅游资源，集生态旅游与文化旅游于一体的综合性的旅游形式。例如，2022年湖北省印发《湖北省旅游业发展"十四五"规划的通知》，根据该通知，"十四五"期间，适应文旅融合新形势，以全域旅游为方向，以推动旅游高质量发展为主题，积极建设西部山水生态旅游区、中部历史文化旅游区和东部人文休闲旅游区，把湖北省建设成为富有文化底蕴的世界级、国家级旅游景区和度假区。。

三、社区参与生态文化旅游开发的理论基础

（一）社区参与理论

社区参与是公众参与的一种形式，广泛应用于社会、政治和经济领域。社区参与本质上是从员工参与理论发展而来的，后者是指员工平等参与工厂、公司或企业的管理。在员工参与过程中，员工拥有参与权和表达权，并且需要承担发展后果的责任。社区参与要求个人主动参与并介入项目，选择并决策、承担责任和义务、贡献力量和价值、分享成果和利益、塑造能力。

社区参与是公众参与的应有内容，是公众参与的体现。社区是按区域划分的组织体，社区的主体是作为公众组成部分的社区成员。对社区中涉及该区域共同利益的事务的决策、执行，体现了作为主体的社区成员的责任感，对社区发展具有积极的促进作用；培养和发展了社区居民的参与意识和参与能力，提高了公民素质。社区参与可以说是公众参与的细胞，是公众参与的训练地。

社区参与理论被广泛应用于生态文化旅游开发和保护、城市规划、旅游发展等领域，其中最成熟的是社区参与在旅游发展中的应用。社区参与的理论主要有社会资本理论、理性选择理论和历史—制度理论等。社会资本理论是指人们之间通过合作、互惠、参与集体行为，产生社会信任，从而形成社会资本。社会资本

理论的意义在于小群体内的社会信任会扩展到对政府的信任，使公共政策促进强劲的经济增长、有效的公共管理及较高的社会绩效，这是实现民主政治、达到制度绩效目标的有效途径。社会资本理论是从公民责任心的角度阐述社区参与的意义和价值，是社区参与的基础性理论。

理性选择理论认为个人是通过理性的计算来决定是否参与社区公共事务、参加何种公共事务及参与公共事务的程度。制度和组织应该为个人参与公共事务提供激励，并使这种参与达成社会最优绩效。理性选择理论解答的是在社区参与制度建设中如何通过有效的制度构建来促进公众参与，激励社区居民参与公共事务。

历史—制度理论认为，一方面公民具有主动参与公共事务的兴趣与能力，另一方面制度背景影响什么人参与以及如何参与，这两方面之间是一种互动关系。历史—制度理论从社会整体、历史发展角度分析社区参与的背景和策略的选择，深度解析制度与参与行为之间的关系。

（二）利益相关者理论

利益相关者理论可追溯到 1984 年弗里曼出版的《战略管理：利益相关者管理的分析方法》一书，该理论主要用在企业管理中，认为企业管理活动就是平衡各个利益相关者的利益要求。利益相关者理论在旅游研究中得到了响应，不少国外旅游研究开始热衷于将"利益相关者"一词引入旅游领域，并将该词运用于旅游目的地规划、管理与协作的研究之中，甚至还衍生出了"旅游利益相关者"这一对应术语。1999 年 10 月，世界旅游组织在第十三届会议上通过的《全球旅游伦理规范》中明确使用了"利益相关者"一词，标志着"旅游利益相关者"概念已正式得到官方认可。利益相关者理论为旅游、社会和环境的均衡发展搭建起了一架桥梁，为两者提供出一种合理可行的概念性框架。旅游开发逐渐成为一种不同利益相关者之间相互博弈和利益再分配的过程。2000 年，张广瑞将世界旅游组织通过的《全球旅游伦理规范》翻译并引入国内，推动了旅游利益相关者的研究，如保继刚和钟新民（2002）出版的《桂林市旅游发展总体规划（2001~2020）》，其中，在"规划的方法和技术线路"中的方法 3 就是"利益相关者分析"，备受国外旅游界瞩目，"旅游利益相关者"问题也开始真正引起国内学者的关注。

将利益相关者理论引入旅游发展研究中，每个利益相关者对旅游活动都有不同的利益需求，对旅游发展产生不同影响。旅游业就是在整合和协调利益相关者利益的基础上得到发展的。社区居民作为旅游业发展的利益主体之一，有权对旅游规划的制定与实施发表意见甚至直接参与决策，并享受旅游开发的好处。相对于政府、企业来说，无权利、无资本的社区居民是弱势群体，最容易被忽视。利益相关者理论区分不同利益主体及各自对旅游的影响力，强调社区分享旅游利益，对旅游业发展享有自主权，同时保留决策权。

（三）可持续发展理论

可持续发展理论的形成经历了较长时期。20 世纪五六十年代，人类经济快速增长，出现城市化的趋势，在人口和环境压力下，人类开始思考增长与发展的问题。1962 年，美国海洋生物学家 Rachel Carson（蕾切尔·卡逊）发表了《寂静的春天》，该作品描绘了一幅农药污染所引致的可怕景象，惊呼人们将会失去"春光明媚的春天"，在世界范围引起极大反响。1987 年，世界环境与发展委员会发表《我们共同的未来》的报告，正式提出可持续发展定义：既满足当代人的需要，又不损害后代人满足其需求能力的发展，可持续发展在要求实现长期稳定的经济增长同时，还进一步考虑环境的承受能力以及资源的承受能力，协调好人与自然之间的关系；追求资源利用和开发在同代人之间乃至代与代之间的公平，不牺牲后代人的利益。

1992 年，在联合国环境与发展大会上，来自世界 178 个国家和地区的领导人通过了《21 世纪议程》《联合国气候变化框架公约》等一系列文件，明确把发展与环境密切联系在一起，使可持续发展理念得到与会者的共识，并成为全球的行动。

旅游可持续发展是在可持续理论影响下的旅游发展的道路选择及理论基础，因旅游与文化、环境紧密的关系，旅游业在可持续发展中占有重要地位。1990 年，加拿大温哥华举行全球可持续发展大会，会议提出了《旅游持续发展行动策略》草案。1992 年，联合国环境与发展大会发表的《21 世纪议程》中有 7 处直接涉及旅游业。旅游可持续发展被认为是在保持和增强未来发展机会的同时，满足游客和旅游地原住民的各种需求，保持旅游与自然、文化和人类的生存环境相协调，并成为一个整体。1995 年 4 月 28 日，由可持续旅游发展世界会议通过的《可持续旅游发展宪章》中指出 18 项原则和目标，提出旅游发展必须建立在生态环境的承受能力之上，符合当地经济发展状况和社会道德规范；要求旅游与自然、文化和人类生存环境成为一个整体；必须考虑旅游对当地文化遗产、传统习惯和社会活动的影响；所有从事这项事业的人们必须团结一致、互相尊重和积极参与；为了与可持续发展相协调，旅游必须以当地经济发展所提供的各种机遇作为发展的基础；所有可供选择的旅游发展方案都必须有助于提高人们的生活水平，有助于加强与社会文化之间的相互联系，并产生积极的影响。可持续发展的基本原则，是在全世界范围内实现经济发展目标和社会发展目标相结合等。这些目标的提出进一步充实了旅游可持续发展的内涵，丰富其内容，并向各国提出了行动计划。

可持续发展理论是社区参与旅游的基础理论，是支持社区参与旅游的理论依据。旅游业的发展与社区紧密相关，不管是旅游资源开发中涉及的土地、人力，还是旅游产品开发中的当地文化和生态旅游资源，甚至是旅游业发展后外来游客对当地物价、文化、价值观等方面的影响，都使旅游业对当地社区产生很大的影响。可持续发展理论有助于保证在旅游发展的同时维持生态环境的平衡、保护自然和人文环境，保证当地居民分享旅游的好处，防止掠夺式开发。我国学者唐顺铁较早就注意到社区与可持续旅游发展的关系，他指出从社区角度来思考旅游开发问题有可能为实现旅游业的可持续发展找到可行的途径，要综合解决人口、资源、环境和发展问题，获得可持续发展，社区是最基本的研究单位。

第二章 社区参与生态文化旅游开发的"三位一体"模式

一、制度结构与旅游社区发展：系统论的分析视角

在经济发展中，仅仅依靠土地、劳动、资本和技术等生产要素是不够的，还必须加上制度这一重要基石。理论和实践都已证明，对于经济增长或者经济发展来说，制度不是外生的，制度是经济发展的重要变量。中国正处于一个需要不断改革和创新的时代，制度创新尤为重要。在我国许多生态文化旅游资源丰富的地区，由于自然环境和民俗文化受外界因素的影响较小，保存较为完整，旅游开发价值很大。但也因为经济水平较低和居民的主体意识不强，在旅游开发的制度设计中社区及居民容易被"一次性"买断或直接排除在外，很难实现和确保旅游区与社区的可持续发展。

（一）社区参与：旅游开发制度中的角色缺失

生态文化旅游的大多数景区位于经济欠发达的城镇和山区。在那里，大自然的土地、水和森林都是当地居民谋生的物质基础，他们的生活大多依赖于这些自然资源和文化资源。在生态文化旅游开发过程中，当地居民可以说是处于弱势群体地位，不仅在旅游资源开发上的意见得不到重视，同时在经济利益的分配上也难以保障。究其原因，主要有以下几点：一是政府行政管理体制中权力相对集中，管理体制是以直线职能方式进行的，上级对下级指导，下级对上级负责的上下级垂直关系，在社区参与生态文化旅游开发中，组织结构就已经把居民排除在外了。二是旅游开发管理方在运筹旅游发展时，寻求启发和智力支持往往首先想到的是专家学者、高校教师、科研机构研究人员等社会知名人士，不可否认他们

的智囊团作用。开发商、管理部门没有充分尊重和重视当地居民,未能将生态文化旅游开发与社区建设密切结合。有些开发商、管理部门虽在主观上有吸收社区居民参与的愿望,但在实践中不知道如何操作。三是有相当一部分居民对社区参与的重要性认识不够,甚至很多人对于何为社区参与都不能够理解。虽然他们生活在社区,但是社区主体意识尚未树立,没有意识到自己对本地区拥有民主管理和民主监督权,更没有想过自己应对本地区的建设和生态环境的保护尽自己的一份责任和义务。在很大程度上,居民将生态文化旅游的开发和管理工作单纯地理解为只是政府和旅游企业的事情,居民没有认识到本应担当的角色,这种社区参与意识的淡薄,导致社区居民在生态文化旅游中角色的缺失,不利于当地生态文化旅游的可持续发展。民众的力量是不可忽视的,如果能够充分利用社区居民的力量,使社区居民发挥利益主体作用,并参与合理公平的利益分配,可为生态文化旅游的发展提供有力保障。

(二)开发商、管理部门与当地社区的利益关系模糊

在生态文化旅游景区,参与旅游活动开发和管理的一般包括三类组织:当地旅游政府部门、旅游企业及社区居民。我们这里所提的社区居民特指当地社区的原住民。当旅游景区真正进入开发阶段,一些开发商只关心自己的切身利益,在没有切实政策和机制条约的约束下,开发商对当地居民可能会采取统一抵制的做法,很多景区开发的相关信息都予以保留,不会向社区居民传达,更有甚者会为了追求利益最大化而违背居民意愿进行景区开发,这造成的结果是管理部门、开发商和当地居民之间的关系紧张。开发商凭借资本和技术优势在当地旅游市场中形成垄断,而社区居民家庭式经营无法与旅游开发商抗衡,这无疑加剧了管理部门、开发商和当地居民的利益冲突。利益冲突处置不当,可能会引发社区居民的消极反应甚至是抵制行为,这种情况对于景区长远发展是很不利的。在社区参与生态文化旅游开发中,把社区居民这一弱势群体作为重要的利益群体、开发主体和管理主体,邀请社区居民参与其中并发挥他们的作用,有助于形成良好的互动关系,加速旅游地的健康发展,开发商、管理部门与当地社区居民之间的利益分配将更为合理,尽可能有效地发挥生态文化旅游对地区经济的增值效应。同时,社区参与能够有效避免开发商任意开发自然资源和异化文化资源,有利于旅游景区的保护和建设,还可促进管理部门、开发商与当地居民的和谐共处,共同发展。

（三）社区对生态文化保护缺乏有效激励

从以上分析得知，生态文化旅游地区的开发商和管理部门在分配物质利益的时候，必须重视社区居民理应获得的合理利益。若居民的基本利益得不到保障，被排除在利益链条之外，他们便会对景区的开发产生逆反心理，对景区的发展采取漠视态度。我们知道，生态景区内的自然资源和生态系统大多都是不可再生的，如若当地人对资源的不可持续性利用愈演愈烈，久而久之，原本的生态文化旅游区就可能成为一个"生态孤岛"。从社区参与观点看，社区既具有实施可持续发展的综合功能，又是可以把握的实体，所以，从社区角度来思考旅游开发问题有可能为实现旅游业可持续发展找到可行的途径。如果能将社区居民的力量集合起来，让这些人重视环境的保护，让他们了解到环境的破坏会直接影响到他们的生活，唤醒当地社区居民对赖以生存的旅游地环境的关注，参与生态文化旅游的建设和经营，如此一来，不仅居民的生活可以得到保障，生态环境也可以得到有效保护，资源的违法破坏情况将会大大减少，从而缓解资源保护的压力，更好实现资源的永续利用。

二、旅游地社区居民的利益圈结构

（一）社区居民：旅游利益圈的主体

生态文化旅游发展的目的主要有两个：一是通过发展生态文化旅游业来发挥当地旅游资源优势，形成旅游业的联动效应，拉动各项产业的发展，从而发展当地经济，进一步对外开放，提高人们的生活水平；二是通过发展生态文化旅游来改善当地生态环境，取得良好的生态效益，使经济社会及旅游事业能够得到永续发展。而这两条都应该以当地居民的认可为考量的核心。

1. 社区居民是生态文化旅游产业的积极参与者和支持者

当地社区居民是这片土地的真正主人，长期与这片土地相生相亲，构成生态系统的平衡，同时保留下一片有价值的土地。建立生态文化旅游开发区后，一方面限制了社区对当地资源的依赖；另一方面，旅游业发展带来的外部信息也诱发了社区对发展的渴望。从"发展"的角度看，人类长期发展的目的是不断提高人类基本需求的满足程度，这种需求包括物质的、社会的、政治的和文化的。因此，发展中的社区参与是不可缺少的，因为人们有参与各种影响自身利益决策的需求。发展旅游应积极引导当地居民的参与，融合到当地的旅游事业中，让他们继续发挥其主人翁作用；让他们在参与旅游经营活动中生活水平较以前有较大改善，分享旅游发展带来的福利。

社区参与生态文化旅游发展就是要把社区居民作为生态文化旅游发展的主体，在制度上把其设计到旅游开发的规划、建设、运营等重大事宜的决策执行体系中，它是旅游可持续发展的一个重要内容和评判依据。社区为生态文化旅游开发主体而非客体，社区居民扮演的角色是当局者和主人翁。因此，强调社区参与生态文化旅游的发展理念，是生态文化旅游可持续发展战略的理论根本所在和具体体现。

2. 社区居民是生态文化旅游产业的直接受益者

发展当地经济是旅游产业发展的主要目的之一，当然应该以当地居民的受益程度作为衡量旅游产业是否成功的标杆。社区居民的意识体现在是否关心和支持社区旅游业的发展，是否有参与生态文化旅游开发、规划和管理的意愿，是否愿意以"社区主人"的身份参与社区旅游的事务。社区居民是否愿意合作取决于他们对旅游业的态度。研究表明，社区居民从旅游中获得发展机会和收益越大，他们对社区旅游的积极性就越高，就会报以支持和欢迎的态度；相反，则持排斥和抵制的态度。

旅游业具有很强的关联带动性。一方面，在生态文化旅游开发过程中，往往能提供大量的直接或间接的就业机会，而外地人员参与旅游的开发，占据了一定的社区就业比例，使部分旅游收入通过工资或商业利润等方式外流，影响了旅游乘数效应发挥。强调社区参与旅游，就是强调社区居民在生态文化旅游发展过程中的主导地位和作用，社区居民参与生态文化旅游开发可增加当地人的机会，提高旅游带动效应，对当地经济发展起到强有力的促进作用。这样，不仅能够为社区居民提供大量的就业机会，而且通过政府在政策和资金上给当地居民的扶持，帮助居民筹措开展经营活动所需资金，协调金融机构提供贷款，使社区居民获得经济收益。另一方面，将农业、农民和农村发展与旅游业高度结合，让农民直接从事旅游产品生产、销售，直接参与旅游服务、经营旅游中介机构等，实现地区之间、产业之间、个体之间利益的再分配，通过发展集体经济和股份合作经济等途径，保障社区居民对旅游服务企业的话语权，创新社区居民参与利益分配的机制，使居民成为旅游业发展直接受益者，实现旅游发展模式的乡村振兴。

3. 社区居民是生态环境的热爱者、保护者和积极监控者

当地居民更热爱和关心他们所处的自然环境与生活环境，加强社区参与，可

以发挥社区居民的积极性、主动性，对旅游经营进行监督和控制，确保生态文化在旅游中得到很好的体现，防止以发展地方经济为名破坏环境、危害环境的经营行为，以真正实现党和政府发展生态文化旅游可持续发展的目的。在社区旅游经济发展过程中，通过社区参与，把社区居民从参与劳务和土特产品、手工艺品的创造上升到经营文化产品，推行绿色经营，在旅游经营中充分利用野生资源和乡土资源，如吃农家饭等。这些既是资源的深化，可以提高附加值，同时，又能够普及环保意识，还可以提高吸引力和竞争力，还能够在经营中努力节约，减少浪费，以减少对环境的负面影响。

4. 社区居民是生态体验文化的表演者和传播者

一方面，旅游社区独具特色的传统民族文化、地域风土民俗是社区旅游业发展赖以生存的物质基础，也是社区居民对社区文化在情感和心理上的认同感及归属感的纽带，社区应成为社区居民的文化家园。另一方面，旅游者将给当地居民带来文化上的复兴，使当地居民产生自豪感和自信心、加强自身的民族凝聚力，并意识到自己文化的重要性和价值，因而知道怎样去保护自己的文化。

社区居民的生产生活方式本身就是生态文化旅游资源的一部分。社区独具魅力的民风、民情、民俗，决定了社区居民参与旅游的必要性。反映各民族生活习俗的民间节庆、文化娱乐活动是一种体现当地人文特色的旅游资源，利用社区对这些资源进行旅游产品开发，将大大增加旅游地的生命力。在生态文化旅游活动中，各社区居民直接参与民俗风情展示、民族艺术表演、文化工艺创造，构成了旅游产品价值创造的一部分。没有社区居民的积极参与，生态文化旅游产品将黯然失色。

（二）社区居民为主体的旅游利益相关者

利益相关者是指"受一件事的原因或结果影响的任何人、集团或者组织"。运用利益相关者理论来分析生态文化旅游，需要确定生态文化旅游开发、经营等受到影响的各方都有谁，如何来平衡他们之间的需求从而有效地确保生态文化旅游可持续发展目标的实现。根据 Swarbrooke（1999）的研究，可持续旅游的主要利益相关者包括当地社区（直接在旅游业就业的人、不直接在旅游业就业的人、当地企业的人员）、政府机构（中央政府、当地政府）、旅游业（旅游经营商、交通经营者、饭店、旅游零售商等）、旅游者（大众旅游者、生态旅游者）、压力集团（环境、野生动物等非政府组织）、志愿部门（发展中国家的非政府机构、发达国家的信托和环境慈善机构等）、专家（商业咨询家）、学术人员、媒体等。生态文化旅游是可持续发展旅游的一种现实形式，其利益相关者也大体相同。本书研究的生态文化旅游资源开发涉及的最主要利益相关者为社区居民、当地政府、开发商与经营商、专业技术人员、旅游者。按照利益相关者理论，以社区居民为主体设计旅游利益关系，如图 2-1 所示。

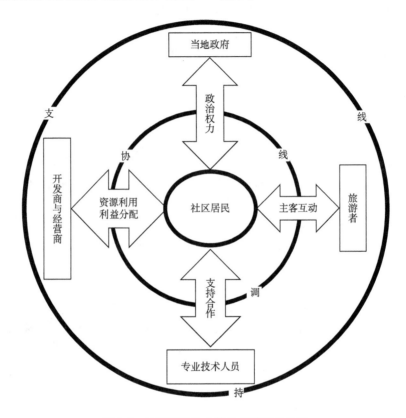

图 2-1　社区居民为主体的旅游利益关系

1. 以社区居民为主体的旅游利益圈

以社区居民为主体构建旅游利益关系，首先需要考虑利益相关者的关系程度。关系程度是判断利益相关者的一个重要标准，这种关系可以依据其经济关系、法律关系和道德关系的密切程度来判断。各种不同的利益相关者与社区居民有着直接或间接、密切或松散的关系。虽然每个社区参与生态文化旅游地有所不同，但在旅游资源开发、决策、经营等过程中并不难做出判断。其次需要考虑利益相关者的影响力。不同的利益相关者个体和群体所具有的影响力是不同的，哪些个体和群体对生态文化旅游资源开发具有驱动作用？哪些个体和群体对社区居民的利益分配有影响？哪些个体和群体对旅游经营起到保障监督作用？利益相关者理论所强调的是相互影响，因此对这种影响力也应该是双向的。根据利益相关者的关系程度和影响力，将以社区居民为主体的旅游利益圈分为外圈和内圈。内圈为协调线，起协调作用的是当地行业组织、志愿者组织、慈善组织等，它们主要推动多方的合作、协调各方的关系、平衡各方的利益。外圈为支持线，起支持作用的有各级政府组织、各类非政府组织，如世界遗产委员会、中国非物质文化遗产保护协会等，它们主要提供资金、技术、信息、教育、人力支持等。

2. 以社区居民为主体的主要利益关系

图 2-1 说明了以社区居民为主体的生态文化旅游利益相关者及其关系，在这里，各种权利、利益交织在一起，多元化的利益主体、多样化的利益诉求构成了一个复杂的利益关系图。

1）当地政府与社区居民之间的关系

生态文化旅游是一个内在具有政治性的事物，在这里，价值观的协调与冲突、权力的制衡、利益的分配、参与和决策机制的建立、目标的设定和标准都具有鲜明的政治色彩。在社区参与生态文化旅游资源开发中，由于政治传统、经济发展程度、民主观念、社会结构等原因，社区居民不仅缺乏参与生态文化旅游决策、管理和经营的机会，而且也被排除在生态文化旅游发展的利益分配体系之外。而社区居民在经济、政治、文化方面应同其他利益相关者一样享受平等权利，政府应控制、引导、协调、规范其他利益相关者的目标和行为，从很大程度上来说，政府是社区居民权益的维护者。政府作为公共利益的代表，同所有公众、社会群体形成了代理和委托的关系，这意味着政府在考虑多个利益相关者的利益时，应充分考虑社区居民的利益，不能将社区居民排除在外，保证在制度设计、职能履行过程中公正无私，积极引导和鼓励社区居民参与旅游资源开发、管理和经营，突出社区居民主人翁的地位和作用，满足社区居民的合理利益诉求，这有利于生态文化旅游的可持续发展。

2）开发商、经营商与社区居民的关系

开发商、经营商的角色行为具有"双刃剑"的功能。一方面，为生态旅游社会文化系统注入新的人流、物流、资金流、信息流及能量；另一方面，若追求经济效益最大化的原则，会造成环境资源浪费甚至是不可逆转性破坏。因此，开发商和经营商应该遵循企业伦理道德，坚持环境影响最小化的守则，并处理好旅游收益和环保补偿的关系。同时，开发商、经营商与社区居民的关系十分敏感，双方之间存在着相互依赖又相互竞争的关系。首先要让社区居民享受到旅游发展带来的利益，如为社区居民尽可能多地提供就业机会、培训等，保证本地居民优先被雇用的权利；旅游商品尽量采用本地原材料加工等，以切实保障社区参与和利益分配，进而调动社区居民参与旅游发展的积极性和能动性。事实上，社区参与也能在一定程度上有利于开发商和经营商的低成本运作，并增加生态文化旅游产品和服务属性中的原生性文化氛围，增强旅游产品的魅力要素。两者关系安排和处理得当，会互惠互利、形成良性循环，处理不好则可能形成对立与产生冲突。

3）专业技术人员与社区居民的关系

本书所说的专业技术人员主要是指专家学者、科研机构研究人员等。专业技术人员在生态文化旅游发展中起到一定的推动作用，通过旅游规划和人才培训，从生态文化旅游发展中获得部分经济利益，同时生态文化旅游的发展为专业技术人员培养提供了平台。当前，我国生态文化旅游研究相对落后，对一些理论问题尚未达成共识，而且在实践中部分专业技术人员没有充分重视社区居民在旅游中的作用，甚至有的简单粗暴地把社区居民排斥在外。因此，应加强学术机构和科研人员与社区居民之间的沟通，设立专门的研究主题，讨论在旅游开发中社区参与问题，把社区居民作为核心利益相关者并写入旅游规划中，充分考虑社区居民的合理利益诉求。

4）旅游者与社区居民的关系

在生态文化旅游中，旅游者希望接触当地居民，体验"原汁原味"的社区文化，而当地居民思变求富的心情强烈，希望借助旅游发展的契机，实现现代化。生态文化如何在旅游发展中保护与发展？看似主客矛盾难以调和，实则是考量发展者的开发理念和态度。生态文化旅游业成功的关键在于社区居民对生态文化旅游的态度和生态文化旅游机会的可得性，但社区居民参与旅游发展的程度不同，获得利益存在较大差异，获得利益分配较少的居民可能会产生不满情绪，可能会对旅游者产生排斥的心理。如果旅游者人数较多，超过旅游地的负荷，甚至个别旅游者不文明旅游行为破坏当地的生态环境，会严重影响社区居民的正常生活，同样也会对旅游者产生排斥的心理。因此，在生态文化旅游发展过程中，社区居民在改善自身物质生活条件的同时，要懂得欣赏和保护当地特色文化；旅游者除了保证其旅游行为规范之外，还应当保持对当地文化的尊重，客观真实地了解欣赏当地文化。

三、"三位一体"模式的目标和原则

模式是指解决某一类问题的方法论，社区参与生态文化旅游开发的系统模式就是将指导和优化社区参与旅游发展的系列对策与方法总结到理论高度，用以指导同类问题的解决。"三位一体"模式是指从制度上建立社区参与驱动机制、利益分配机制和保障监督机制，由三大机制合力共同推动实现社区与生态文化旅游的一体化发展目标，促进社区经济、社会、政治和生态四方面的和谐。

（一）目标

实现社区参与生态文化旅游的一体化发展，即在尊重社区完整性和真实性的基础上，让社区真正地拥有并管理社区旅游事业，让旅游者体验更多原汁原味的社区服务，并最终实现和谐社区建设、生态文化保护与社区旅游协调发展的目标。

从全国生态文化旅游发展的情况看，仍是政府和旅游企业占主导地位，这种发展模式容易忽视社区参与的必要性，是一种不够完善、不够科学的发展模式。当今特别是在乡村振兴战略背景下，在"绿水青山就是金山银山"理念指导下，生态文化旅游发展必须真正让旅游地的社区居民全民参与开发管理，必须加大力度保证社区参与旅游发展政策与措施的进一步推进。表 2-1 是社区在旅游发展中的四维效应。

表 2-1　社区在旅游发展中的四维效应

维度	社区旅游增权	社区旅游去权
经济增权	生态文化旅游的发展为社区带来了持续的经济收益。社区中许多家庭共享发展旅游所赚来的钱使居民收入和生活条件明显提高（如就业机会增多、基础设施改善、公共服务水平提高等）	当地社区只是从生态文化旅游发展中获得了少量的、间歇性的收益。绝大部分利润流向了地方精英、外来经营商、政府代理机构等。只有少数个人或家庭从生态文化旅游中获得了直接的经济收益，而其他人由于缺少资金或适当的技能，很难分享到社区旅游发展所带来的利益
心理增权	由于社区的文化、自然资源和传统知识独特性与价值得到了外界的肯定，社区居民的自尊和自豪感得到了强化。社区居民日益增强的信心促使他们寻求更好的教育和培训机会。就业和赚钱机会的增加使传统弱势群体（如妇女和年长者）的社会地位提高	许多社区居民不仅无法分享到旅游的利益，而且还因为在使用保护区资源方面受到越来越多的限制而面临着生存和发展上的困难。因此，这些居民常常感到困惑和失落，对生态文化旅游发展也毫无兴趣或悲观失望
社会增权	生态文化旅游维持了当地社区的平衡。当个人和家庭为建设成功的旅游企业而团结奋斗时，社区的凝聚度就提高了。部分旅游收益被用于推动社区的发展，如修建学校或改善道路交通条件	社区居民接受了外来价值观念，而失去了对传统文化的尊重。弱势群体承受着发展旅游所带来的负面影响，同时又无法公平地分享旅游收益。个人、家庭、部落或社会经济群体为了追逐更多的经济利益而展开激烈的争夺

续表

维度	社区旅游增权	社区旅游去权
政治增权	社区的政治结构在很大程度上代表了所有社区群体的需要与利益，并为人们提供了一个就生态文化旅游发展问题及其处理方法进行交流的平台。为推动和发展生态文化旅游而建立起来的机构从社区群体中获得旅游发展的观点，并为他们提供被选举为代表参与决策的机会	社区拥有一个专制的或以自我为中心的领导。为推动和发展生态文化旅游而建立起来的机构将社区视为被动的受益者，将他们排除在社区决策体系之外。社区的大多数成员感到他们只有很少或根本没有机会发表各自有关是否发展旅游或如何发展旅游的看法

（二）原则

社区参与生态文化旅游发展，重点在生态环境和文化资源的开发与保护问题上，这是一项长期、艰巨而又复杂的系统工程，必须遵循以下原则。

一是尊重社区居民参与分配利益和发展的权利，将社区居民纳入社区旅游发展的决策、规划和管理体系中，并使之法律化和制度化。没有权利的参与不是真正意义上的参与，社区居民真正掌握一定的权利是社区参与真正落实的保障，参与的程度与权利的多少直接挂钩。旅游地的发展，仅靠政府、旅游企业及专家学者等的努力和智慧是不够的，还需要社区居民的参与，积极鼓励社区居民参与生态文化旅游发展决策、规划和管理，从而实现社区发展权在社区的建立。

二是尊重和传承社区空间的历史性和文化性，并基于"保护优先"和"科学评估"原则对其所依托的资源实体进行优化配置。在生态文化旅游资源开发中，有个别旅游地没有处理好保护与发展的关系，甚至认为建立保护机制妨碍地方经济发展，这与旅游可持续发展战略相悖。因此，只有在保护好现有资源的前提下，适度开发利用，这才符合我国旅游可持续发展的战略要求。

三是坚持以社区的整体利益为标准对社区旅游发展决策和社区旅游开发项目进行衡量与评估，实现社区的整体利益包括经济利益、环境利益、社会利益和政治利益的四维增权。社区参与并使社区整体受益是生态文化旅游发展的核心内容之一，只有倡导社区参与，才能获得当地居民对旅游资源环境保护发展的支持。获益是社区参与旅游发展的关键，只有在此基础上，才能保证社区居民参与的积极性和主动性，才能实现社区参与及生态文化旅游发展的良性互动。

（三）"三位一体"模式

本书基于社区参与视角，搭建社区产业平台、利益分配平台和保障平台，构建社区参与生态文化旅游开发的驱动机制、利益分配机制和保障监督机制，形成

"三位一体"模式（图2-2），实现社区参与生态文化旅游一体化的发展目标。

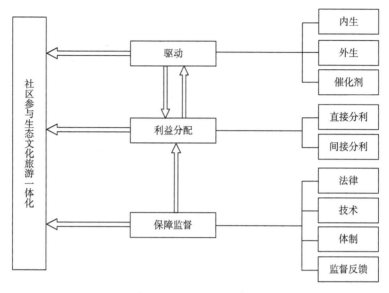

图 2-2　社区参与生态文化旅游"三位一体"模式

四、社区参与生态文化旅游开发的价值

（一）保护生态文化资源

自然生态文化资源是我国开展生态文化旅游的基础。以往自然保护区采用的管理模式多为"隔离—罚款"的模式，使社区居民失去资源利用机会，这可能会造成他们偷猎、偷伐等破坏行为。要想提升生态文化旅游的品位，提高社区旅游资源的整体利用效用，就必须在自然保护区管理过程中，充分考虑当地社区居民合理利用资源的要求，应该让社区居民积极参与景区的保护和管理，提高他们自觉保护的意识，协助他们找到资源利用和能源利用的替代方案，使他们享受到保护的益处，这样才能真正起到资源利用和生态文化环境保护的作用。

在生态文化旅游开发过程中，也必须充分考虑到社区的需求和利益的问题，在生态文化旅游的开发、经营、管理及资源的保护方面，为当地居民提供优先参与的机会，并且要让他们能够从生态文化旅游和实际发展中受益，这种物质上的利益可以为其提供生活上的经济来源，有助于说服他们放弃砍伐、农作等传统土地利用方式，激发他们自觉保护生态文化旅游资源和环境。如若旅游的开发利用并不能为居民带来利益，当地居民为谋生存，可能会对生态环境造成不能估计的破坏，不利于资源的充分利用，更不利于生态文化旅游的可持续发展。

（二）防止旅游经济负外部性

外部性理论由著名的经济学家马歇尔在 1910 年提出，并由他的学生庇古丰富和发展。外部性是环境经济学的一个基本概念，是指私人收益和社会收益、私人成本与社会成本不一致的现象。美国经济学家萨缪尔森将外部性定义为"在生存和消费的过程中一个人使他人遭受到额外的成本或额外的收益，而这些强加在他人身上的成本或收益并没有通过当事人的货币形式得以补偿时，外部性或溢出性就发生了，即外部性是一个经济机构对他人福利施加的一种未在市场交易中反映出来的影响"。

一般来说，外部性满足两个条件：一是某人或某企业（假定为 A）的效用由另一人或另一企业（假定为 B）决定或选择，而 B 在决策时并未考虑 A 的福利；二是市场缺乏激励机制，使 B 对 A 的影响进行补偿。当 B 带给 A 积极的、正面的影响时，称为正外部性（或外部经济）；反之，称为负外部性（或外部不经济）。

生态文化旅游作为一种经济活动也会产生外部性，而旅游的开发和利用过程对生态文化旅游资源及其环境造成的破坏就是旅游活动的负外部性。生态文化旅游是依赖于自然文化资源发展的资源型产业，是将自然资源和文化作为一种旅游商品来出售的产业。在大家的普遍观念中，自然资源和文化就是一种"公共物品"，人人均可利用，这便使得部分使用者过分地利用公有资源，却不弥补额外的成本，不去采取措施保护生态环境和文化，最终导致私人成本与社会成本不等。就目前情况来看，生态文化旅游开发的负外部性还是时有出现。例如，景区开发商为了促销而耍的噱头，在景区内建设一些设计奇特、其貌不雅的建筑物，破坏了景区环境；抑或在景点之中不恰当地建缆车索道等，这些建筑设施不仅破坏了景区自然优美的意境，而且也严重影响了自然环境的完整性。另外，还有些景区的旅游企业为了降低营业成本，不惜以破坏生态环境为代价，彻底破坏不可再生性的自然环境。而到景区参观的部分旅游者追求的只是自身旅游过程中的便利与舒适，忽视了景区的生态环境保护问题，在游览过程中乱扔垃圾，随意破坏动植物栖息地的生态平衡，无视景区保护制度的存在。以上这些人，他们追求的都是最小的投入和最大的效益，他们不曾想过生态文化旅游区内的山峦、河流、树木等大部分资源都是社会的公有财富，旅游经营者和游客私人成本的社会化都将导致这些生态文化资源的不断耗竭与旅游环境的严重恶化。

对旅游区的社区居民而言，旅游地就是他们的家园，当地环境的好坏直接决定了他们生活质量的高低，对于这样一个强大的组织团体，如果能够把他们的力量积聚起来，提高他们的保护环境意识，对生态文化旅游地的环境保护是百利而无一害的。因而，对于生态文化旅游的经济负外部性，仅靠当地政府和旅游企业来解决是不够的，必定需要社区居民的参与和配合，只有旅游地的社区居民重视这个问题，并将环境的保护与自身利益结合在一起，才能真正积极地去维护生态环境，从而才能真正有效地避免生态文化旅游经济的负外部性。

（三）控制旅游信息不对称

对于旅游地的相关信息，大多是采用"自上而下""从企业到个人"的传达方式，这种纵向的传达会致使很多信息的遗漏，使得信息到达最后接收者那里时已经变得不完整、不准确，这就是信息不对称。从信息的内容与传递过程来看，在社区参与生态文化旅游区开发中的信息不对称主要表现为两种：一种是公共信息的不对称，这类信息应该是人人都可以得到，但实际上社区居民往往无法轻而易举地获取有关旅游开发的信息，结果导致社区居民无法对是否旅游做出合理判断；另一种是私有信息的不对称，即旅游开发企业与社区居民间的信息不对称，这类信息为一方所有，其他人无法得到，或要付出成本才能得到，如果获得这类信息付出的成本大于由这种信息得到的收益，缺少信息的一方将不会去寻找对方信息，这种情况下会发生道德风险，即拥有信息多的一方以自己的信息优势来侵犯拥有信息少的一方的利益，实现自己利益的可能性，结果是若双方行为决策失误将付出很高的代价。

因此，社区居民要保护自己的合法权益，维护自身利益，就必须消除信息不对称现象，只有居民与企业能够获得同样的政策信息，才能对旅游目的地的开发利用做出合理的判断，才有利于生态文化旅游的可持续发展。

（四）促进产业结构调整

促进社区参与生态文化旅游业的开发，可以推动旅游地区的产业结构调整。在我国，能够发展生态文化旅游的大多是自然环境好但地处偏远、经济欠发达、交通不太方便的地区。当地居民大多靠天吃饭，以种植业为主，产业结构不合理，第三产业所占比例小，整体经济效益低下。如果能够在这些地区发展生态文化旅游，则可通过旅游业带动餐饮业、娱乐业、交通运输业、建筑业等相应产业的发展，加快当地经济的发展。通过社区参与生态文化旅游，可以促进旅游地的社区居民农业生产方式的转型，同时可将当地特色的农产品推广到土特产行列，形成特色农业，进一步加快农业产业化的发展，从根本上增加社区居民的收入。如此一来，旅游业可以把农业的生态效益、民俗文化等无形产品转化成合理的经济收入，从而提高农业的综合效益。而且，让居民参与生态文化旅游的开发，可以使部分居民由农业转向服务、运输等其他行业，加速乡村非农化的进程。可见，让社区居民参与生态文化旅游的发展，不仅可以使社区环境得到改善，同时社区居民的素质也会大大提高，对环境保护的意识会相应增强，有利于吸引更多投资。综合来看，生态文化旅游的发展对旅游地带来的综合效用要远远大于其创造的直接经济效益。

（五）提升旅游目的地形象

建立生态文化旅游与当地社区的和谐关系，是实现旅游可持续发展的必经之路。对目的地社区的关怀，可以维护旅游目的地的形象，提升生态文化旅游的内涵。传统的旅游开发理念和模式一般采用"自上而下"的形式，多由旅游政府部门和旅游企业控制，当地社区居民被排除在旅游决策、规划、经营管理与获益之外。社区居民没有从中获益，却要承担生态文化旅游开发对目的地的社会、生活、文化、环境等方面的影响，这便造成了许多旅游区社区居民对旅游开发持反对态度，对旅游者冷漠、对抗，影响旅游地在游客心中的形象，最终的结果便是旅游效益随之下降。

要想解决传统旅游开发模式给旅游带来的问题，需要转变原有开发方式，采用社区参与式旅游开发，吸纳社区合理的意见和建议，重视社区居民在生态文化旅游开发中的作用，让社区对旅游区的开发建设拥有主导权和控制权，并让居民从生态文化旅游发展中持续获益。只有提升社区居民在生态文化旅游开发过程中的地位，使居民真的能够掌握民主管理的权利，才能提高社区居民维护生态文化旅游的积极性，社区居民才更愿意向外来参观游览者宣传旅游地，维护旅游目的地的形象。也只有这样，才能使生态文化旅游开发获得社区的支持，构建旅游相关部门与当地社区的和谐关系，实现旅游的可持续发展。例如，澳大利亚的卡卡杜国家公园让本地人密切参与公园的规划管理，本地人的传统知识在制定旅游发展规划中得到广泛应用，本地人在公园的管理委员会中占到了多数，拥有在公园内从事任何商业活动的权利，并且获得 20% 的公园门票收入。尽管本地人反感一些旅游者的行为，但旅游开发充分尊重了本地人的意见并使他们从参与中直接受益，这在一定程度上促成了他们的容忍心态。

同时，对于旅游区的旅游相关企业，除了要实现企业自身的营利之外，更重要的是要向社会树立一个"生态文化环境保护"的良好形象。要通过自身的实际行动告诉观光游览的人，大家在欣赏大自然的美的同时，也应当尽到自己对生态文化环境保护的义务和责任。旅游开发企业在追求企业经济性目标的同时，还应当向社会公众积极宣传环保意识，其中就包括了对周围居民的宣传。旅游地的社区居民是和旅游地接触时间最长的人，他们的生活与旅游地的环境息息相关，企业如能在开发旅游景区的过程中多多尊重社区居民的意愿和建议，向公众展示良好的社会责任形象，对于维护开发企业与社区居民的和谐共处，树立企业良好形象是很有帮助的，再加上当地政府的相关合理政策，便可最终达到旅游社区的整体发展的目的。

第三章 社区参与生态文化旅游开发的驱动机制

一、社区参与生态文化旅游开发的驱动理论

（一）推-拉理论

推-拉理论（push-pull theory）最早是在人口迁移研究中提出来的，早在19世纪末 E. G. 雷文斯坦（E. G. Ravenstein）就对人口的转移进行了研究，他的观点被认为是人口转移推-拉理论的渊源。在旅游研究领域，推-拉结构模型是研究游客动机和出游行为关系的有效途径。旅游动机方面的推-拉理论来源于驱力理论和期待价值理论。郝尔（Hull，1943）提出了驱力理论，认为身体的缺乏感会引起人的非选择性行为，即人体生理机能需要产生驱力。驱力的强弱和缺乏的程度相关，驱力引起行为，使需要得到满足，进而减少驱力。如果通过行为，驱力被成功地消减，机体就会记住导致成功的行为，并获得一种习惯，再遇到类似的情境时，这些行为就会再次出现。郝尔认为，驱力（D）、习惯强度（H）和抑制（I）共同决定了个体的行为潜能（P），公式如下：$P = D \times H - I$。

驱力理论强调个体的行动来自内在的动力，而忽略了外在环境对人们行为的作用。于是，人们又提出了诱因理论。诱因是指能满足个体需要的刺激物，具有激发或诱使个体朝向目标行动的作用。郝尔接受诱因（K）这一变量，将原来的公式改成：$P = D \times H \times K - I$。

列文（Lewin，1946）提出了期待价值理论，该理论认为对达到目标的期待决定着行为，行为对未来回报的信念有所激发。

20 世纪 50 年代，洛曼（Tolman）将上述两个理论结合起来，认为行为动机可分为内在动机和外在动机。内在动机包含以驱动力为基础的情感（推的）因

素，外在动机包含对外部刺激目标的认识（拉的）因素。

丹恩（Dann）将洛曼的观点应用到旅游领域，形成了旅游动机的推-拉理论。推的因素是指由于不平衡或紧张引起的动机因素或需求，它促使旅游愿望的产生。推的因素是内在的，只要能使内部的不平衡或紧张得到缓解都是行为指向的对象，因而行为具有非选择性。在社区参与生态文化旅游开发动力系统中来自系统内部的推力，有经济因素、文化因素、资源利用因素、旅游参与因素、基础设施因素。来自外部的拉动因素包括政府对社区参与生态文化旅游开发的政策和引导、国际组织的援助和推动、规划师觉醒等，推动社区参与的进程。吸引物与目的地自身属性密切相关，由旅游者对目标属性的认识所产生，影响目的地的选择。

（二）社会交换理论

社会交换理论（social exchange theory）是 20 世纪中期在西方国家兴起的一个重要的社会学理论。它是在美国社会矛盾激化，功能主义理论存在的缺陷不断暴露出来的背景下产生的。社会交换理论是在古典政治经济学、人类学和行为心理学基础上发展起来的，将人与人之间的互动行为看成一种计算得失的理性行为的社会学理论，它认为人类的一切行为互动都是为了追求最大利益的满足。较有代表性的是霍曼斯（Homans）和布劳（Blau）的理论。

1. 霍曼斯的演绎交换理论

霍曼斯在 1958 年首次提出了社会交换理论，他被公认为社会交换理论的创始者。在行为心理学的基础上，他运用严格的演绎法建立起基本的理论命题。他认为人们重复那种受到回报的行为，而不重复那种受到惩罚的行为。霍曼斯的社会交换理论包括以下 6 种基本命题：成功命题、刺激命题、价值命题、贬值—饱和命题、寻衅—赞同命题和理性命题。霍曼斯的社会交换理论以心理因素来探讨人类的社会欣慰并将理论运用到社会制度等方面。

2. 布劳的经济学观点

布劳以经济学原理为基础，将霍曼斯的分析扩大和延伸，得出了他自己的交换观。布劳对人们如何决定行为的分析是以人们的期望为基础的。人们总是对从一项活动或从一个人那里获利的潜在可能做出估计，再与其他活动或其他人做比较，挑选出可望给予最大利益的活动或人。他认为社会交换受到人际关系的影响，人际关系又随同社会交换而发展；社会环境也会影响交换，个人地位、社会准则、权利差异及交换关系的相互关联性等社会环境对社会交换产生影响。布劳提出了社会交换的五个原则：第一，理性原则。在参与交换过程中，行动者基于"理性经济人"的假设，按照行动等于价值乘以可能性的公式进行选择的各项行为。第二，互惠原则。社会交换的发生代表着交换双方在获得收益的同时，都要履行彼此应该承担的对对方进行回报的义务。如果交换中的一方没有得到预期报酬甚至利益受损，就会破坏交换的互惠性原则，处于弱势地位的一方就会产生不满情绪，进而终止交换，甚至发生矛盾或冲突。第三，公正原则。公平原则约束了人们的预期报酬，并对特定的社会关系中付出的成本和获得的回报做出一般性的社会规定。第四，边际效用递减原则。这一原则指出在社会交换中，选择某项行为获得的回报和其行为的价值成反比。第五，不均衡原则。如果某个交换关系非常稳定和平衡，就可能使其他相关利益主体之间的交换关系变得非常不稳定和不均衡。在旅游发展研究中，社会交换理论对旅游活动中个体参与交换的动因具有很强的解释意义。

社会交换理论在社会学领域的产生和推广始于 20 世纪六七十年代。20 世纪80 年代末，在旅游研究中较早运用该理论的是艾普，他于 1992 年写出一篇探讨社会交换理论在解释旅游影响作用机制方面的论文，并提出了社会交换过程中的模型。该模型包含的基本假设之一，就是人们社会活动的动机是为了满足自身的需要。在旅游开发中，旅游地社会的基本动机是为了满足当地居民在经济、社会及心理等方面的需要。它把旅游开发中的其他动因（增进交往、陶冶旅游者情操、保护文物等）都看作次要的。这一模型表示，当交换的一方（或双方）表达出自己的需要时，交换过程就开始了。要使交换正式形成，还必须满足几个先决条件：第一，理性，也就是说，交换双方都是为了满足个人需要而从交换中获取收益的理性行为（而非盲目行为）；第二，追求满意收益，即交换双方想从交换中达到满意的收益水平；第三，有用性；第四，公平性。若一方预测到自己交换中得到的收益为负，他可能会中途退出交换，而当双方都认为自己会有正向收益时，交换关系才正式形成。交换完成之后，会产生一系列的结果。这些结果中包含有形产出（从交换中得到的物质或象征性可见收益）和无形感受（各自的心理感受）。然后他们会对这些结果进行评价，如果觉得自己收益大于付出，那么就会促成交换行为的保持；若认为自己在交换过程中受损，将会减少或退出交换。

3. 理论的应用分析

上述两种理论运用于社区参与生态文化旅游开发，推-拉理论可以指导我们找出影响社区参与生态文化旅游开发的因素，社区交换理论解释了各利益相关者两两之间存在着一定的交换条件，如政府与景区、政府与居民、景区与居民、居民与游客之间，要使各利益相关者实现共赢的局面，就必须让各方都能在旅游发展中满足自身的需要。

二、社区参与生态文化旅游开发的内容与问题

（一）社区参与生态文化旅游开发的内容

21世纪以来，在开展生态文化旅游活动的各旅游区，以居民个体经营为主的参与活动实际上早已出现，并呈现出一种良好的发展态势。由于开展生态文化旅游的各保护区近年来均在提倡"区内旅游、区外住宿"，旅游区周边的社区居民大多从事与旅游相关的住宿、饮食、土特产出售等服务性活动，并从中获利。

社区参与生态文化旅游是将社区参与的理论应用在生态文化旅游的发展中，通过社区参与生态文化旅游发展模式的实施，社区及其居民成为旅游业发展的主体，社区居民也不再仅仅是旅游发展的相关者，而是旅游发展的主要受益者，实现社区发展与文化和环境保护双赢的目的，促进当地经济、社会和生态的可持续发展。

1. 参与生态文化旅游发展规划决策

参与规划的决策包括授权居民自行决定旅游发展目标，倾听居民对发展旅游的看法，并将这些意见纳入旅游规划与政府决策之中。已有研究表明，旅游地若能充分考虑居民要求并使其受益，居民会表现出支持旅游进一步发展的倾向，并以更积极的姿态继续介入。当然，从主观上来说，居民是为了获得更大的利益，但在客观上却达成了一种合作的默契。若很少考虑居民的要求，让他们眼睁睁看到旅游业在发展，自身不但不能从中受益并且不得不忍受由于旅游发展而带来的消极影响，这样，更可能使社区居民产生抵制和抗拒情绪。另外，也应该考虑旅游社区内所有涉及旅游的部门的利益，吸收他们对旅游发展的意见和建议。

2. 参与生态文化旅游发展的利益分配过程

这与参与旅游发展决策是相辅相成的。社区居民能够分享到旅游带来的利益，就有机会参与生态文化旅游发展决策，有时是在不自觉状态下进行的。例如，从事旅游经营活动而上缴税金的居民，会受到政府当局的重视，政府当局会

主动征求居民的意见，进而采取反映社情民意的措施。居民经济地位的提升，也意味着其发言分量的加重。反过来，参与旅游决策的多层面和高强度也会提高居民获得收益的机会。

3. 参与有关旅游知识和技能的教育培训

旅游知识和技能的教育培训大致包括三个方面：一是接受旅游知识的教育，切实了解旅游业将会给自己的生活带来怎样的影响以及如何正确看待旅游业；二是接受文化自觉和环境意识的教育，自觉树立尊重文化价值和环保观念；三是进行旅游服务技能和经营管理知识的培训，提高在旅游发展中的生存能力。从这个角度上，居民参与旅游教育相关培训是实现参与旅游利益分享的有效措施，相关的教育培训可由旅游行政管理部门或行业协会牵头实施。

4. 参与自然环境和文化环境的保护

社区的自然环境和文化环境是社区居民赖以生存的基础，而社区必须建立一定的渠道，反映居民的环境要求，让居民参与旅游地环境政策的制定；监督和参与环境政策的实施，参与环境保护机构的组织和运作；敦促旅游企业在开发和经营活动中减少对环境的破坏与污染，致力于形成良好的保护生态环境的社会氛围，同时对旅游者也形成良好的示范作用。在文化环境保护方面，以社区经济发展推动社区进步进程，改变旅游地社区文化的弱势地位；通过舆论、媒体等多种途径强化社区居民的文化认同感和自豪感，并让其充分了解生态文化旅游的发展对社区文化和社区文化的未来发展方向的影响；在青少年教育过程中，植入和加强社区传统文化的内容，确保核心传统文化的传承。

（二）社区参与生态文化旅游开发的形式

社区参与生态文化旅游开发的形式没有统一的标准，应根据当地社区实情，因地制宜，结合当地社区居民的生计和产业结构进行开发，充分体现"社区事务、社区参与"的主旨，尽量通过多种形式的参与实现对当地生态文化旅游资源的保护和可持续发展。我国生态文化旅游区建设时间不长，社区参与旅游开发的形式还处于探索阶段，深度和广度都有待提升。以社区居民为参与主体，通常主要表现为以下几种形式：①参与旅游景区工作。旅游景区通常基于政策因素（乡村振兴）和经济因素（低成本）等原因通过招工的形式将社区居民吸纳为工作人员，但多数社区居民属于被动参与，而不是主动参与，且在旅游系统内从事相对低端的工作岗位。②社区居民个体经营。该形式表现为以户为单位自筹资金、自主经营、自负盈亏。社区居民一般是在景区以农家乐、家庭旅馆等形式参与，但此种形式的社区居民投入高、效益低，无法形成旅游品牌，缺乏市场竞争力。③户与户合资联营。该形式多见于亲友与邻里之间，经营项目不限，参与者均按照比例提供一定资本。采用这种形式，在资金投入上缓解压力，在风险承担上共同分担，但易发经济纠纷。

例如，地处鄂西生态文化旅游圈核心位置的神农架木鱼镇，不断优化生态文化旅游环境，既吸引投资也不断推动当地居民的积极参与，形成了多方合作共赢的局面。仅从旅游住宿看，该景区不仅拥有星级宾馆及规模以上酒店 32 家，也有民宿 776 家，日接待能力 30 000 人，已经形成了景区依托型、乡村旅游型、避暑度假型等不同的民宿业态①。2022 年，该景区利用旅游淡季的空闲时机，提升旅游民宿服务水平、规范民宿市场环境，举办茶文化培训班、烹饪技能培训等技能培训活动，惠及全镇宾馆、饭店、农家乐及民宿业主共计 260 余人，为民宿行业提档升级奠定了坚实基础②。

（三）社区参与生态文化旅游开发中的问题

1. 参与的人数少

通常社区参与生态文化旅游发展的程度要受到目的地生态文化旅游业发展规模、水平的限制，倘若目的地的生态文化旅游发展处于不成熟状态，居民就会忽视生态文化旅游业的存在，甚至不愿参与生态文化旅游业的发展，即便是参与也仅仅是尝试性参与，不会过多地涉足其中。一般生态文化旅游业不发达地区的社区参与通常都处于参与的初级阶段，参与的人数较少，参与热情不高。此外，社区居民认为生态文化旅游开发是专业性很强的事，与普通百姓没有关系。社区居民不知道自己所在社区将会面临怎样的变化，没有主动意识获取相关规划和开发的信息，社区居民的惯性思维导致了他们不会也不敢过多去关注和介入旅游开发。

2. 参与的层次低、范围窄

由于社区居民主动参与意识较薄弱，他们不会努力去改变自己对旅游开发的认识，从而也不愿努力改变和提高自身的能力与素养来适应旅游发展。在旅游开发决策、经营管理中，社区居民处于微小、弱势地位，导致旅游地社区居民参与

---

① 木鱼镇[EB/OL]. http://www.snj.gov.cn/lqgk/mlxz/202202/t20220207_3991837.html

② 木鱼镇：乡村"靓"展新颜[EB/OL]. http://www.snj.gov.cn/xwzx/xzcz/202205/t20220527_4148935.html，2022-05-27.

旅游发展的范围很窄。从参与领域看，社区居民的参与普遍在旅游区的小商品经营、餐馆经营和低层次的服务岗位上，而景区的主要管理和服务岗位大都由外来的专业人士和指派人员担任，本地居民很少有机会参与。此外，社区居民在景区安全、环境维护、服务接待等方面简单出售劳力，涉及的内容简单，参与的层次较低。

3. 对生态文化旅游了解程度低

欠发达地区的社区居民一般都是受到旅游业呈现的短期现实利益的驱使才投身到旅游的发展中去的，他们对旅游的认识很朦胧，只是知道可以通过这种参与获得利益，并不了解生态文化旅游的实质，也不了解如何保护生态环境和当地民俗文化，极容易出现为了谋取短期利益，破坏性地参与，从而出现本地居民污染环境、破坏生态资源和文化资源的现象。

4. 处于被动参与状态

由于对生态文化旅游的本质和生态文化旅游业所产生的经济效益认识肤浅，社区居民对是否参与生态文化旅游发展不关心、不积极，呈现出被动参与状态。少部分参与者可能是较敏感者，大多数参与者是从众者和跟随者，他们主动性不强，也不愿意生态文化旅游业的发展过多地影响到他们的生活和工作，即便是简单地参与也是小心翼翼。

三、社区参与生态文化旅游开发的动力机制

社区怎样才能参与生态文化旅游的开发？社区参与的动力来源是什么？这是社区居民参与生态文化旅游开发必须回答的问题。从社区参与的条件来看，首先，社区的居民要有参与生态文化旅游开发的意识与热情；其次，社区必须要有相应的参与旅游开发的权利；最后，社区居民必须拥有相应的参与旅游开发的能力，以上是社区参与旅游开发的必备条件。从动力系统角度看，具有了相应的条件就必须具备相应的启动系统的力量，包括系统内部因素产生的推力、系统外部因素产生的拉力及激发相应系统运行的催化剂。社区民主、自治政策的落实，自然保护区从封闭保护到开放与社区共享的保护战略的转变，以及在生态文化旅游开发过程中社区参与的需求，成为推动社区参与的催化剂，如图 3-1 所示。

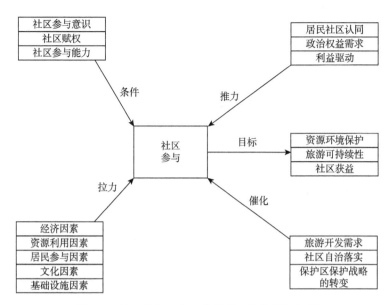

图 3-1　社区参与生态文化旅游开发的动力机制

（一）社区参与生态文化旅游开发的条件

1. 社区参与意识

意识是行动的基础，能力是行动的保障，意识的缺乏是社区参与旅游发展有效沟通的障碍因素之一（Jamal and Getz，1995）。只有让开发生态文化旅游的主体们认识到社区参与的重要性，积极主动地投身于生态文化旅游开发活动中，社区参与的目标才能真正实现。然而，多年来，社会公众的参与意识并不是十分的积极。在居民个人的眼里，公共事务是公职人员的事务，不是自己的事务。加之，在政府主导体制下，居民依赖政府，外部环境并不鼓励社区居民自主参与社区事务，也缺乏参与的渠道和保障机制。

研究表明，社区居民对旅游发展的不同观念直接影响到他们对旅游发展的态度。通过宣传和培训，提高社区居民对旅游发展的积极认识，将有助于提高社区居民对生态文化旅游活动的支持，他们对于参与生态文化旅游发展也会表现得更加积极。同时，要让社区居民接受"参与"这种全新的思维方式，让社区居民了解什么是参与，然后再通过在旅游发展中实施各种项目来强化该思想，变被动参与为主动参与。在提高社区居民参与意识的同时，也要提高政府部门和管理人员对社区参与的意识。社区参与需要对权力和利益进行重新分配，这需要提高其他利益相关主体的认识水平，使其充分认识到社区在发展中的价值，在观念上让他们尊重社区居民的民主权利，意识到实施社区参与战略是实现旅游可持续发展的保证。同时需要制定相应的规章制度来保证社区参与的开发战略的贯彻，并进行有效的监督。

完善旅游专家、规划师的社区参与意识。旅游专家本身就是这种意识的倡导者，他们对社区参与意识的理解直接引导着社区参与的方向。社区参与是一个不断探索和发展的过程，参与意识的研究既要与我国的国情相适应，又要起到引导的作用。虽然国内外在这些方面有不少探索和实践，但很多做法并不能直接照搬，这需要相关专家去深入研究，并不断地在实践中进行检验，在理论与实践的不断交替过程中，实现社区参与旅游发展理论与实践的完善。

2. 社区赋权

社区拥有一定的权利是社区参与生态文化旅游开发的前提和保证。在没有权利的情况下，社区居民理所当然容易被忽视，他们即使有些什么想法，呼声也会因为相应权利的缺乏而得不到重视和采纳，甚至被视为居民的自尊自大、狭隘的个人主义及地方利益驱使。社区参与方法需要政府在政治、管理和财政上某些范围的分权；如果旅游地社区没有在真实意义上被赋权，参与可能被限制于社区的精英们，这常常导致只有他们的利益被考虑而不是社区的利益。参与被视为一种赋权，一方面是行动上的，参与可以使社区居民提高自身的能力，更好地组织起来参与发展过程，能在发展的计划、执行、评价上表达自己的看法；另一方面更强调政治上的作用，在旅游发展中社区居民能够决策，并根据他们的意愿采取相应的行动。

赋权问题是生态文化旅游研究者关注的重点问题之一，认为"在环境保护背景下赋予当地人权利是生态文化旅游的宗旨之一"，"生态文化旅游能够赋予当地人自豪感和权利"。按照 Staudt（1990）的解释，赋权就是"人们获得采取行动，从而控制其生活的能力的过程"。Ashley 和 LaFanhchi（1997）指出，尽管人们往往首先重视的是经济收益，但应该更加重视社区参与生态文化旅游的"无形"收益，要考虑社区是否对生态文化旅游项目和活动具有控制权，人们是否获得了新的技能或者发挥了传统知识的优势从而提高了自尊和自信，是否提高了社区的凝聚力等。

3. 社区参与能力

当社区获得参与生态文化旅游开发的机会时，社区参与的能力成为社区参与程度和效果的关键性因素。社区需要相当的时间、金钱和技能去组织与维持参与。社区居民必须拥有较高的素质，掌握参与生态文化旅游决策和规划的技术、经营管理的能力，开展旅游投资和经营所需的资金以及相应的技术、充裕的时间、畅通的信息沟通渠道。

首先，从居民的知识和素质来看，开发生态文化旅游的区域往往信息相对比较闭塞，经济和社会文化较落后，人们的知识文化水平不高，长期从事传统的农业生产，缺乏相应从事旅游决策、规划和经营管理的知识、技术。在生态文化旅游开发过程中，社区缺乏高质量人力资源就会刺激从社区外引进部分人员进入当地旅游业工作。高技能、高职位的工作被受过良好教育的人占去，低工资的无技术要求的工作以及工作条件艰苦的岗位留给了当地社区成员，这不仅限制当地人在旅游中的参与，也易造成当地工人和管理者、当地工人和季节工人的文化冲突，增加了公共服务的负担，当地社区从旅游发展获取收益的原则就无法保障。因此，要真正实现当地居民积极参与旅游业，培训是一个关键要素，使社区居民拥有参与的知识、技能，具备良好的素质，成为能胜任旅游开发和经营管理的人才，是社区参与生态文化旅游业的必备条件。

其次，社区参与生态文化旅游开发需要大量资金和财政支持，制定和执行培训项目也需要专家与财政资源。在社区内发展旅游，通常需要资金先投入建设旅游基础设施。若社区不去投资，旅游无从发展；若依赖外来资金，将会引起旅游控制权的丢失。社区需要大量资金投资于旅游业，当外地人被商机吸引，本地人还在迟疑，或本地人没有资金建设旅游发展需要的接待设施，只有靠外地人时，这样会失去对旅游产业的领导权，社区参与将会成为伪参与或象征性的参与。因此，充裕的资金来源是社区参与的必备条件，探索保障社区集体权益的股份制成为必要。

（二）社区参与生态文化旅游开发的内在动因（推力）

1. 社区参与生态文化旅游发展的内在需求研究

1）构造阶梯层次

通过对湖南省张家界市泗南峪社区的调查分析，我们将社区参与生态文化旅游发展的需求因素分为经济因素、文化因素、资源利用因素、旅游参与因素、基础设施因素，下面就这5个方面运用层次分析法进行定量分析。

（1）目标层为社区参与因素。

（2）准则层包含经济因素、文化因素、资源利用因素、旅游参与因素、基础设施因素5个一级因子（用 A、B、C…表示），是影响社区参与的重要因素。

（3）因子层分别为资助低收入的家庭参与生态文化旅游、旅游收益公平分配、旅游征地补偿、学习基本接待汉语和英语、民族艺术的代际相传、提高居民的民族自豪感、寻求可替代能源、鼓励居民使用节能设备、建立资源合法利用监督机构、旅游参与项目设计、居民旅游接待技能培训、生态文化旅游专业知识培训、社区诊所、社区网络服务、社区集体活动场所 15 个二级因子（用 F_1、F_2、F_3…表示）。

（4）决策层为社区参与影响因素的综合分析，通过建立准则层判断矩阵，计算各影响因素的权重，然后确定各影响因素重要性的顺序。

2）用层次分析法求解各因子权重

层次分析法的一个重要特点就是用两两重要性程度之比的形式表示出两个方案的相应重要程度等级，如对某一准则，对其下的方案进行两两对比，并按其重要性程度评定等级。比较第 i 个元素与第 j 个元素相对上一层某个因素的重要性时，使用数量化的相对权重 a_{ij} 来描述。设共有 n 个元素参与比较，则 $A = \left(a_{ij}\right)_{n \times n}$ 称为成对比较矩阵。

成对比较矩阵中 a_{ij} 的取值可参考 Satty 的提议，按下述标度进行赋值。a_{ij} 在 1~9 及其倒数中间取值。

$a_{ij} = 1$，元素 i 与元素 j 对某个属性的重要性相同。

$a_{ij} = 3$，元素 i 比元素 j 略重要。

$a_{ij} = 5$，元素 i 比元素 j 明显重要。

$a_{ij} = 7$，元素 i 比元素 j 强烈重要。

$a_{ij} = 9$，元素 i 比元素 j 极其重要。

$a_{ij} = 2n$，$n = 1,2,3,4$，元素 i 与 j 的重要性介于 $a_{ij} = 2n-1$ 与 $a_{ij} = 2n+1$ 之间。

$a_{ij} = 1/n$，$n = 1,2,\cdots,9$，当且仅当 $a_{ij} = n$。成对比较矩阵的特点：$a_{ij} > 0$，$a_{ij} = 1$，$a_{ij} = 1/a_{ij}$（当 $i=j$ 时，$a_{ij} = 1$）。

在分析问卷中，用"同样重要"、"稍微重要"、"明显重要"、"强烈重要"和"极端重要"来对各因子的重要程度进行判断（表 3-1），这 5 项判断分别对应 1~9 标度中的 1、3、5、7、9，利用层次分析法将问卷所得数据转化为判断矩阵。

表 3-1　比例标度表

量化值	定义和说明
1	两个元素对某个属性具有同样重要性
3	两个元素比较，一个元素比另一个略重要
5	两个元素比较，一个元素比另一个明显重要
7	两个元素比较，一个元素比另一个强烈重要
9	两个元素比较，一个元素比另一个极其重要
2、4、6、8	上述相邻判断的中值

矩阵 1	F_1	F_2	F_3
F_1	1	1/5	1/3
F_2	5	1	2
F_3	3	1/2	1

矩阵 2	F_4	F_5	F_6
F_4	1	3	2
F_5	1/3	1	2/3
F_6	1/2	3/2	1

矩阵 3	F_7	F_8	F_9
F_7	1	5	3
F_8	1/5	1	1/2
F_9	1/3	2	1

矩阵 4	F_{10}	F_{11}	F_{12}
F_{10}	1	2	3
F_{11}	1/2	1	5
F_{12}	3	1/5	1

矩阵 5	F_{13}	F_{14}	F_{15}
F_{13}	1	1/5	4
F_{14}	5	1	6
F_{15}	1/4	1/6	1

矩阵 6	F_1	F_4	F_7	F_{10}	F_{13}
F_1	1	4	3	2	5
F_4	1/4	1	1/3	1/2	1/5
F_7	1/3	3	1	12	5
F_{10}	1/2	2	2	1	1/2
F_{13}	1/5	5	1/5	2	1

运用层次分析法对所得数据进行分析总结，得出各因子的权重（表 3-2）。

表 3-2　各因子的权重

一级因子	二级因子	代号	权重	一级因子总权重
经济因素（A）	资助低收入的家庭参与生态文化旅游（F_1）	F_1	0.141	0.431
	旅游收益公平分配（F_2）	F_2	0.178	
	旅游征地补偿（F_3）	F_3	0.112	
文化因素（B）	学习基本接待汉语和英语（F_4）	F_4	0.070	0.127
	民族艺术的代际相传（F_5）	F_5	0.027	
	提高居民的民族自豪感（F_6）	F_6	0.030	
资源利用因素（C）	寻求可替代能源（F_7）	F_7	0.134	0.203
	鼓励居民使用节能设备（F_8）	F_8	0.031	
	建立资源合法利用监督机构（F_9）	F_9	0.038	
旅游参与因素（D）	旅游参与项目设计（F_{10}）	F_{10}	0.075	0.147
	居民旅游接待技能培训（F_{11}）	F_{11}	0.056	
	生态文化旅游专业知识培训（F_{12}）	F_{12}	0.016	
基础设施因素（E）	社区诊所（F_{13}）	F_{13}	0.039	0.092
	社区网络服务（F_{14}）	F_{14}	0.045	
	社区集体活动场所（F_{15}）	F_{15}	0.008	

3）一致性检验

构造好判断矩阵后，需要根据判断矩阵计算某一准则层各元素的相对权重，并进行一致性检验。虽然在构造判断矩阵 A 时并不要求判断具有一致性，但判断偏离一致性过大也是不允许的。因此，需要对判断矩阵 A 进行一致性检验。

计算衡量一个成对比较矩阵 A（$n>1$ 阶方阵）不一致程度的指标为 CI，公式如下：$CI = \dfrac{\lambda_{\max}(A-n)}{n-1}$，其中，$\lambda_{\max}$ 是矩阵 A 的最大特征值。从有关资料查出检验成对比较矩阵 A 一致性的标准为 RI，RI 称为平均随机一致性指标，它只与矩阵阶数有关。计算成对比较矩阵 A 的随机一致性比率为 CR，公式如下：$CR = CI/RI$。判断方法如下：当 CR< 0.1 时，判定成对比较矩阵 A 具有满意的一致性，或其不一致程度是可以接受的；否则就调整成对比较矩阵 A，直到达到满意的一致性为止。

计算得到 $\lambda(A) = 5.072$，$CI = \dfrac{\lambda(A)-5}{5-1} = 0.018$，查得 RI=1.12，$CR = CI/RI =$

$\dfrac{0.018}{1.12}=0.016<0.1$。这说明 A 不具有一致性，但 A 具有满意的一致性，A 的不一致程度是可接受的。

4）社区参与影响因素的综合分析

（1）经济因素的因子包括"资助低收入的家庭参与生态文化旅游"、"旅游收益公平分配"和"旅游征地补偿" 3 项，权重总和为 0.431。经济因素是影响社区参与的最根本的因子，是社区参与的内在动因，其中，旅游收益公平分配的影响最大，达到 0.178，是社区开展生态文化旅游急需解决的问题，也是社区参与生态文化旅游的最主要的动力因素。

（2）文化因素的因子分别为"学习基本接待汉语和英语"、"民族艺术的代际相传"和"提高居民的民族自豪感" 3 项，权重总和为 0.127。

（3）资源利用因素的因子包括"寻求可替代能源"、"鼓励居民使用节能设备"和"建立资源合法利用监督机构" 3 项，权重总和为 0.203。资源利用因素是仅次于经济因素的第二大影响社区参与的重要因素，其中，"寻求可替代能源"权重高达 0.134，是这 15 个二级因子中排行第 3 的重要因子。

（4）旅游参与因素的因子分别为"旅游参与项目设计"、"居民旅游接待技能培训"和"生态文化旅游专业知识培训" 3 项，权重总和为 0.147，其中，影响社区参与较大的两项是"旅游参与项目设计""居民旅游接待技能培训"。

（5）基础设施因素的因子有"社区诊所"、"社区网络服务"和"社区集体活动场所" 3 项，权重总和为 0.092。

2. 社区参与生态文化旅游的内在动因分析

1）经济因素是社区参与生态文化旅游的动力

对大多数社区居民来讲，参与旅游业给他们的最深切感受就是旅游业带来的经济利益，使他们的经济状况得到改观，这本身也是推动社区参与生态文化旅游开发的主要目标之一。世界范围内的很多社区旅游的案例研究表明，为当地社区提供必要的，来源于旅游业发展自身的经济利益是激发公众参与的原动力。社区居民的参与行动取决于自身的分利能力，分利能力是社区参与的动力，具有较强的分利能力的居民会积极参与社区活动，具有较低能力的居民就不热心参与社区活动。

能从旅游业中获益，将使得社区居民参与生态文化旅游业的热情持久高涨，这对于维持社区参与长期化具有重要意义，所以，在生态文化旅游开发过程中要抛弃将社区居民当作"包袱"的想法，要使社区居民切身受益于旅游业，通过给予居民实际的经济利益，来消除他们对旅游发展的疑惑和对旅游发展决策的神秘感，增强他们支持旅游、参与旅游、彼此合作的热情。

　　旅游业的经济作用越来越受到世界各地的重视，经济比较落后的国家和地区都将发展旅游业作为提高收入水平的一个重要手段。我国生态文化旅游资源富集的地区常常是经济欠发达的地区，当地政府往往将生态文化旅游作为首选产业来发展，因而在这些欠发达地区的生态文化旅游开发还肩负着乡村振兴的重任。实践证明，只有社区参与的生态文化旅游开发才能实现真正意义上的保证旅游业的健康持续稳定发展。

　　社区参与生态文化旅游注重经济利益诉求，追求生态文化旅游的正效应，如增加居民收入、为剩余劳动力提供就业机会、提高居民生活质量等。例如，阳朔遇龙河景区的社区居民的参与积极性非常高，经济效果也十分明显。遇龙河是漓江在阳朔境内最长的一条支流，全长43.5千米，流域面积158.47平方千米，人称"小漓江"，流经阳朔县的金宝、葡萄、白沙、阳朔、高田5个乡镇和26个村庄。遇龙河景区村民在散客到来之时便开始接待服务，最初的竹筏漂流是农民自发经营起来的，农家乐和家庭旅馆也是农民自主经营。随着景区的发展、客流量的增加，该景区的经营主体越来越多元化，县政府、村级集体组织、民间社区组织、个体户、家庭和个人等纷纷加入。从2003年8月的统计资料来看，沿河的每个村都有竹筏在运营，13个村（总人口约为9 000人）共有505张竹筏，从事竹筏漂流的筏工有891人，担当乡村导游的有187人，参与载客的摩托车共有38辆。鸡窝渡村位于阳朔十里画廊工农桥旁，过去村里560多人一直靠种植水稻、慈姑等农产品谋生。随着阳朔旅游业的高速发展，村里越来越多的人开始吃上了"旅游饭"。但当时村里排污、排水基础设施薄弱，游客涌入也带来了极大的环境问题，阻碍了发展，一些想入驻的酒店望而却步，村民旅游收入受到影响，游客来到鸡窝渡村也大都来去匆匆，只看山水不品人文。2015年开始，随着遇龙河景区对所辖26个自然村"一村一景"工程的推进，鸡窝渡村75户共1.1万多平方米的废旧房被拆除，阳朔镇党委政府和相关单位还对鸡窝渡村的房屋、庭院进行统一的规划建设，并在村内修建栈道等游玩设施设备，助推乡村风貌提升。与此同时，"水系联通"生态工程提升了乡村的排污、保洁能力，村中原来的"臭水塘"经过清理后和遇龙河相连，"死水"变活水，全面提升了村镇生态环境和乡村风貌。微花园、微果园、微庭院遍布全村，新建绿化面积达两万平方米，越来越多的社区居民积极参与旅游开发、精品农业、养生度假、精品民宿等旅游新业态。2019年5月，遇龙河景区获文化和旅游部公布的"国家级旅游度假区"称号。2021年11月，遇龙河景区获得"国家体育旅游示范基地"称号，12月获"国家4A级旅游景区"称号。日益改善的环境，让本就有投资打算的特色度假酒店蜂拥而至，遇龙河景区附近吸引了一批精品民宿酒店品牌。2021年9月，鸡窝渡村入选"广西30个乡村振兴特色案例"。人们之所以有如此高涨的参与热情，很重要的原因是得到了经济上的利益。2001年，阳朔县农村居民人均收入为

1 915 元，2021 年农村居民人均收入为 21 865 元，增长了 10.42 倍。

（1）旅游经济收益的公平分配是社区参与生态文化旅游的最基本条件。社区生态文化旅游的开展，需要社区居民的共同参与。社区居民在承受旅游所带来的不利影响的同时，应该享受旅游带来的利益，并保证各相关利益群体的经济利益平等。

生态文化旅游开发应强调社区居民受益原则，保证利益在社区内的公平分配。生态文化旅游可持续发展的本质是继续维持环境系统和文化的完整性，以及生态文化旅游业带来的各种社会经济利益在开发地区的公平分配。过去我国在发展旅游业的过程中，社区参与旅游开发没有受到应有的重视，旅游业与所在社区关系常常被割裂。传统的旅游开发方式虽然会促进当地基础设施的改善，但是社区居民更多感受到的是发展旅游所带来的社会成本的上升，他们的实际生活水平并没有得到多大的改善。通过生态文化旅游发展实现旅游区致富是当地政府的发展战略，而要实现真正意义上的致富，就要让当地社区居民参与其中，并保证各相关利益群体的经济利益平等。

（2）资助低收入的家庭参与生态文化旅游是生态文化旅游社区稳定发展的前提。社区参与生态文化旅游以社区的共同发展为目的，强调社区居民的共同参与。然而家庭经济状况的差异导致一部分想要参与却没有能力参与的居民陷入了困境：一方面，生态文化旅游开发占据了他们的部分土地，使他们遭受着旅游所带来的不利影响；另一方面，社区中其他居民的参与及其所带来的经济收入更加加大了社区经济的贫富差距。贫富悬殊过大有可能引发社区不稳定，如破坏生态文化旅游资源等。因此，积极帮助社区低收入的家庭参与旅游，是社区居民共同参与社区生态文化旅游持续发展的前提。通过对湖南省张家界市泗南峪社区调研发现，社区居民对旅游的社会影响的态度，见表3-3。

表3-3 社区居民对旅游的社会影响的态度[①]

调查项目	同意	反对	不知道
偷盗等现象增多	21%	64%	15%
正常生活被打乱	27%	68%	5%
信任感降低	40%	58%	2%

由表 3-3 我们可以看出，21%的居民认为生态文化旅游业发展起来之后偷盗等违法犯罪现象增加了，而 64%的居民则认为没有增加；27%的居民认为生态文化旅游发展扰乱了他们的正常生活秩序，而 68%的居民却持相反态度；至于人与

---

① 2019 年实地调研统计数据得出。

人之间的信任程度，有 40%的人认为生态文化旅游业发展冲淡了人与人间的信任度，但有 58%的居民持否定态度。以上数据表明，社区居民对生态文化旅游发展所带来的社会影响总体上持积极态度，即对正面影响感知强烈。

（3）地权制度的重新设计完善与否，直接影响到社区参与生态文化旅游的积极性。社区在发展生态文化旅游之后，旅游相关设施占据了部分居民的土地，直接影响到他们的生产和生活。生态文化旅游要充分考虑到居民的切身利益，制定相应的旅游征地补偿制度使旅游开发带给居民的影响降到最低程度，让居民从心理上接受生态文化旅游的开发方式和开发理念，从思想上认识生态文化旅游开发与传统大众旅游开发的不同，并积极地参与生态文化旅游活动。

地权是指社区居民拥有的土地控制权和收益权。其实，社区居民没有能够有效地参与生态文化旅游景区的开发过程，一个很重要的原因是政府和旅游开发商没有给予居民参与的权利。只有当社区居民拥有对土地的控制权和收益权，才能提升居民参与生态文化旅游开发的主动性，才能使居民真正地参与旅游发展。有人提出学习西方实行土地私有化的制度，但如果我们照搬西方土地私有制度，那么社会主义公有制将不复存在，这显然不符合我国的国情和社会主义制度。对于如何利用土地资源让社区居民参与旅游开发，各地都有探索，也有一些好的经验可以借鉴，如推进农村"资源变资产、资金变股金、农民变股东"的"三变"改革，将景区周边的社区居民所拥有的长期土地使用权和承包权作为他们参与景区开发活动的资源，就是一个好的思路和方式。这种做法的关键就在于它将改变以往政府征地时对居民的一次性补偿方式，使社区居民能够长期参与活动并持续获取利益。在具体制度设计上可实行生态文化旅游股份合作制经营的方式，允许旅游区的居民将农田、山林、水库等土地使用权折算成资产入股，甚至连居民房屋等财产也可以折资入股。入股形式可以以生态文化旅游资源、劳动为主，以适当的资金入股为辅。在股份合作制中，社区居民的个人股所占比重不宜太低，这样有利于社区居民掌握景区发展的主动权，真正成为生态文化旅游资源经营管理的主人，充分有效地发挥其作用。如此一来，社区居民的切身利益与整个景区的发展紧密结合在一起，景区发展得好，居民分红得到的收益就多，反之则少。因此，社区居民便会主动投身到景区开发建设的过程中，并且积极配合生态景区的宣传和保护，力求景区能够长远稳定地发展。对于当地政府及景区管理部门来说，通过这种方式调动了社区公众参与旅游区发展的积极性，加强了社区居民的有效参与，从而达到了生态文化环境保护的目的。

2）资源利用因素是社区参与生态文化旅游的基础

生态文化旅游是以资源为其发展的基础，既包括自然资源也包括历史文物及居民文化。生态文化旅游的游客出游强调的是一种有目的的旅游，前往旅游目的地以了解自然及文化，欣赏、体验、感受、学习、研究等为主要形式。

可持续发展的概念，强调生态文化旅游必须以可持续的观念来加以管理。生态文化旅游强调游憩活动应减少对当地的冲击、减少消耗当地资源，借此让当地资源得以可持续利用，地方旅游产业得以可持续发展。社区参与生态文化旅游发展，可以更有效地保护生态文化旅游资源，有利于生态文化旅游资源的可持续利用。如果居民是旅游业中的绝对参与者的话，他们会感到对自然文化资源负有直接的保护责任，使目的地远离各种各样的破坏，如水、食物、住所和良好的健康被破坏，因此，从理论上讲，他们对减少旅游对社区的负面影响更有兴趣和积极性。

强调社区参与生态文化旅游的发展，也是旅游业可持续发展战略的要求。旅游可持续发展战略强调人的发展，要求将民众吸收到生态文化旅游发展进程中。社区参与生态文化旅游发展是一种不同于以往的旅游发展模式，它的独特之处就在于在生态文化旅游发展过程中加入了以社区为中心的理念，社区居民是生态文化旅游发展的主体，其利益处于较高的位置。生态文化旅游的大多数景区位于经济欠发达的城镇和山区，在那里，大自然的土地、水和森林都是当地居民谋生的物质基础，他们的生活大多完全依赖于这些资源。生态文化旅游的开发存在着资源保护和利用的矛盾，社区参与正好可以有效地解决这一矛盾。旅游业发展所依赖的资源大多数是共享性资源（common pool resources），但在资源的开发利用方面存在着排他性和竞争性，加剧了保护与发展的矛盾。再加上我国对生态文化旅游区的一些强制性保护措施，这种资源管理方式在一定程度上也限制了当地社区对资源的利用。由于这些社区传统的生产生活方式对资源的依赖性很强，若当地社区传统的生产生活方式受到制约，而新的替代方法又没有形成，极易产生大量违法利用资源的事件，对生态文化环境和资源保护构成威胁，成为生态文化旅游区与社区面临的主要矛盾。社区参与生态文化旅游开发能较好地解决这个问题，当地居民参加生态文化旅游区的建设和经营管理，可使他们从依赖耗费资源来维持生活转向从事资源的开发经营管理工作，从而缓解对资源保护的压力，能将社区原有资源有效地保存下来，能从根本上促进社区生态文化旅游的持续发展。

3）居民参与因素是社区参与生态文化旅游的依据

社区参与最重要的主体是社区居民，社区参与的客体是社区的各种事务，社区参与的心理动机是公共参与精神，社区参与的目标取向是社区发展和人的发展。只有居民的直接参与和治理，才能培育居民的社区归属感、认同感和现代社区意识，才能有效地整合与发挥社区自身的各种资源。在生态文化旅游活动中，当地社区居民应该是积极的推动者，因此，没有当地人积极参与的旅游，其结果是注定要失败的。只有充分考虑了当地人的利益，才能有利于生态文化旅游的可持续发展，所以，应建立一种以社区参与为基础的生态文化旅游发展模式，以真正实现经济、生态、社会效益统一的生态文化旅游目标。

让当地居民参与规划，使他们了解生态文化旅游发展规划的进行情况，征求他们的意见，任何的旅游开发必须立足本地，尊重当地居民意见、维护其权益才能被他们所接受。如果忽视社区因素及当地居民要求，容易导致社区居民缺乏旅游发展整体意识和主人翁意识。长此以往，必然会引起当地居民的反感和对旅游的抵制态度，甚至产生对抗行为。

4）文化因素是社区参与生态文化旅游的纽带

许多旅游目的地的成功经验表明，历史文化、生态环境等资源保护得越好，旅游者获得的感受与印象就越深刻，目的地就更容易赢得大量客源。这种良性循环，一方面，有利于当地居民增强保护和发扬优秀传统文化的自觉性与自信心，避免地方文化在外来强势文化的冲击下发生扭曲甚至迷失方向；另一方面，大批旅游者的到来必然会有效带动地区经济的迅速发展，从而为当地政府旅游管理部门保护文化遗产积累资金。

旅游发展中的文化资源，其创作者、传承者和拥有者都是在这块土地上世代繁衍生息的居民，只有文化主人不缺位，文化才是活文化，文化也才会源源不断、繁荣发展。社区居民参与生态文化旅游发展，有利于激发其主人翁的意识，调动发展旅游业的积极性，增强社区居民对文化的自豪感，有利于保护传统文化，将旅游业的社会负面影响降低到最低程度。生态文化旅游不仅仅是经济发展的工具，还应当追求当地社会文化的协调发展。

5）基础设施因素是社区参与生态文化旅游的条件

生态文化旅游发展会不断地带来投资，使当地的旅游设施、基础设施等条件，无论在数量上，还是质量上都得到进一步的提高。社区居民从这些设施中受益，这样当地生态文化旅游业发展不仅会受到社区居民的理解和支持，而且也为社区居民参与生态文化旅游发展创造了条件。

社区居民参与生态文化旅游发展的需求反映了社区参与的内在动因。社区居民在参与生态文化旅游发展过程中有怎样的需求？这些需求能否被满足以及满足的程度都将直接影响到生态文化旅游社区的发展。因此，在生态文化旅游规划和发展中，必须充分认识社区参与的内在动因，为制定符合社区实际情况的生态文化旅游发展规划提供依据，也将促进生态文化旅游规划的有效实施。

（三）社区参与生态文化旅游开发的外在动因（拉力）

1. 政府引导

社区参与的潜在结果很大程度上取决于政府的态度（Choguill，1996）。首先，我国长期以来实行的是政府主导的旅游发展战略，政府在人力、财力、信息及技术方面拥有其他利益主体无法比拟的优势，政府还负责制定相关的规划和政策法规，以此来引导生态文化旅游的开发，社区要参与生态文化旅游开发，必然要得到政府的认可、支持并给予一定的权力，才能真正参与进去。

其次，绝大多数地方特别是广大农村地区，民众文化程度还有待提高，居民参与意识还需进一步培育，社区自治也处于起步阶段，对政府还有较大的依赖心理，社区力量还很难成为生态文化旅游开发的动力主体。

再次，生态文化旅游的发展主要强调发展经济和保护环境并重。在生态文化旅游地各种利益主体交互作用的前提下，要做到既保护环境又发展经济的双赢，单纯依靠生态文化旅游社区是无法做到的，所以以政府的力量对社区参与进行引导和指导是十分必要的。

最后，生态文化旅游业综合性强，涉及领域广，关联度大。许多生态文化旅游区在管理体制上有典型的条块分割特点。提倡社区参与生态文化旅游必然会涉及各参与主体之间的利益之争，出现争资源、争客源、争投资及推卸保护责任的"外部性"现象，这需要由政府出面进行协调，解决旅游资源开发和管理中的一系列问题，形成资源合力，确保旅游有序地发展。

当然政府的作用是有限主导，并不是要政府直接介入旅游的日常经营活动，其主要作用应该体现在政策法规制定、行政管理、协调干预、培育市场、营造优良的旅游发展环境等方面。面对社区参与这种新模式，政府部门官员需要改变观念，并将相关权利分割给社区群众，要积极引导与扶持当地群众参与旅游业的发展，制定广泛吸纳社区居民的意愿的旅游规划。通过制定财政、金融、税收等一系列的优惠政策，来引导与鼓励社区旅游业优先、快速发展，通过财政拨款、直接性的支出行为，来帮助社区进行旅游基础设施的建设。总之，政府对生态文化旅游中的社区参与活动，是把握方向、宏观指导的作用，一方面要促进生态文化旅游地社区的经济发展，实现旅游可持续发展目标；另一方面通过"自上而下"的方式监督制约生态文化旅游目的地环境与资源的保护，实现生态文化旅游发展的目标。

2. 融入社区意识的规划

旅游专家、规划师具体负责旅游规划的编制，以往的旅游规划侧重景观、景点的物质规划，缺少对居民应有的关注，并且在规划过程中，缺少社区居民的参与，旅游规划完全是专家意识、精英思维，没有融入社区的意识和社区乡土知识，导致许多规划脱离社区实际，并且在实施过程中得不到社区的支持，可操作性不强。随着社区参与和人本主义观念的导入，规划师也认识到，没有社区居民参与的规划，是不合格的旅游规划。在社区参与生态文化旅游的规划编制中，社区由过去的规划客体转变为规划主体，专家由过去编制规划、相对于旅游目的地的第三方和"局外人"的身份转变为规划的协助者和参与者,规划的编制过程由以往的政府(开发者)、专家的两级结构转变为政府(开发者)、目的地社区、专家的三级结构,规划是三方协商的结果。在规划的编制和实施当中,专家是协助者、参与者,与目的地社区和政府(开发者)是"伙伴"关系,是发展过程中的发起者、组织者和激励者。

3. 国际组织援助

社区参与作为一种理念和开发模式,随着一些国际组织的对外援助,传播到广大发展中国家。国际组织提供的资金、人力资源及参与式发展的理念也推动了我国社区参与的兴起和发展。全球环境基金(Global Environment Facility,GEF)、世界自然基金会(World Wide Fund for Nature,WWF)等国际组织在规范生态文化旅游研究、制定方针政策、提高公共意识、培训教育游客、发展社区经济、技术支持等领域发挥着重要作用。通过它们的积极参与,非政府组织已经对旅游开发和资源保护等方面(特别是涉及资源和野生动物保护等领域)有着强大的影响力。例如,1999 年,世界自然基金会在云南白马雪山自然保护区实施了一系列加强自然保护区管理、减缓自然保护区与当地社区冲突、增强社区自我发展能力的社区共管项目。2000 年,为了促使社区积极参与当地环境与自然资源的可持续管理,世界自然基金会选取了 2 个示范村开展为期 3 年的社区教育项目。在云南文海,由美国大自然保护协会支持建立的文海生态旅馆已经投入运营,并且该馆被评为"世界十大生态旅馆"之一;世界自然基金会在四川、秦岭两地保护区进行了和社区发展、生态文化旅游相关的实践。在国际组织的援助和影响下,国内的非政府组织也积极推动社区生态文化旅游,为社区参与生态文化旅游开发提供帮助。

(四)社区参与生态文化旅游开发的催化剂

1. 生态文化旅游开发的需求

旅游迈入了"体验经济"时代。向旅游者提供高质量的旅行经历是可持续旅游的主要目标之一。旅游者已经不满足于置身景外的走马观花式的游览,渴望通过参与性旅游活动,参与社区居民的活动,与社区居民进行互动,获得深刻的旅游体验。游客体验的真实性是生态文化旅游活动的本质之一。要使旅游者欣赏到原汁原味的自然生态和民俗文化有一个基本前提,就是当地居民的服务、表演、生活、生产等活动都是出于真情的自然流露,而不是虚伪的或纯商业化的。游客对生态文化旅游的体验性需求,为社区居民参与生态文化旅游活动,展示自己的文化，提供了机会和舞台。

2. 社区自治的落实

我国农村基层民主的落实，实现了农村社区的自治，激发了社区居民的主人翁精神和参与意识。1987 年以来，特别是 1998 年《中华人民共和国村民委员会组织法》颁布实施以来，全国各地把加强村民自治建设作为农村改革、发展和稳定的重要任务来抓，做了大量的工作，取得了明显的成绩，对中国农村社会的发展和中国的民主化进程起着十分积极的作用。农村村民自治经过二十多年的实践，无论是四个"民主"（民主选举、民主管理、民主决策、民主监督），还是三个"自我"（自我教育、自我约束、自我服务），都为村民真正参与提供了制度化的渠道。组织构建中的"海选""组合竞选"，公共管理中的"村务公开""一事一议"等，都提供了村民参与的重要途径。

3. 保护区保护战略的转变

在全球范围内，保护区保护战略正在发生根本的转变，由原来的全封闭走向开放，突出地方社区合理利用资源、参与管理的权益，实现保护区与当地社区的和谐共生。在开放保护的理念下，当地社区居民可以合理地利用保护区资源，可以参与保护区的相关事务，通过促进参与和利益共享，发展可持续产业，提高社区居民的生活水平，激发社区居民的参与意识，使保护区与社区组成共管共利体系。

四、案 例 分 析

➤ 案例一　贵州省丹寨县万达小镇

（一）丹寨万达小镇基本概况

1. 丹寨万达小镇介绍

丹寨县，隶属黔东南苗族侗族自治州，全县辖 4 镇（龙泉镇、兴仁镇、扬武镇、排调镇）、2 乡（雅灰乡、南皋乡）、1 街道（金泉街道）和 1 个省级经济开发区（金钟经济开发区）、1 个省级农业园区（绿海蓝星现代高效农业示范园区）。全县总面积 940 平方千米，总人口约 17.9 万人，县境内多民族聚居，有苗族、水族、布依族等 21 个少数民族，其中苗族人口占全县总人口的 78%。县境内地势东北高、西南低，最高点为东部的牛角山主峰，海拔为 1 693 米，最低点为东南部的雅灰乡叮咚村境与三都水族自治县交界河口处，海拔为 370 米。一般海拔在 600~1 200 米，属亚热带季风性湿润气候，年均气温 14.5℃，冬无严寒、夏无酷暑、降水丰富、雨热同季，是理想的旅游、避暑、休闲胜地和天然氧吧。

丹寨万达小镇（以下简称万达小镇）位于丹寨县城区，毗邻风景秀丽的东湖畔，占地 400 亩（1 亩≈666.7 平方米）。万达小镇建筑风格以苗族、侗族、水族等少数民族传统建筑特色为主，以"非遗小镇"为核心，将 8 个国家非遗项目和 13 个省级非遗项目引入小镇，融商业、文化、休闲、旅游于一体。万达小镇以尤公广场、苗年广场、鼓楼广场、锦鸡广场为主体，穿插进斗牛场、斗鸟场、斗鸡场等充满民族特色的活动，有蜡染小院、古法造纸小院、鸟笼小院等非遗项目体验馆，以及各种特色餐饮店铺及民宿，夯实和丰富了小镇"吃、住、行、游、购、娱"。

2014 年 12 月 1 日，万达集团"牵手"丹寨县，首创"企业包县"社会帮扶新模式，万达小镇于 2017 年 7 月 3 日正式开业。万达小镇通过几年的建设，一期、二期、三期、四期项目已全部投入运营。非遗文化街区、高端民宿酒店、热气球、直升机低空旅游、飞行驾照培训、实弹射击俱乐部、太空农场、马术俱乐部、萌宠乐园、户外拓展中心等五期项目已完成编制规划设计与招商，于 2021 年开工。万达小镇旅游辐射卡拉村、龙泉山、高要梯田等旅游景点，实现联动发展，进一步完善小镇旅游业态，有力促进全县旅游产业持续健康发展，让更多社区居民分享到生态文化旅游发展带来的红利。万达小镇旅游发展迅猛，开业半年，累计接待游客 370 万人次；开业五年，累计接待游客超过 3 000 万人次。2018年，万达小镇被评为"国家 4A 级旅游景区"；2019 年被评选为"省级文化旅游集聚区"[①]，获得"全国民族团结进步示范区（单位）"荣誉[②]；2020 年入选贵州省"十大康养度假旅游基地"[③]；2021 年被文化和旅游部确定为第一批夜间文化和旅游消费集聚区[④]。在国际上万达小镇也获得不少认可，在 2018 年戛纳国际创意节上，万达小镇"轮值镇长"项目"52 个镇长"斩获铜狮大奖；在 One

---

① 丹寨小镇被贵州省发改委认定为省文旅集聚区[EB/OL]. http://www.wanda.cn/2019/2019latest_1220/41106.html，2019-12-20.

② 国家民委关于命名第七批全国民族团结进步示范区（单位）的决定[EB/OL]. https://www.neac.gov.cn/seac/xxgk/201912/1139005.shtml，2019-12-11.

③ "十大康养度假旅游基地"公示[EB/OL]. https://whhly.guizhou.gov.cn/xwzx/tt/202009/t20200914_63126788.html，2020-09-14.

④ 产业发展司. 文化和旅游部关于第一批国家级夜间文化和旅游消费集聚区名单公示. https://zwgk.mct.gov.cn/zfxxgkml/cyfz/202110/t20211019_928408.html，2021-10-19.

Show 中华创意节上，"52 个镇长"独得全场大奖；2019 年亚太地区艾菲奖揭晓，"52 个镇长"又斩获影响力类金奖、社会化媒体营销类金奖、亚太地区品牌类银奖、旅游观光类铜奖四项大奖[①]。

2. 万达小镇空间结构

旅游空间结构是旅游系统各要素在空间上的反应，体现的是旅游活动的空间属性。旅游景区的空间结构对于旅游要素的整合开发、旅游竞争力的提高具有重要作用。空间形态要素在空间上相互组合可以形成不同的肌理，从而表现出特定的肌理特征，体现出特色小镇的形成历史、人文及人们对乡土特性的认同感。万达小镇的整体布局将传统自然村落的建设经验与游客所需的清晰空间体验感要求相结合，将丹寨县蚩尤祭地、苗乡文化、非遗项目等资源进行组合，沿等高线、以水平线性布局的形式展开，并最终呈现为"一环两街三院四广场"的空间架构。具体空间结构及内容见表3-4。

表3-4 万达小镇空间结构及内容

项目	空间结构	内容
一环	环湖的民俗风情环	通过古桥、吊桥、步道将鸟笼山、鸟笼博物馆、卡拉文化村、观景台与小镇相连，意在通过环状大动线的巧妙设计将主景区与周边特色村落、景点、景观联通，扩大整体发展势能
两街	内街	商业步行街以青石板路铺设，自南向北把广场分割成"尤公街、姊妹街、苗街"三段
	沿湖酒吧街	顺势东湖水岸，结合吊脚楼的吊层，设计的滨水特色酒吧街
三院	鸟笼小院	卡拉村鸟笼是省级非遗项目。卡拉村鸟笼有400多年的制作历史，形态各异，精致美观。游客可以参观和体验鸟笼的制作过程，并且感受民族手工艺的独特魅力
	蜡染小院	蜡染小院收集了来自丹寨县城四面八方的蜡染作品，并在蜡染小院展示出售，蜡染具有独特的民族特征
	古法造纸小院	主要展示的是列入国家非遗保护名录的"石桥古法造纸"，游客可以亲自参与造纸的每一项工艺，体验千年的文化传承
四广场	尤公广场	以"蚩尤节"为设计初衷，蚩尤节是苗族的一个古老民族传统节日，步入尤公广场，感觉到一种浓烈的庄重感和仪式感
	苗年广场	根据苗族同胞的民族节日来进行设计创意和命名的广场，苗年是丹寨等县苗族群众一年中最为重要的节日。节日期间，他们会举行多种多样的富有民族特色的活动，如杀年猪、打糯米粑、祭祖、吃"年团饭"、跳芦笙舞、斗牛等，热闹非凡，也是苗族一年中最盛大的传统节日
	鼓楼广场	鼓楼是侗族独特风格的建筑，鼓楼下是苗侗人民娱乐的好地方，每当夏日炎炎，男女老幼都会来此乘凉；寒冬腊月时在中间设置火塘，大家聚到这里围火，唱歌弹奏
	锦鸡广场	设计来自于锦鸡舞，丹寨锦鸡舞有"天下第一锦鸡舞"之称。苗族同胞在每年的盛大节日里举行隆重的吹笙跳月活动，敲击铜鼓，欢跳锦鸡舞，放牯子牛斗角，以纪念先祖和感恩锦鸡

资料来源：根据调研资料整理得出

---

① 丹寨万达小镇公众号。

（二）万达小镇旅游开发的资源条件

生态文化旅游是新的综合性旅游形式，以生态理念为核心，有效兼顾自然生态环境和文化景观的特色，使人们在旅游的过程中既能享受天然生态环境带来的美好景色，又能感受到通过人们努力打造出的景区文化，满足人们对生态和文化的双重需求。万达小镇开发具有先天条件，依托当地丰富多样的生态旅游资源和独具魅力的文化旅游资源，将两者有效结合在一起，发挥生态环境和文化旅游的先天优势，实现旅游经济、生态保护和文化传承的协调发展，最终实现社会经济的可持续发展。

丹寨县是典型的喀斯特地貌，地质发育完整、生态环境良好、生态资源丰富、自然景观独具特色，有万亩杜鹃——龙泉山、人类疲惫心灵的栖息家园——高要梯田、"黔东第一瀑"——排廷大瀑布、省级森林公园——猫鼻岭原始森林、千姿百态的天然彩色溶洞——金瓜洞等景观。除了优美、旖旎迷人的自然风光，还有古朴、浓郁、绚丽多彩的民族文化。丹寨县是一个以苗族为主的多民族共同聚居县，至今仍保留着浓郁、独特的民族风情，苗族、侗族、水族等世居民族在变迁和繁衍生息中，创造了自己独特的文化。丰富多样的生态资源和绚丽多彩的民族文化形成了独具魅力的生态文化旅游资源，为万达小镇旅游开发提供了条件（表3-5）。

表3-5　丹寨县生态文化旅游资源

资源类型	主要旅游资源	旅游资源简介
生态旅游资源	龙泉山	龙泉山山势由西北而南、蜿蜒曲折、势如盘龙，因山势连绵起伏、形若龙身，自古称龙泉山。龙泉山山体广阔、林荫密闭、鲜蕨丛生、山清水秀、百花争放。每年四月下旬到五月初，整个龙泉山被盛开的红、白、紫三色杜鹃花所簇拥着，构成一幅美丽的立体山景植物画卷，素有"万亩杜鹃"之美称
	高要梯田	高要梯田呈明显的梯带形状，东西走向从山顶延伸到沟底，梯田的景色随着季节的变化而变化，不同的季节有着不同的感觉色彩，被称为"人类疲惫心灵栖息的理想之地"
	排廷大瀑布	排廷大瀑布呈上下两层，两级瀑布水流垂直坠入浅滩，水花飞溅、烟生七彩，十分壮观，是丹寨县境内宽度最大和落差最高的瀑布，亦是黔东南仅有的大瀑布，素有"黔东第一瀑"之称
	猫鼻岭原始森林	猫鼻岭林区动植物资源丰富，是丹寨县最大的"绿色宝库"
	金瓜洞	洞内挂满了大大小小的"金瓜"，形态逼真、琳琅满目、形态各异，金瓜洞由此得名
文化旅游资源	卡拉村	以生产鸟笼而久负盛名，以精致、独特的鸟笼工艺品著称于世，被誉为"中国鸟笼文化之乡"
	排牙村	因芒筒芦笙而名声大噪，闻名遐迩、誉满全球，被誉为"中国芒筒芦笙之乡"
	石桥村	石桥古法造纸因工艺制作古老、工序徒手操作而享誉国内外，被称为"中国古法造纸之乡"

续表

资源类型	主要旅游资源	旅游资源简介
文化旅游资源	麻鸟村	闻名遐迩的锦鸡舞发源于麻鸟村，被誉为"中国锦鸡文化之乡"
	排倒莫	以蜡染制品而著称于世，素有"蜡染艺术之乡""东方第一染"的美称
	汞矿工业遗址	遗址建筑绝大部分为苏式砖木瓦顶结构，具有历史、经济、文化、建筑、艺术等研究价值，2011 年 1 月 25 日，被黔东南人民政府公布为首批州级文物保护单位
	万寿宫	万寿宫是丹寨全县为数不多的现存古建筑之一，是研究古代黔东南一带社会、经济的重要实物鉴证，经贵州省人民政府批准公布为第三批省级文物保护单位
	鼓楼顶公园	鼓楼顶公园是爱国主义和革命传统教育基地，2011 年 1 月 25 日，被黔东南人民政府公布为首批州级文物保护单位

资料来源：丹寨县文体广电旅游局提供

丹寨县是中华文化三始祖之一、"战神"蚩尤直系后裔——苗族"尤"支系的繁衍圣地，苗族文化生态保存完好。丹寨县的非遗形式多样、特色鲜明，是促进地方精神文明建设和文化经济发展的宝贵资源。截至 2021 年，丹寨县共有 8 项国家级非遗项目（表3-6）、13 项省级非遗项目、13 项州级非遗、135 项县级非遗项目，是非遗大县。因此，丹寨县成为国家级非遗"银饰制作技艺、芦笙制作技艺"传承保护地，被誉为"非遗文化之乡"，被贵州省政府命名为"锦鸡舞艺术之乡""古法造纸艺术之乡""苗族蜡染艺术之乡""鸟笼艺术之乡""芒筒芦笙艺术之乡"。绚丽多彩的民族文化形成了独具特色的文化旅游资源，将其引入万达小镇，为万达小镇旅游开发增添活力。

表 3-6 丹寨县国家级、省级非遗名录

等级	项目名录	类别	批次	公布时间	分布地区
国家级	苗族古瓢舞	传统舞蹈	第五批	2021 年	雅灰乡送陇村
	苗族贾理	民间文学	第二批	2008 年	台辰、扬颂、侗角
	芦笙音乐（苗族芒筒芦笙）	民间音乐	第二批	2008 年	县域内
	苗年	民俗	第二批	2008 年	县域内
	苗族服饰	民俗	第二批	2008 年	县域内
	苗族芦笙舞（锦鸡舞）	传统舞蹈	第一批	2006 年	麻鸟村、羊先
	苗族蜡染技艺	传统技艺	第一批	2006 年	排倒莫、远景
	古法造纸技艺	传统技艺	第一批	2006 年	石桥村
省级	苗族吃新节	民俗	第五批	2019 年	龙泉镇、排调镇、扬武镇、兴仁镇
	苗医药·骨腐朽疗法	传统医药	第五批	2019 年	县域内

续表

等级	项目名录	类别	批次	公布时间	分布地区
省级	苗族古歌（多往颂）	民间文学	第五批	2019 年	县域内
	苗族酒曲制作技艺	传统技艺	第五批	2019 年	县域内
	苗族刺绣	传统技艺	第四批	2015 年	县域内
	苗族银饰锻制技艺	传统技艺	第四批	2015 年	龙泉镇、扬武镇、兴仁镇
	苗族婚俗	民俗	第三批	2009 年	县域内
	苗族四滴水芦笙制作技艺	传统技艺	第三批	2009 年	麻鸟村、羊先
	鸟笼制作技艺	传统技艺	第三批	2009 年	卡拉村
	苗族百鸟衣艺术	民间美术	第二批	2007 年	送陇
	苗族翻鼓节	民俗	第二批	2007 年	南皋乡，兴仁的龙坡、翻仰、翻杠、排佐
	苗族历法	民间文学	第二批	2007 年	县域内
	苗族祭尤节	民俗	第二批	2007 年	腊尧、扬颂、岩英、巫哩、巫佐

资料来源：丹寨县人民政府

（三）万达小镇建设方式

1. 万达小镇参与主体

万达小镇瞄准旅游产业"吃、住、行、游、娱、购"全要素特点和带动上游关联产业协调发展的天然优势。通过持续打造"爆款"生态文化旅游景区，为丹寨带来巨大的客流量，为丹寨非遗、民宿、餐饮、交通等带来新的发展空间，为丹寨土特产品、手工制品的外销创造大量商机。生态文化旅游产业发展的带动，让各个利益主体参与其中，尤其是社区居民拥有更多机会充分参与万达小镇关联的农副产品种养殖、手工艺品制作、民族文艺表演等活动，共享小镇旅游发展成果。

万达小镇旅游场域的参与主体主要有万达集团、当地政府、丹寨县金建投资发展有限责任公司（以下简称金建公司）、丹寨县小镇商业管理有限公司（以下简称商管公司）、万达办、企业、商铺、合作社、社区居民、旅行社、新闻媒体、专家学者、"轮值镇长"和游客等。万达小镇由万达集团投资建设，金建公司负责项目执行，金建公司成立商管公司负责小镇项目的运营管理，万达办负责小镇的运营和收益分配，企业、商铺、合作社和社区居民以直接或间接的方式参与小镇旅游，旅行社组团游览；新闻媒体和专家学者对小镇旅游的发展分别进行采访报道和提出建议，"轮值镇长"根据自己专长和资源开展有特色的施政活动。各参与主体权利、义务详情如表 3-7 所示。

表 3-7　万达小镇各参与主体的权利与义务

参与主体	权利与义务
万达集团	投资建设万达小镇
当地政府	从政策上协助万达集团进行投资、开发、建设
金建公司	负责万达小镇项目执行
商管公司	负责万达小镇项目的运营管理
万达办	直接参与小镇的运作与管理，可分享部分旅游收益
企业	入驻小镇或与小镇商铺签订农产品直供协议，享受旅游带来的收益
合作社	与小镇商铺签订保底订单合同，是商铺手工艺品和特色农产品建设基地，享受旅游带来的收益
社区居民	在企业、商铺或合作社就业，享受其带来的工资或工资与分红；参与公益岗位或常态化演艺获得临时报酬
旅行社	组团游览小镇，不参与开发，有的导游可享受部分旅游收益
新闻媒体	采访报道小镇，没有分享旅游收益
专家学者	对小镇旅游及其文化提出各种建议，没有分享旅游收益
"轮值镇长"	"轮值镇长"利用自己的专长和资源支援小镇发展建设，没有官衔、没有薪酬，没有分享旅游收益
游客	付出资本、尽情享受，没有分享旅游收益

资料来源：根据丹寨县人民政府报告、丹寨万达小镇公众号和调研资料整理得出

2. 社区居民的参与方式

根据万达小镇旅游场域各参与主体的权利与义务分析，社区居民的参与方式可分为经营参与、社会参与、监督管理参与三个方面。

1）经营参与

万达小镇开业前，当地龙头企业、合作社等就纷纷入驻，社区居民积极参与小镇的旅游建设。商管公司负责万达小镇的运营管理，制定了《丹寨万达小镇租户手册》《丹寨万达小镇营业员工作手册》等，保证社区居民能正常有序地参与小镇旅游的经营过程。根据调查情况来看，社区居民以开设企业、开设商铺、创办合作社、到龙头企业或合作社就业、常态化演艺等方式参与小镇经营，以民族手工艺品和土特产销售、餐饮住宿接待、民族特色常态化演艺等服务为主。主要以"商铺+合作社+社区居民""龙头企业+社区居民""合作社+社区居民"三种参与方式为主，实现社区居民参与万达小镇旅游的手工制品、种养殖产品等生产

与销售过程中。

据数据统计，截至 2022 年 1 月，万达小镇共有 12 家龙头企业和 102 个产业合作社入驻，商铺339个，210家商户直接带动发展民族手工艺、民族美食、苗侗医药、农特产品等产业产品，136 家地方特色餐饮店与全县 81 个村级种养殖专业合作社签订了农产品直供协议，直接带动 7 665 个农村人口通过参与产业发展实现增收，户均增收 2 635 元；"丹寨县农特产馆"入驻了 28 家涉农企业和农民专业合作社生产的共 126 种农特产品，并在全县 75 个村寨建设了基地，均与对应的生产合作社和农户签订了保底订单收购合同。吸引了 12 家龙头企业入驻小镇，增加社区居民就业机会，拓宽社区居民收入渠道，带动社区居民参与产业发展实现增收。在手工艺品方面，59 家特色商铺产品来自 17 个村级合作社，开业一年时间，66 家与手工业相关商铺销售总额达到了 2 029 万元，直接带动 2 293 个农村人口人均增收 2 711 元[①]。

常态化演艺是万达小镇的特色项目，以踩鼓舞、锦鸡舞、拦门酒、鼓楼情歌、演艺巡演、篝火晚会斗艺等项目为核心，从每天下午 2 点到晚上 9 点，由当地村民在小镇现场表演（表3-8）。充分考虑演艺多样化和覆盖全县农村居民，将全县各乡镇分为 4 个组，以周为周期轮流表演。由于天气原因，12 月至次年 3 月停演，每年计划演出 8 个月，每位表演者每天可获得 130 元的补助，每人每月可增收 500 元[②]。常态化演艺的方式充分考虑了当地村民"会走路就会跳舞、会说话就会唱歌"的天然优势，契合他们的特长和心理需求，让当地人用熟悉的方式、舒服的方式、能够展示自我魅力的方式、弘扬和传承民族文化的方式获得劳动报酬，因此，他们很愿意参与其中。

表3-8　万达小镇 7~9 月常态化活动

活动时间	活动地点	节目安排	备注
10：30~11：00	锦鸡广场	迎宾表演	商户自发组织
11：00~11：30	斗鸡场	斗鸡表演	卡拉豪杰风味馆
14：00~14：30	苗年广场	踩鼓舞	多彩贵州风
15：00~15：30	尤公广场	锦鸡舞	
15：30~16：00	尤公街、姊妹街、苗街	民族演艺巡游	
16：00~17：00	锦鸡广场	拦门酒	
20：00~21：00		篝火晚会+民族歌舞	
15：00~16：00	斗牛场	斗牛表演	普通票 168 元/张

① 丹寨万达办提供。
② 万达集团评估报告 2020 年。

续表

活动时间	活动地点	节目安排	备注
19：00~21：00	尤公广场	健身大舞台（坝坝广场舞）	民众自发组织
	苗族广场	百姓大舞台（才艺展示）	民众自发组织
	鼓楼广场	民族大舞台（苗族对歌）	民众自发组织
直通车	凯里南站出发：9：00、10：00、11：00、12：00、13：00、14：00、15：00 万达小镇出发：11：00、12：00、13：00、14：00、15：00、16：00、17：00		
活动时间	活动地点		备注
20：00~00：00	哟妃酒吧		酒吧娱乐
	藏身之地		
	周先生音乐餐厅		
11：30~12：30 17：30~18：30	侗嘎佬		迎宾表演
	苗乡侗寨		
	阿浓苗寨		
9：30~10：00 15：00~15：30	鼓动人生		乐器表演
	我们的手鼓店		

资料来源：丹寨万达办提供

万达集团拓展旅游领域，创新推出"丹寨茶园"，与万达小镇同频共振、联动发展，开展"观光+体验+销售"为一体的茶旅体验活动。万达集团联合贵州省丹寨山水传承茶旅文化有限公司在全县租赁 2 000 亩茶园，参与者每年出资 4 900 元认领一亩茶园，每亩茶园对应一户农户[1]。茶园招收当地村民务工，每亩每年可获得 1 300 元的劳务收入，这对改善农户生活有着重要意义。此外，万达集团旗下的锦华酒店，也是万达小镇唯一一家四星级酒店，帮助当地居民和贵州万达职业技术学院毕业生到酒店就业。

2）社会参与

在社会参与方面，除了当地政府、丹寨万达小镇公众号、万达集团、新闻媒体、专家学者及万达广场等参与小镇的宣传推广外，当地社区居民也积极参与其中。社区居民利用自媒体的方式向外界宣传丹寨的旅游景点、美食、文化等，宣传面越来越广、宣传效果越来越好。尤其是"轮值镇长"的模式，以活的人脉资源和影响力，对接更多资源，开拓跨界融合的可能，打开丹寨宣传口径，帮助万达小镇走出中国、走向世界。例如，熊懿，首位丹寨籍"轮值镇长"，以丹寨人的情怀和媒体人的视角，制作《我是丹寨人》纪录片，深入挖掘丹寨人的生活，

① 丹寨万达办提供。

更加立体丰富地呈现发展中的丹寨和万达小镇的独特魅力，助推小镇旅游发展。

3）监督管理参与

监督管理是指对现场或某一特定环节、过程进行监督和管理，使其结果达到预期目标。在生态文化旅游开发和运营过程中，社区居民对旅游开发和运营既有责任又有监督管理的权利。旅游业要想可持续发展，除了当地政府和旅游开发商负有项目执行规划与运营职责外，社区居民作为旅游开发的主体，旅游开发、运营直接或间接对其生产生活产生影响，因此，当地政府应该积极鼓励社区居民参与景区的监督管理，并听取其意见。在万达小镇旅游开发运营过程中，万达集团与当地政府负责小镇项目执行规划和运营，万达集团派出商管公司对小镇进行统一运营管理。商管公司每天早上召集商户开晨会，每月召集商户召开经营管理会，商户在会时除了交流经营状况外，同时具有监督管理的权利，为小镇旅游的经营管理提出建议[①]。此外，万达小镇设立公益性岗位和临时性岗位，并招聘当地居民在小镇就业，其对小镇的经营管理有监督管理的权利，为小镇营造出安全有序、干净卫生的旅游环境。

3. 社区居民参与存在的不足

1）参与机会不均等

万达集团在丹寨县开创"基金+产业+教育""三位一体"的帮扶模式，通过"教育治本、产业引血、基金兜底"实现长、中、短相结合，实现人均收入提高和全县致富。在"基金兜底"帮扶中，对鳏寡孤独、重病残疾（一、二级残疾）等农户给予兜底救助；对因灾、因病、因学等致贫或65岁以上老人农户给予阶段性补助；对有劳动能力能发展产业增收的农户给予生产奖励补助；对具有完全劳动能力可以参与公益性劳动（保洁、临时性公益岗位等）的农户给予一定的补助。在产业帮扶上，也是优先考虑低收入农户。因此，其他居民在一定程度上被排斥在小镇旅游场域之外，未能享受小镇旅游带来的红利。

2）参与意识淡薄

社区参与被引入旅游规划后得到社会各界的广泛关注，而社区居民作为生态文化旅游开发的主体，增强社区居民参与旅游开发建设的意识对旅游的可持续发展至关重要。万达集团"牵手"丹寨县，提出"企业包县"的创新模式，这一帮扶模式决定了小镇旅游的参与主体主要是农户，尤其是低收入农户。万达小镇的开业，为社区居民提供了更多机会参与小镇旅游行动，并分享旅游带来的成果。在万达小镇旅游场域中，企业、商铺、合作社等参与主体的就业对象以低收入农户为主，对其进行简单培训即可上岗，这部分群体受教育程度普遍偏低，参与意

---

① 丹寨万达办提供。

识淡薄，多数人只是为了提高收入而参与小镇旅游，并未从深层次上有意识参与小镇旅游的发展。调查结果显示，当地青壮年劳动力选择到广东、浙江等地务工，而不是在家门口就业；在中老年人中，除非遗传承人或部分手工艺者参与非遗项目、手工艺品制作等行动之外，其他中老年人参与意识不强；多数社区居民将参与小镇旅游看作一种临时性或短期性的工作，而非一份长期、稳定的职业去对待。

3）参与层次相对较低

万达小镇的投资建设带动了上下游关联产业联动发展，为丹寨县非遗项目、餐饮住宿、土特产品、手工制品等带来了新的发展空间。社区居民由于文化水平和素质偏低、参与能力有限，一般通过在小镇创办企业、开设商铺、就业、售卖手工艺品、表演民族歌舞、接待旅游等方式参与其中，以及参与小镇关联企业或合作社举办的农副产品种养殖、手工艺品制作等活动。万达小镇的开发、运营等需要专业的管理和团队，而这方面的专业人才是由万达集团通过内部招聘或外部挖掘等方式来招聘任职的，社区居民很难参与进来。

（四）万达小镇生态文化旅游开发的动力机制

万达小镇开创了共同富裕新的帮扶模式，是有益探索和创新。从万达小镇的开发外在动因看，得益于乡村振兴战略的推动、特色小镇建设热潮、政府的积极支持、经济社会的快速发展及丰富的帮扶实践经验；从内在动因看，是便利的区位条件、丰富多彩的旅游资源、健全的协调管理体系、自带流量的平台优势及"轮值镇长"品牌活动的推广。

1. 万达小镇开发的外在动因

1）乡村振兴战略的推动

乡村兴则国家兴，乡村衰则国家衰。一直以来，"三农"问题是全党工作重中之重，对"三农"问题的重视和关注是国家政府重要思想的体现。乡村是具有自然、社会、经济特征的地域综合体，兼具生产、生活、生态、文化等多重功能，与城镇互促互进、共生共存，共同构成人类活动的主要空间。特别是城镇化建设加快之后，乡村空心化、老龄化和农牧业变弱等问题严峻，因此乡村振兴势在必行。

党的十九大报告明确提出实施乡村振兴战略，把解决好"三农"问题作为全党工作重中之重，提出"产业兴旺、生态宜居、乡风文明、治理有效、生活富裕"的总要求①。万达集团响应国家号召，主动伸出援手，与丹寨县携手，开创乡村振兴的新模式。为了让丹寨县乡村振兴落到实处、见到实效，万达集团成立领导小组，抽调相关专业骨干，并邀请国内顶级专家，先后十多次赴丹寨县调研。经过团队的反复调研和专家论证，他们认为丹寨县自然条件不错，具有便利的交通区位优势、得天独厚的自然资源、潜力十足的特色产业，所以以旅游为抓手、以建设万达小镇为据点，全面推动乡村振兴工作。

　　2）特色小镇建设热潮

　　随着社会经济的发展，旅游也进入高速发展期，旅游的发展吸纳了当地剩余劳动力，提高了当地就业率，推动了当地经济社会的发展，建设特色小镇成为一个亮点。特色小镇是指具有独特产业特色、深厚文化底蕴、服务设施完善、生态环境优美的功能有机融合在一起的空间发展载体和平台。践行"绿水青山就是金山银山"的理念，特色小镇的发展承载了当地经济、文化、生态、民生等方面的诉求，结合传统文化传承，推动产业高级化，推进生态文化旅游产业全产业链的建立，打造优美宜居的生态文化环境，促进当地居民收入增长，助力乡村振兴。2014 年，浙江省特色小镇的成功创建，引起了社会各界的广泛关注。2016 年，住房和城乡建设部、国家发展改革委、财政部下发了《关于开展特色小镇培育工作的通知》（建村（2016）147 号），对特色小镇的概念界定、培育方式、创建目标等做出指导，并提出"到 2020 年，培育 1 000 个左右各具特色、富有活力的休闲旅游、商贸物流、现代制造、教育科技、传统文化、美丽宜居等特色小镇，引领带动全国小城镇建设，不断提高建设水平和发展质量"的发展目标。2016 年 11 月，我国第一批特色小镇名单正式公布，共 127 个小镇入围。此后，其他各省、市、区纷纷响应，掀起了特色小镇建设热潮。实践表明，特色小镇建设可以依托丰富的传统文化和地理资源，大力发展以生态文化为主体的特色小镇来发展当地经济。在此背景下，2014 年，万达集团"牵手"丹寨县，投资建设以苗族文化为基准、以"非遗小镇"为核心的万达小镇。万达小镇自 2017 年 7 月 3 日正式开业以来，旅游发展迅猛，综合旅游收入持续增长，有效促进了丹寨县经济发展。仅一年的时间，万达小镇在中国特色小镇影响力排名中异军突起，排名第二，仅次于乌镇②。

　　3）政府的积极支持

　　在乡村振兴探索中，企业除了追求利润最大化之外，还应承担社会责任，为乡村振兴贡献一份力量，为全面推动乡村建设提供强有力的政策保障。企业的帮

---

① 习近平. 决胜全面建成小康社会 夺取新时代中国特色社会主义伟大胜利——在中国共产党第十九次全国代表大会上的报告[EB/OL]. http://www.moe.gov.cn/jyb_xwfb/xw_zt/moe_357/jyzt_2017nztzl/2017_zt13/17zt13_zyjs/201710/t20171031_317898.html，2017-10-27.

② 丹寨万达小镇公众号。

扶实践离不开政府的大力支持，甚至可以说地方政府的统筹和支持至关重要。万达集团在选择帮扶县时主要关注以下三点：一是该县的经济发展水平如何；二是该县是否有特色产业；三是该县的领导班子是否有干劲。丹寨县经济发展落后，但拥有初具规模的特色产业和干劲十足的领导班子，这一系列促使万达集团决定投资万达小镇。在最初的推荐候选县中，丹寨县并不在名单之列。县领导班子得知消息后立即向省政府请求协调，派人到邻县邀请考察团到丹寨考察，召集工作人员连夜赶材料，并送到考察团手中。正是由于丹寨县政府拥有积极的态度和实干的作风，才保证了项目的顺利落地。

省、州、县政府高度重视万达小镇的发展，为了配合项目建设与执行，丹寨县政府组织领导发改、公安、教科、住建、国土、环保、林业和水利等部门全面配合万达集团，并在第一时间设立正科级综合协调部门——万达集团帮扶丹寨综合协调工作办公室，专门对接万达集团的项目；建立定期召开项目推进会制度，县委原副书记、县长徐刘蔚多次主持召开万达集团的项目建设工作推进会，及时解决项目过程中遇到的问题和困难；积极开展低收入人口精准识别查漏补缺工作，为万达集团更好开展帮扶提供依据，更直接、更精准配置资源。

4）经济社会的快速发展

特色小镇的开发建设需要良好的经济环境支持。近年来，在丹寨县委的坚强领导下，在县人大、县政协的监督和支持下，坚持以习近平新时代中国特色社会主义思想为指导，坚持以乡村振兴统揽经济社会发展全局，坚守发展和生态两条底线，立足资源禀赋促转型，克服各种艰难险阻，巩固拓展脱贫成果，实现全县经济社会发展呈现稳中向好、稳中提质，经济社会发展韧性和活力持续彰显，高质量发展取得新成效。在"十三五"末，全县地区生产总值 41.69 亿元，财政总收入 2.65 亿元，社会消费品零售总额 13.36 亿元，较"十二五"末分别增长33.51%、14.22%、145.1%。城镇常住居民人均可支配收入从 22 795 元增加到34 701 元，年均增长 8.8%，增速连续 5 年位居全省第二方阵前列；农村常住居民人均可支配收入从 6 595 元增加到 10 912 元，年均增长 10.6%，增速连续 5 年排名全省前列[①]；全力做好返乡农民工、高校毕业生、城镇困难人员、退役军人等各类群体就业工作，城镇新增就业人数 2 266 人，城镇登记失业人数 1 059 人，城镇登记失业率4.7%。2021 年，全县投入巩固脱贫成果与乡村振兴工作财政专项资金9 715.2 万元，实施项目 163 个。其中，投入 7 610.8 万元，实施产业项目 130 个；投入 1 683.1 万元，实施基础设施项目 26 个；投入 279.2 万元，实施培训项目 3个；投入 59.2 万元，实施公益岗位 1 个；投入 82.9 万元，实施项目管理 3 个[②]。

---

① 2021 年丹寨县政府工作报告。
② 丹寨县 2021 年国民经济和社会发展统计公报。

丹寨县经济社会的快速发展为万达小镇的开发建设提供了良好的经济环境,万达小镇抢抓万达集团帮扶机遇,争取到一期、二期、三期、四期项目并投资建成投运,目前五期项目已正式开工,总投资超过30亿元。为巩固拓展脱贫攻坚成果同乡村振兴有效衔接,万达集团制定了 2021~2025 年帮扶丹寨计划,帮扶思路由"企业包县扶贫"向"支持丹寨致富"转变,把旅游发展与乡村振兴相结合,围绕"成规模、有特色、高水平"的建设目标,促进乡村振兴与新型城镇化融合、乡村振兴与农村人居环境整治融合,引领带动全县乡村振兴战略深入实施。

5)丰富的帮扶实践经验

万达集团一直把帮扶作为慈善的重要内容,把"共创财富、公益社会"作为企业使命,自创立之初就在学校、医院、希望工程、双拥工作、抗震救灾、新农村建设等方面开展社会公益事业。随着企业的不断发展壮大,不断创新帮扶方式,做大帮扶事业,万达集团在社会公益事业领域有长期的实践探索和经验积累,为万达集团在丹寨的"企业包县"帮扶工作奠定了坚实的基础,发展丹寨全域旅游,把丹寨打造成为中国著名的旅游目的地,帮助丹寨实现乡村振兴,全面致富。

2. 万达小镇开发的内在动因

1)便利的区位条件

交通是影响特色小镇开发建设的重要因素之一。只有交通网络创造了便利条件,才能够保证特色小镇蓬勃发展。丹寨县地处贵州省黔东南部,黔东南州西部,东与雷山县接壤,南靠三都水族自治县,西与都匀市、麻江县交界,北抵凯里市。距贵阳市 110 千米,距都匀市 50 千米,距凯里市 70 千米。近年来,丹寨县以加快交通基础设施建设、改善内外发展条件为抓手,形成"北上、西进、南下、东出"的大交通格局。截至 2021 年,全县累计高速公路总里程达到 41.8 千米,国省干线总里程达到43.03千米,县域内公路总里程达到1 426.3 千米[①]。随着夏蓉高速公路、贵广快速铁路、凯羊高速公路、321 国道穿境而过,贵阳北站、凯里南站、都匀东站、三都县等高铁站连接,丹寨县进入了广州三小时经济圈、贵阳一小时经济圈、凯里都匀半小时经济圈,能与周边城市的旅游产业实现联动发展(图 3-2)。此外,丹寨县开通旅游专线公交车,在万达小镇和高要梯田观景台往返,实现丹寨县旅游景点联动发展。万达小镇坐落于丹寨县城区,依托便利的交通网络为小镇的发展提供了广阔的空间。

---

① 贵州丹寨县城乡交通一体化打通特色产业快车道[EB/OL]. http://www.zgmsjjw.com/newsshow-7-76563-1. html, 2021-10-02.

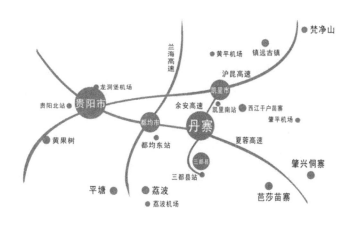

图 3-2　丹寨县区位示意图
资料来源：丹寨万达办提供

2）丰富多彩的旅游资源

丰富多样的生态资源和独具特色的文化资源是特色小镇旅游发展的关键因素，不仅能促使小镇旅游多元化发展，提升小镇旅游品质，还能促进小镇旅游可持续发展。万达小镇要想在特色小镇的浪潮中站稳脚跟，就必须依托当地丰富多样的生态资源促进多元化发展，与此同时以文化资源为支撑，深入挖掘当地的文化内涵。丹寨县生态环境良好，地质发育完整，森林茂密，植被保存完好，生态旅游资源丰富。根据丹寨县旅游资源大普查报告，三级以上旅游资源（含三级）共计 25 个，其中，四级旅游资源 9 个，三级旅游资源 16 个[①]。生态旅游资源有龙泉山、猫鼻岭原始森林、排廷大瀑布、金瓜洞、高要梯田、打鼓井等，丹寨县得天独厚的生态旅游资源为万达小镇发展带来源源不断的发展动能。

丹寨县不仅拥有秀美的原生态旅游风光，还有深厚的民族文化底蕴。丹寨县是以苗族为主的多民族聚居区，县境内有多个苗族支系，仅从服饰及地域上就有八寨苗、白领苗、清江苗、锦鸡苗之分。各民族和睦相处，共同创造了丹寨多姿多彩的民族文化。丹寨县苗族文化保存完好，"苗族锦鸡舞""苗族蜡染技艺""古法造纸技艺"等多个项目被列为国家非遗代表作，"苗族吃新节""苗族刺绣""鸟笼制作技艺""苗族祭尤节"等多个项目被列为省级非遗项目；石桥村、卡拉村、排莫村、麻鸟村等一批特色村寨获得全省民族民间文化"艺术之乡"的称号；此外还有鼓楼坡毛主席纪念碑、万寿宫和汞矿近现代工业建筑等重点文物场所。绚丽多彩的人文景观为万达小镇的开发建设增添活力。古朴、浓郁、独特的民族风情和迷人旖旎的自然风光是一道靓丽的风景线，是民族风情旅

———————————
① 丹寨县文体广电旅游局提供。

游的一朵奇葩，是万达小镇旅游发展的一种内生动力。

3）健全的协调管理体系

一个项目的成功与否与健全的协调管理体系密切相关。健全的协调管理体系，实现项目管理的统筹协调，从根本上为项目实施协调各部门资源，全力推进项目顺利实施。在丹寨县的"企业包县"帮扶实践中，万达集团首创"基金+产业+教育""三位一体"的帮扶模式。为确保万达集团在丹寨县的帮扶项目能够顺利推进和实施，黔东南州、丹寨县政府及万达集团均成立了协调领导小组，从组织管理层面提供有力保障。

黔东南州层面。2014年，黔东南州成立万达集团帮扶丹寨县协调领导小组，由州委书记任组长，州委副书记、州长任第一副组长，下设产业项目推进组、万达职院建设组、劳务输出组、土地保障组、资金保障组5大小组和办公室，州教育、发改委、科技、工信、财政、人社、环保、住建等部门负责人任小组成员。如图3-3所示。

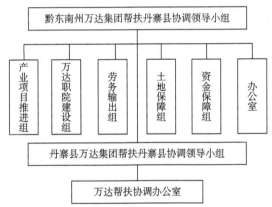

图3-3　丹寨万达小镇协调领导小组组织结构图

资料来源：丹寨万达办提供

万达集团旗下的商管公司是全球领先的商业物业持有及管理运营企业，目前在全面经营280座万达广场，拥有一套完善且行之有效的管理运营制度。万达集团高度重视小镇的口碑和管理，为了打造全国管理最规范、最有品质的文旅小镇，商管公司制定了一套具体的运营标准。商管公司在开业前制定系列规范，如《丹寨万达小镇租户手册》《丹寨万达小镇营业员工作手册》等，高标准、严要求执行规范，强化宣传。此外，万达集团运用数字化管理，通过慧云智能化管理系统，可以实时监测人流、车流，准确分析游客来源、消费数据等，精准预测游客动态需求，使万达小镇运营管理更具有针对性。

4）自带流量的平台优势

万达集团作为世界知名企业，有着独有的强劲竞争优势，无论是项目在前期规划设计，还是在中期开发建设，抑或后期运营管理等整个产业链上，万达集团的平台实力和优势显而易见。万达集团本身拥有一大批行业精英，有足够的高端资源可以投入丹寨帮扶项目，并能依托平台优势和财务实力，为丹寨的帮扶项目吸引、聚集更多的高端人才。商管公司的管理团队，由万达集团来招聘任职，既有从内部招聘，也有从外部挖掘的人才。

万达集团将其完善的管理运营体系、强大的文旅资源储备和丰富的帮扶实践经验很好地融入万达小镇项目设计中，举万达全集团之力，对小镇给予全力的经营支持。万达小镇在开业前已与6家在线旅游、6家风景区、省内外131家旅行社签署合作协议①。据数据统计，2018年1~12月客流达567.12万人次，其中，旅行社客流超35万人。开业五年来，累计接待游客超2100万人次，带动全县旅游综合收入超120亿元②。万达小镇借助万达集团自带流量的平台优势，为小镇旅游发展提供了强劲的竞争优势。

5）"轮值镇长"品牌活动的推广

为了打造万达小镇旅游品牌，万达集团策划了"轮值镇长"公益品牌活动，招募来自全球、社会各界有志于丹寨县乡村振兴的仁人志士，到万达小镇担任一周"镇长"，利用自己的专长和资源，开展有特色的施政活动，支援小镇发展建设。万达小镇开业前夕开始面向全球招募，活动页面访问量超过100万人次，报名人数1.3万人，报名者覆盖了企业家、公务员、教师、工程师、全职妈妈、主持人等群体。截至2021年底，共有121位来自全球、社会各界的仁人志士到万达小镇任职②。他们以自己的人脉资源和影响力，建立各种优质宣传渠道，通过线上线下方式为万达小镇旅游宣传打通"七经八脉"，取得了显著的成效。主要体现在以下几个方面：①将小镇旅游与电子商务平台、广播电台、直播平台、微信公众号等相结合，通过在线实景直播等线上旅游方式，宣传丹寨县美景、美食，提高万达小镇知名度。②参加丹寨县非遗之旅，用镜头记录丹寨县非遗，组建团队到丹寨县进行采风，并在国内外展览。③专家学者以丹寨县为案例点，带领团队到丹寨县进行深度调研，并形成评价成效报告。④除此之外，电影《父子雄兵》的公益点放映、嘻哈音乐专场表演、世界小姐的T台秀、全球科幻作家工作坊等文艺活动相继在万达小镇举办。对于相对闭塞的丹寨县来说，这些成效遥不可及，而在"轮值镇长"的努力下，它们变成了现实。"轮值镇长"对万达小镇旅游的发展推动作用显著，提高万达小镇知名度，增强万达小镇影响力，持续吸引全球各地游客到丹寨县来，为小镇旅游做出贡献。

---

① 万达在黔首秀——丹寨万达小镇7月2日开门迎客[EB/OL]. http://gy.focus.cn/zixun/41fc6c9a974a69b7.html, 2017-05-31.

② 丹寨万达小镇公众号。

（五）万达小镇建设成效

1. 接待人数稳步增长

万达小镇以"非遗"为主题，采用"非遗+旅游"的模式，游客到小镇体验非遗项目、观看非遗演出、品尝当地特色美食……万达小镇独特的文化受到了国内外游客的广泛关注。自 2017 年 7 月 3 日开业以来，旅游接待人次稳步增长，打破了丹寨县全年旅游井喷在"5.1 观花"的魔咒。截至 2017 年 12 月 31 日，累计接待游客 370 万人次，单日接待人流量最高 7.93 万人次，平均每日接待人流量 2 万余人次，小镇酒店、客栈每日入住率均在 93% 以上。截至 2021 年 7 月，小镇累计接待人流量 2 500 多万人次[①]。由图 3-4 可知，万达小镇游客稳步增长，从 2017 年的 370 万人次增加到 2021 年的 873 万人次。2020 年，受到新冠疫情的影响，市场萎缩，经济低迷，旅游行业步入"寒冰期"，小镇游客接待量增速放缓。随着国家新冠疫情得到有效控制，在疫情防控和助推旅游行业复苏的双重目标下，以文化和旅游部、财政部为首的国家和各省份根据疫情防控情况与旅游差异出台了系列专项帮扶政策，为旅游业的稳岗就业、恢复发展做好纾困工作，渡过难关。在提振政策的帮扶下，旅游业有序恢复营业，国内旅游逐渐回暖，2021 年，小镇旅游接待人次呈现快速增长趋势。

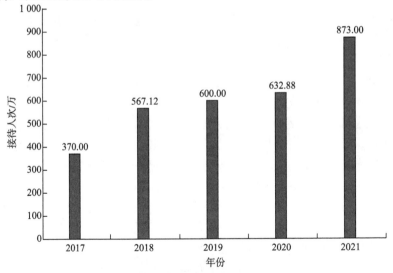

图 3-4　2017~2021 年万达小镇旅游接待人次

资料来源：根据 2017~2021 年丹寨县政府工作报告和调研资料整理得出

---

① 丹寨万达小镇开业至今游客累计超 2 500 万人次[EB/OL]. http://www.wanda.cn/2021/2021latest_0728/43408，html.

2. 旅游综合收入快速增长

万达集团作为知名企业，具有强大的文旅资源储备，在万达小镇开业前，与多家风景区和旅行社签署合作协议。与此同时，万达集团推出"轮值镇长"公益品牌活动，利用"轮值镇长"的资源和专长，线上线下为小镇进行宣传，吸引国内外众多游客到丹寨旅游。万达小镇利用万达集团的平台优势和"轮值镇长"的影响力，为小镇旅游发展提供了强劲的竞争优势。万达小镇开业五年来，旅游综合收入整体呈现上升趋势。由图 3-5 所知，小镇旅游综合收入由 2017 年的 20.93亿元增长到 2021 年的 87.50 亿元，其中，2017~2019 年，旅游综合收入呈现稳步上升的趋势；2020 年，受到新冠疫情的影响，虽然旅游接待人次呈现上升趋势，但从客源结构看，小镇游客主要来源于黔东南，没有酒店住宿、手工艺品、特色产品等消费，导致旅游综合收入大幅度下降；2021 年，新冠疫情得到有效控制，旅游业逐步回暖，居民出游意愿高涨，快速拉动旅游综合收入增长。

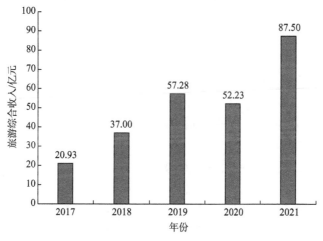

图 3-5　2017~2021 年万达小镇旅游综合收入

资料来源：根据 2017~2021 年丹寨县政府工作报告和调研资料整理得出

3. 拓宽就业渠道促进农民增收

万达集团在丹寨县除了开创"企业包县"社会帮扶新模式，对鳏寡孤独、重病重残、65 岁以上老人、在校学生、患病、残疾等农户进行基金兜底外，还以产业为抓手，围绕"一种两养"等"短平快"产业和丹寨县重点发展产业，拓宽当地农民就业渠道，实现发展产业促进农民增收。万达小镇开业以来，通过在商管公司、酒店、影城、商铺、环卫、安保、常态化演艺、停车场、茶园及与小镇关联的合作社等设立岗位，直接带动了丹寨 20 个大产业和 50 个子产业的快速发展。2017 年对有劳动能力能发展产业增收的农户每人每年给予 1 010 元的生产性补助，共帮扶 30 176 人；2018 年对具有完全劳动能力可以参与公益性劳动的农户，设立保洁员岗位或公益性岗位，并根据岗位给予相应报酬，共帮扶 54 644 人。截至 2020 年 7 月，直接创造就业岗位 2 000 个，其中丹寨籍 1 388 人，直接和间接带动两万多人发展产业，增收致富①。

4. 辐射带动

万达小镇采用"一点带多地"的旅游发展路径，将游客分流至周边村镇，带动周边旅游产业的发展。卡拉村是万达小镇辐射带动的生动体现，在小镇的吸引下，大量游客前来卡拉村体验鸟笼编制和品尝农家饭，生意非常火爆，卡拉村因此成为小镇的"后花园"。由从前的"救济村"成为走在致富前列的领头羊，卡拉村成为全县富裕村之一。卡拉村村民杨雪亮成立贵州省丹寨县丹笼工艺发展有限公司，这是卡拉村最早成立的鸟笼制作公司，在万达小镇开业前，公司销售收入为 100 万元左右，小镇开业后，前来卡拉村的游客日益增加，2018 年公司收入近 200 万元，其中订单收入占 2/3，来自外省的订单较 2017 年上涨一倍多②。卡拉村的发展不是个例，万达小镇辐射龙泉山、高要梯田等旅游景点，周边的泉山村、高要村、甲脚村、石桥村等 27 个景区和旅游村寨都享受到万达小镇的旅游溢出效应，游客量持续增长，直接或间接带动村民实现增收致富。

➤ 案例二　湖南省怀化市鹤城区大坪村

（一）怀化市鹤城区大坪村概况

大坪村位于湖南省怀化市鹤城区东南部，距市区 21 千米。大坪村位于东经 109°45′~110°29′，北纬 27°16′~27°28′，位于怀化市东部凉山之腰，平均海拔 860 米，常年气温比城区低 5~6 ℃。林地 3.87 万亩，森林蓄积量 8.8 万立方米，森林覆盖率达 95%，属典型的喀斯特高山谷地，亚热带季风湿润区，典型的喀斯特地貌，年平均气温 16.8 ℃，全年无霜期 281 天，年均降雨量 1 504 毫米。1996 年成立黄岩旅游度假区管理处，正式启动黄岩旅游开发项目。1998 年被列为省级旅游度假区。自 2003 年来，连续被评为"社会治安综合治理模范乡镇"和"文明乡镇"，为黄岩旅游和产业发展提供了良好基础。大坪村全村于 2018 年脱贫，被评为"国家级传统村落"、"湖南省美丽乡村建设示范村"、"湖南省特色精品乡村"和"怀化市市级文明村"。2019 年 12 月 25 日，大坪村被评为"国家森林乡

---

① 丹寨万达办提供。
② 丹寨万达小镇公众号。

村"。2020 年 1 月 3 日，大坪村入选第一批"湖南省乡村旅游重点村"。2020 年 8 月 26 日，其入选文化和旅游部"第二批全国乡村旅游重点村"名单。2021 年 4 月，大坪村被确定为"湖南省乡村振兴重点帮扶村"。黄岩旅游度假区的怀化大峡谷远离城市喧嚣，负氧离子含量极高，是一个避暑休闲、回归自然的最佳去处。

（二）"政府+公司+村集体+贫困户+合作社+基地"的运行模式

1. 旅游开发过程

全村有 16 个村民小组，共 338 户 1 467 人，原有建档立卡贫困户 87 户 324 人，贫困发生率为 22%，属省级贫困村。2015 年，大坪村全体村民众筹 800 余万元发展怀化大峡谷旅游，全体村民以资源、资金、投工投劳、小额贷款和贫困户帮扶资金入股，2017~2019 年累计分红 300 万元。村民在石头缝里造花海、悬崖上修栈道和建滑索，大坪村依托生态、山水、田园等资源优势，全体村民入股开发旅游。2015~2019 年，大坪村人均收入从不足 4 000 元到突破 2 万元，每年吸引 15 万人旅游打卡，昔日的贫困村蜕变成为现在的"网红村"。2015 年，政府出资修建了公路等旅游基础设施，提出"壮大特色优势产业"思想，以各地资源禀赋和独特的历史文化为基础，有序开发优势特色资源，做大做强优势特色产业。由大坪村创业致富能人、村委会原主任杨英兰发起，本村致富返乡创业人士、村集体经济、全体贫困户和其他村民共同入股，采取"政府+公司+村集体+贫困户+合作社+基地"的运行模式，因地制宜，坚持实施以土地入股、项目经营为载体的新型村集体经济攻坚提升计划，积极探索以土地入股经营发展旅游产业，通过清理集体土地资源，盘活农村集体资产和资源要素，实现集体资产保值增值；2015 年 12 月 24 日，其成立了怀化市辉皇旅游开发有限责任公司，共同经营怀化大峡谷项目。

2016 年，该公司启动建设怀化大峡谷，总投入 6 800 余万元，依靠村里特有的喀斯特地质风貌、悬崖、溶洞、原始次生林等生态资源，打造出了怀化大峡谷旅游景区。村民以资源、资金、投工投劳等方式入股，全体村民包括脱贫户都是股东，保底分红 3 年，3 年后按股份比例进行利润分红。2016 年 8 月 13 日开园，当年接待游客 40 万人次以上，实现门票收入 300 余万元。

近年来，大坪村以土地经营权股份合作，创建土地股份合作组织，大力发展生态休闲旅游业，为发展壮大村集体经济赋能。该村以鸭梨江峡谷 12 000 亩原始次生林入股怀化大峡谷景区，配套建设了游客服务中心等设施，引进了民宿、高空滑索、滑草、攀岩、玻璃栈道等旅游项目。截至目前，大坪村建成停车场 5

个、停车位 1 400 多个，修建悬崖栈道 6.8 千米、游步道 7 千米、观景台 12 个、玻璃观景平台 1 处，打造了 400 多米的直跨高空滑索体验项目。每年可以获得土地租金和分红收益，并流转农民零散荒地、山林、水面约 400 亩入股发展高山特色种养产业，流转 1 000 亩土地入股现代农业产业园项目等，适度规模化、集约化发展种养业、加工业和服务业，在增加村级集体经济收入的同时，有效拉动了旅游产业发展。

2. 旅游开发经济效益

2015 年开始，大坪村依托发展旅游业"挖穷根"，探索以土地入股经营发展旅游产业，将昔日的荒山变成"金山银山"，人均纯收入从 2015 年不到 2 000 元提高至 2020 年的 2 万元左右，村集体收入从不足 5 万元增加到 70 余万元。据统计，2016 年以来，该村累计接待游客 70 余万人次，实现旅游综合收入 6 000 余万元。2018 年，全村建档立卡贫困户全部脱贫。2019 年，怀化大峡谷实现门票收入 900 余万元，给村民分红 150 万元。2020 年，虽然受到新冠疫情影响，但门票收入依然达到 1 000 余万元，村民分红 200 万元，还带动农产品和农家乐销售 2 000 余万元。2021 年底，村集体经济达 70 余万元，是 2015 年的 14 倍；人均纯收入达 2 万多元，是 2015 年 10 倍。

景区保洁、种植、保安等工作由旅游公司全部聘请村民从事，景区新增岗位 200 余个，年平均工作时间 6 个月，人均月工资 2 000 元，带动 29 个贫困户年均增收 1 万元左右。同时，70% 以上的贫困户以扶贫奖补资金入股公司，2016~2020 年人均分红 700~2 000 元不等。

3. 大坪村运行模式

大坪村依托区位、交通、生态资源优势，闯出了一条"党建引领、能人带动""生态景区+体验农业"的农文旅融合型产业定位，"政府+公司+村集体+贫困户+合作社+基地"的运作模式，实现村集体和村民群众脱贫摘帽和乡村振兴的目标。开展旅游度假项目建设，把"资源"变"资产"、"村民"变"股民"、"扶贫资金"变"股金"。通过政府帮扶、村民集资的方式，村民人人都是股东。以前村民每年收入仅几千元，现在仅在景区务工就有 3 万多元，年底还有分红。景区的工作人员全部都是当地村民，仅 2018 年，全村村民便领到了 100 万元的年终分红，实现了脱贫，走向了乡村振兴。

1）政府出资，建设基础设施助力

根据中共中央、国务院印发的《乡村振兴战略规划（2018-2022 年）》，加强农村基础设施建设，各级政府持续加大投入力度，加快补齐农村基础设施短板，促进城乡基础设施互联互通，推动农村基础设施提档升级。由政府出资修建了公路等旅游基础设施，在惠及村民基本生活、为公司营业创造便利条件方面创造了良好环境，在村里落地实施优惠政策，促进共同富裕，增强村民对美好未来的希望与向往。

2）引入企业，以景区项目辐射带动

大坪村利用距离怀化城区近、海拔高的优势，在石头缝里开花田，悬崖上修栈道，众筹发展乡村旅游，苦干、巧干、实干的创业精神，吸引了一个又一个投资商的加入，一起合力将昔日的穷山村，打造成为远近闻名的"网红村"。2018年，邹宗尧投资100多万建起了高空滑索，开业三年收回成本，实现利润翻番，还为村里创造了8个就业岗位，人均每年3万元左右收入。河南投资者周杨投资近1 000万元修建悬空玻璃观景台，全长88米，悬空高度488米，是美国科罗拉多大峡谷21米U形桥长度的3.4倍，观景体验刺激。后续又增加投资，陆续引进蒙古包、1 200米玻璃水滑道等项目，丰富旅游产品体系。大坪村"能人带村+村民众筹"的旅游扶贫模式，成功入选《2019世界旅游联盟旅游减贫案例》。

3）"公司+合作社+农户"共同经营，共促增收

大坪村通过开发打造旅游项目，拉动了当地各行各业经济发展和村民收入增加。怀化市德新农副产品有限责任公司操作间内，大坪村村民正在对高山竹笋进行加工、打包、装车……该公司采取"公司+合作社+农户"模式经营，有效带动当地百姓就业增收。2021年该公司产值50余万元，带动100余人就业。大坪村先后获得"综合治理模范村""无公害蔬菜生菜基地""供港澳蔬菜生菜基地""环境卫生保护先进村""旅游扶贫示范基地""全国科普惠农兴村示范村""绿化造林示范村"等荣誉称号。

（三）坚持"三变"战略 打造乡村旅游样本

近年来，大坪村实施了景区内外道路硬化油化、危旧房统一改造、集镇临街立面改造、统一景区标识、停车场建设等基础设施项目。昔日贫困村逆袭成为"国家4A级旅游景区"。

为了将农民变成旅游从业人员，大坪村村集体牵头，本着"有钱出钱，有山给山，有力出工"的原则，发动全体村民入股参与建设。全村338户累计出资800余万元，每户都是股东。部分村民自发改造了自有院舍，建设了农家乐，发展休闲农业、观光农业。为将农产品变成旅游商品，大坪村积极开发旅游农特产品，打造休闲观光农业采摘园，种植高山刺葡萄、蓝莓、黄桃、红心猕猴桃、蔬菜3 000余亩，每年举办采摘品尝活动，让游客体验乡土情趣，实现"农旅互赢"。村民通过在土特产市场、零散摆摊经营，人均年增收5 000元以上。村民黄秋秋

养了300多只跑山鸡，2020年，每天产蛋100余枚，每枚鸡蛋2元，一天就有200余元的收入；再加上做微商收购村里的鸡鸭蛋、腊肉等农产品，丈夫在村里打零工等，去年全家总收入近10万元。杨贤松是村里第一批参与土地入股的村民，通过土地经营权入股，又在怀化大峡谷景区担任卫生管理员，自家"土货"也成了游客争相购买的"香饽饽"；"家里5亩地入股村里搞旅游，每年分红1万多元，平时在景区上班，月工资有3 000多元，加上自产的农副产品，年收入近10万元，生活还是蛮好的"，鹤城区黄岩旅游度假区管理处大坪村村民杨贤松笑着说。村民向国华是景区管理人员，负责景区水电与设施安全；景区建立前，向国华一家靠种几亩地过苦日子，他说"现在每月能拿3 900元工资，不仅脱了贫，还在景区升了职"。

个人获得成功，主要是依靠了核心项目——怀化大峡谷景区。景区建成后，催生了种花、保洁、检票、交通指挥等一批岗位，全部聘用村里贫困村民，实现"一户一人"就近就业。村支书杨贤春说，"大坪村依山建景，实现脱贫致富"。村民和贫困户通过务工、农产品销售、参股分红、土地流转等方式多元化创收，人均增收达15 000元，村集体收入实现从不足5万元到70万元的飞跃，成功践行了"绿水青山就是金山银山"的理念。

（1）必须要突出供给侧结构性改革和供需两端发力。立足挖掘宏观政策优势、资源优势、区位优势和潜在市场优势机遇，供需两端共同发力，推进供给侧结构性改革；充分认识新发展理念尤其是绿色发展理念，把握产业扶贫是脱贫攻坚主渠道，推进供给侧旅游产业发展；充分整合独特的高原气候优势，打造特色乡村旅游，从供给侧方面错位发展；充分利用鹤城区高铁、铁路、高速、国省道等综合交通优势，吸引相当部分外地游客需求侧市场需求。怀化市域内有人口近600万人，其中鹤城区有70万人口，且近年来怀化市居民收入保持10%以上增长，本地需求侧购买能力大幅提升。

（2）必须要用足用活各项政策和多元筹资投资。大坪村充分利用整合扶贫开发、美丽乡村、一事一议、农村道路通畅工程、农村饮水工程等各项惠民政策资金，同时吸引利用社会投资、银行贷款、群众集资等，形成多元投资，先后整合投入各类资金达6 000万元，基本保障了首期道路、饮水、景区等各类基础建设资金需求。

（3）必须要发挥各级干部的引导作用和激发群众的主体作用。干部始终是脱贫攻坚的第一要素。各级负责人思想统一、思路清晰，无论是总体谋划、景区建设、产业发展、拓开市场，还是村民发动、设施改善、组织构架等方面，各级干部尤其是领导班子带头人要敢想敢试、善待机遇、率先垂范、实干担当，尤其是管理处要发挥纽带引导作用，激发村民群众干事创业的主体作用，促成全民干事创业的良好氛围，形成"四跟四走"的良性循环。

（4）必须要以群众受益为出发点和落脚点。旅游开发，最终目的是使群众享受发展成果和实惠。要始终围绕群众受益这个根本，最大限度地保障群众的短期和长期利益；充分引导群众结合自身优势，通过参股、用工、农产品销售、发展配套产业等多渠道增收脱贫致富，同时大幅改善生产生活各类基础条件，使村民群众的满意度、美誉度大幅提升。

第四章　社区参与生态文化旅游开发的利益分配机制

一、社区参与利益分配的一般理论

（一）产权理论

产权，也就是财产权利的泛称，是以财产所有权为主体的一系列财产权利的总和，包括对财产的占有权、支配权、使用权、收益权等。在《资本论》中，马克思通过对所有制和所有权的论述，进一步加深了对于产权的认识。产权一方面以所有权为基础，另一方面又以所有制为表现形式。产权理论正是强调了产权、激励与行为三者之间的内在联系。但是从我国现行的有关旅游开发政策和各地的旅游开发实践来看，尤其是在旅游资源的产权制度安排上，基本上来说是一种对旅游开发企业具有明显的强激励性，而对于社区则不具有明显的强激励性的状态，这种不平衡性正是社区参与生态文化旅游开发的主要障碍。

1. 社区旅游资源构成与产权主体的复合性

1）社区旅游资源

社区旅游资源是旅游资源的重要组成部分，它是有形与无形旅游资源的结合体。随着旅游吸引物内容的不断丰富，社区居民生产、生活的一部分也逐渐融合到旅游的开发与发展过程之中，成为旅游资源的一部分，在旅游资源的开发过程中占据着越来越重要的地位，如生态文化旅游区社区居民的手工技艺、民俗风情歌舞、特色传统节日等，都属于活态生态文化旅游资源。这些活态的资源来源于社区居民的生产和生活，又只能通过社区居民的行为才可以展示出来，并对社区居民的生活有着重要的意义。这种与社区居民生活息息相关的活态旅游资源也是吸引游客的重要资源之一，可以带领游客感受不同地区的文化、民俗和风情，增加游客的体验感和新鲜感，提升游客对旅游目的地的感知度，同时又是专属于社区居民的，具有不可被取代的性质。在生态文化旅游开发的过程中，我们要特别注意社区旅游资源的开发和保护。

2）社区旅游资源产权主体的复合性

旅游资源的产权主体具有复合体的特性，也就是产权主体的多重化。这些产权主体包括国家、集体、开发商和社区居民。其中，社区居民不仅是旅游发展过程中重要的活态资源载体，同时也是一些人文资源的产权人。那么，在生态文化旅游的开发过程之中，资源的产权主体凭借其资产权益必然要求参与收益的分配，也就是说不论是国家、集体还是社区居民，从理论上来说都应该具有对社区旅游开发的收益权，不能将社区居民排除在利益分配之外。

对于生态文化旅游社区居民而言，由于我国现有的产权制度对于旅游产权的界定模糊，再加上社区居民受到知识文化水平的限制，普遍缺少产权意识，至于谈及维护自己的产权，更是难上加难。这也就是为什么在社区参与生态文化旅游开发的过程之中，社区居民会产生抱怨情绪，认为旅游开发给他们带来的收益并没有预期中的那么高，他们自身的权益也没有得到实现，出现了利益分配不均的问题，从而导致了利益矛盾。在生态文化旅游开发的过程中，要注重保护社区居民的权益，满足社区居民的合理利益诉求。

2. 社区旅游资源的产权激励失衡

产权的激励功能是通过利益表现出来的，在社区参与生态文化旅游的发展过程之中，如果产权受到了威胁或者面临被没收的风险，人们出于对预期收益的不确定，常常会引起抵触情绪，不愿意过多地投入和参与社区的旅游开发；一旦产权受到了保护，人们对于预期的收益确定，自身权益的实现受到了保障，就会刺激他们的参与行为，以期获得更多的经济效益。而社区资源的产权激励失衡现象是明显存在的，具体表现在以下几个方面。

1）社区旅游资源产权的折价补偿

由产权的定义，我们知道产权是一组权利而不是一种权利。对于社区公有资源的产权来说，特别容易将旅游资源产权的部分权益（如对旅游资源的使用权或者经营权），等同于旅游资源的全部权益。在生态文化旅游资源的开发过程之中，旅游资源的使用者往往被认为是旅游资源的实际"拥有者"，能够拥有旅游开发所产生的大部分收益，而没有开发权的社区居民在利益分配中往往处于弱势的地位，既没有得到合理的权力分配，也没有得到很好的利益保障。

社区资源的实际用途性质往往因为生态文化旅游的开发而发生了改变，社区居民在参与生态文化旅游开发过程时，往往只能获得旅游资源产权中某一项权益的很有限的补偿，这些补偿对于社区居民来说远远不够满足其未来发展的需要，而旅游资源产权的其他方面的权益却往往被忽视。也就是说，在社区居民参与生态文化旅游开发的过程中，他们往往只获得有限的折价补偿。例如，政府或者旅游开发企业在征用他们的土地或房屋时，只需要一次性支付一定的赔偿费用，而没有其他的补偿措施；旅游开发之后土地的增值利益更是与社区居民无缘，这极大地损害了社区居民的利益，也不利于旅游资源后续的开发。

在许多旅游开发区的开发之初，有限的土地被政府以较低的价格开发，社区居民并没有很多怨言，也没有意识到自己的长远利益受到了损害，然而在旅游开发之后，他们从旅游的发展中获益也非常有限，土地的增值利润更是与他们无关，其结果无疑是极大地削弱了"产权"本身所能带来的激励性，也让社区居民对于旅游开发给他们带来的收益产生了怀疑，从一定程度上来说丧失了参与的主动性，挫伤了社区居民开发的积极性与热情。

2）私有资源产权的激励失效

社区居民是一些人文资源的载体，如手工技艺、民俗文化等非遗的产权人和传承人。然而，这类基本上由社区居民控制的私有资源却缺乏相应的价值评估机制和制度保护机制，其潜在的价值并没有在生态文化旅游开发中得到激发，因此也没有给社区居民带来产权收益，无法满足社区居民追求自身利益的要求。虽然说社区居民控制了这类稀缺资源的产权，并且这些稀缺的资源也是吸引游客的一块天然"活招牌"，但是产权的激励性被极大地弱化，使得社区居民的利益不能得到很好的保障。有的学者将这类人文资源称作"主动资产"，作为一种"主动资产"，社区居民的价值会因为他们的期望能否得到激励而产生一定的变化。也就是说如果社区居民的期望没有得到相应的激励，那么他们将会采取自身价值贬值的办法，来降低社区活态文化资源的价值；相反地，如果他们得到了合理激励，他们将会热情地投入生态文化旅游的开发过程之中，促使旅游能够得到更好的发展，这不仅对旅游业的发展起着重要的作用，而且往往能够有效地保护和传承一些非遗。

因此，在生态文化旅游区开发的过程之中，迫切地需要制定相关的政策措施来保护社区的人文资源，维护社区居民的合法权益，这对旅游资源开发的重要性是不言而喻的。

（二）理性选择理论

社区是旅游开发活动过程中最小的实体单元，社区居民是能实实在在推动与促进社区建设和发展的主要力量，在生态文化旅游开发的过程中，我们要特别重视社区居民的作用，保障社区居民的合理利益。在生态文化旅游的开发活动中，社区居民作为社会理性人,他们也掌握着可以获利的资源或产权,他们做出的选择也不仅仅是一种有目的性的社会行动,而是带有强烈的理性选择特征和明显的阶段性与层次性,这是受各种因素影响的综合结果。正如理性选择的代表人物科尔曼在其著作《社会理论的基础》中所说:理性行动是为达到一定目的而通过人际交往或社会交换所表现出来的社会性行动,这种行动需要理性地考虑对其目的有影响的各种因素。但是判断"理性"与"非理性"不能以局外人的标准,而是要用行动者的眼光来衡量。在经济学中,理性选择理论的基本前提是人的理性选择是为了谋求利益的最大化和成本的最小化。正因为如此,我们探讨社区居民是否愿意主动参与生态文化旅游开发?如何才能做到参与的高效性?就需要从社区居民的自身条件和社区居民的行动中进行分析。马斯洛的需求层次理论揭示了人的需求是由低级向高级的满足过程。马斯洛的需求层次理论是美国心理学家马斯洛 1943 年在其著作《人类动机的理论》中提出来的。马斯洛认为,人的行为取决于需求,需求是指导人类行为的内在动力。马斯洛根据人们追求目标的不同,将人的理性行为分成三个层次,也就是生存理性、经济理性和社会理性,在三个层次中,生存理性是最基础的层次,只有在生存理性得到充分表现和发挥的基础上,才能进一步做出经济理性和社会理性的选择。

1. 社区居民的生存理性决定是否参与旅游开发

生态文化旅游区往往生产力水平较低,经济水平和文化水平不高,基础设施等的建设不够完善,社会发展程度较低。在此背景下,生存压力就成了社区居民面临的最现实的问题。作为理性行动主体的社区居民在社会发展中总是有目的地谋求自身及家庭的生存,这也是社区居民必须解决的首要问题,只有解决了生存的问题,社区居民才有动力参与其他环节的开发。

在早期农村社区,社区居民是资源产权的唯一受益者,他们在社区内就可以获得各种生活所需的资源,对外界的依赖程度较低。例如,传统的自给自足的小农生产方式,社区居民可以利用土地种植粮食与蔬菜,养鸡、喂猪、养牛满足自己生活需要等。随着社会的发展,由于社会经济结构调整、社区内部资源产权制度变更,社区居民为了满足自己生存的需要还可以在社区以外获取更为有利的生活资源,如外出务工等,而且获取的途径相对于原有的途径而言具有比较优势,这使得社区居民更倾向于在社区之外谋求生存需要的各种资料。

在生态文化旅游的发展过程之中,社区资源产权关系发生了复杂的变化,社区居民能否参与旅游开发,以及是积极的态度参与还是消极的态度参与,一方面来说是取决于居民的初始资源占有情况,以及他们是否具备参与所需要的能力;另一方面则是取决于社区居民参与行为对其自身以及家庭是否具有价值,也就是说他们的参与行为是否能够使他们获得比以前更好的生活,获得更多的利益。我们可以看到，相对于外出就业，倘若社区居民不能在参与生态文化旅游开发中获得具有比较优势的生活资源或者增加一定的利益，那么他们显然不会也没有动力参与社区的旅游开发。而一旦社区居民能够在旅游的参与中获得更多的收益，使自己的生活水平比以往更好，他们就会更加积极地参与生态文化旅游的开发与发展过程，以谋求更大的经济利益。

2. 社区居民的经济理性决定参与旅游开发的程度

经济理性是在满足生存理性的基础之上发展起来的，社区居民的经济理性是指他们在满足了生存需要之后，使自己的行为更加趋向于追求经济效益的最大化的行为。追求经济效益的最大化，也是社区居民参与旅游开发的原动力之一。假如社区居民的利益在旅游开发的过程中得到了充分的保障，或者旅游开发的过程也是社区居民所能获得的利益不断增值的过程，社区居民参与旅游开发的程度就会不断提高；反之，社区居民参与旅游开发的意愿将会降低。

生态文化旅游区社区居民在参与旅游开发之初，由于基础设施和其他旅游配套项目的建设，交通通达度和生活水平有了一定程度的提高，生态环境相对改善，生活便利程度上升，使社区居民基本的需求得到了满足。然而随着旅游的发展，社区居民在满足了基本的生活需要之后，出于经济理性的思考，他们期望通过参与旅游开发获得更多的收入，分享更多的利润。由于旅游开发过程之初，政府用较低的价格征用了他们的土地，随着旅游的发展，对于土地的增值利润他们却无从分享。此外，社区居民虽然作为旅游开发的一方主体，却没有参与旅游开发计划的权利，只能被动地服从相关部门的命令，旅游开发中的自主性较低。于是两相比较，社区居民认为自己在旅游开发中受益很小或十分有限，导致了社区居民参与旅游资源开发的意愿较低。

我们可以看到，由于社区居民拥有一定的旅游资源产权，而且利益的驱使也使他们在参与旅游的过程之中不断地反思和调整行为目标，以期获得更多的经济效益。正是由于经济理性的驱使，决定了他们在旅游发展过程中的参与程度。如果在参与的过程中可以获得比外出打工更大的经济效益，他们就会持续地参与旅游开发；如果参与当地的旅游开发得到的收益小于外出打工赚的钱，那么他们就不会继续选择参与旅游资源的开发，而会选择其他经济收益更大的经济活动。

3. 社区居民的社会理性是高效参与的标志

社会理性是社区居民在参与旅游发展的过程中最高的表现形式。社会理性是指社区居民在追求经济效益最大化的同时，还在不断地寻求一个社会效益最大化的目标，它不仅仅是对经济利益的追求，还包括对生态环境改善、非遗的传承等目标的追求。社会理性是比经济理性更高层次的表现形式，它的实现是需要一定的制度保障的，由于在现实生活中受到经济、制度、环境及居民自身素质等因素的制约，社区居民往往很难做出社会理性这一层次的行动。社区居民的理性层次如图 4-1 所示。

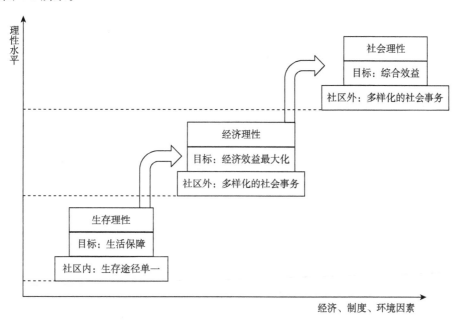

图 4-1　社区居民理性层次

根据社区参与旅游发展的一般理论，生态文化旅游区社区居民在生态文化旅游的参与过程之中还处于组织参与阶段，社区居民通过各种途径参与生态文化旅游活动，但是只注重旅游发展带来的经济效益，以及自己能够在旅游发展过程中获得多少收益，而没有注意到本地旅游业发展带来的潜在的或非普遍的社区文化与环境问题，也没有意识到对环境保护和传统文化继承发展的责任与必要性，社区居民对于社会理性这一行为的认知程度还相对较低；参与的形式也只是以经济参与为主，强调经济利益的获得，绝大多数参与旅游者从事的都是服务性工作，如景区的导游、餐厅的服务员及酒店的接待等，参与的层次较低。可以看到，生态文化旅游区社区居民由于受到自身文化水平、思想观念等因素的制约，他们在参与生态文化旅游的过程之中无法做出社会理性这一较高层次的行动，属于较低层次的参与。

虽然目前我国社区参与生态文化旅游已经开展起来，但是还没有系统地形成一套完善的发展模式与社区参与机制，社区居民的参与行为还停留在经济理性的层面，参与的效率还相对较低，这给生态文化旅游的开发带来了一定的挑战。从这个角度来看，我国的政府部门应该制定相关规章制度与保障措施，来积极引导社区居民做出具有社会理性的参与行为，使社区居民对于生态文化旅游开发带来的生态文化环境问题有更加清晰的认识，同时也承担起在生态保护、文化传承等方面更多的责任。

二、生态文化旅游开发中的利益问题

基于实证调查，在生态文化旅游开发中的利益问题主要表现在旅游开发企业投资力度、投资时序的高风险性；社区居民对生态文化旅游开发的态度和参与行为的低效性；旅游开发企业和社区居民行为的短期性，以及双方利益矛盾引发的冲突等方面，导致这些问题的根源主要有以下几个方面。

（一）各主体对利益获取的不确定性

获取经济效益是旅游开发企业与社区居民参与生态文化旅游活动的首要目标，目前社区居民与旅游开发企业都对生态文化旅游开发的未来收益表现出担忧。这主要表现在社区居民对利益获取的不确定性和旅游开发企业对利益获取的不确定性两方面。

1. 社区居民对利益获取的不确定

1）对旅游市场前景的不确定

从调查结果看，社区居民对生态文化旅游开发的支持度与他们期望从旅游活动中获得的经济效益正相关，但又对旅游开发的市场前景期望较低，这种矛盾制约着社区居民参与生态文化旅游资源的开发。2020 年暴发的新冠疫情，给旅游业的发展和旅游资源的开发带来了全新的挑战，疫情的影响也波及住宿、餐饮、交通等多个旅游业关联行业，旅游业面临着因为疫情而停摆的风险，使得不少在观望中的社区居民丧失了对旅游业发展的信心。如果说停滞的旅游业是新冠疫情带来的"外伤"，那么旅游业人才的流失则是旅游业持续发展的"内伤"。新冠疫情期间旅游从业人员的流失波及旅行社、景区、酒店、乡村旅游等企业，尤其以旅行社为甚，待业在家的旅游从业者大有人在，还有很多的从业者已跳槽其他行业。与此同时，新冠疫情的暴发也使得消费者的信心下降，不少消费者减少了在旅游行业上的开销，使得旅游业的收益下降或不稳定。这些情况导致社区居民对旅游行业的前景普遍不看好，也降低了社区居民从旅游行业中获取收益的信心，加剧了社区居民对生态文化旅游资源开发的疑虑。此外，游客对消费的需求日趋多样化以及保护生态文化的呼声高涨，使得旅游资源的开发面临着更多的要求，社区居民参与生态文化旅游资源开发的难度提升，而且开发后能获得的收益也不确定，旅游市场前景的不确定导致了社区居民参与生态文化旅游资源开发的不确定。

2）现行政策激励不到位

一般地，政府对社区旅游开发的支持度越高，政策的激励性越强，居民对参与旅游开发越有信心，其参与的积极性也就越高。调查发现，居民对未来收益的预期与政府的有效引导和宣传有直接关系。如果政府的政策能够增强社区居民对生态文化旅游资源开发的信心，使居民确信自己能在生态文化旅游资源的开发中获得更多的收益，那么居民的参与度也会上升。同时，政府的激励政策还应该注重引导社区居民做出更高效的参与，积极引导居民在生态文化旅游开发中发挥更多的作用、承担更多的责任，如作为"活态旅游资源"的实际拥有者在传承手工技艺、民俗文化等方面做出相应的贡献，而绝不仅仅是简单的经济参与，忽视了旅游开发过程中的其他因素。

2. 旅游开发企业对利益获取的不确定性

旅游开发企业对利益获取的不确定性表现在对政府政策的不信任和投资环境的担忧上，主要反映在以下三个方面。

1）经营年限问题

经营年限是目前旅游开发企业较有争议的问题。作为旅游开发企业希望能够获得较长时间的租用年限，以期获得更加稳定、长期的收益，而政府由于多方面的考虑又不愿拉长年限，在经营年限上的矛盾导致旅游开发企业不敢进行大规模的投资。例如，我国规定旅游、娱乐用地的使用期限是四十年，而在2021年通过的《汕尾市旅游资源管理办法（试行）》中明确规定，汕尾市旅游资源经营权期限一次性签订不宜超过二十年。在实际运行的过程中，旅游开发企业能够获得的租用年限往往更短，由于担心企业对景区的投资是否能够给自己带来长期收益，以及自己的投资是否会"为他人作嫁衣"，旅游开发公司在对旅游资源进行投资开发时显得顾虑重重。

2）配套投资问题

一般来说，旅游区外围基础设施投资由地方政府承担，但政府是否与企业项目投资同步，对企业投资回报有很大的影响。例如，山西省太原市清徐县是《三国演义》作者罗贯中祖籍所在地，中央电视台摄制的《三国演义》电视连续剧掀起了一股"三国热"，清徐县在此大背景下酝酿了"三国演义城"的项目，一期工程由太原市三家公司联合投资，并于1995年10月5日罗贯中诞辰665周年之际正式对外开放。按照初衷，该项目市场前景可观，然而开业后仅维持了三个多月的热潮，该项目便开始走向衰败。其中原因固然很多，但该项目外部环境建设滞后是主要原因之一，如主干公路的路面坑洼不平，通往市内的公共班车一直未通，项目可进入性极差，游客无法"到此一游"，这同时也是许多生态旅游区所面临的问题。例如，我国西部地区旅游资源丰富，拥有众多的国家自然保护区、国家森林公园、历史文化名城、国家重点文物保护单位等，但是受到航空、铁路、公路、饭店、景区开发等旅游配套基础设施等"瓶颈"问题的制约，把旅游资源转变为企业的回报的过程中存在阻碍，使得企业对投资旅游开发的行动受挫。

3）政策连续性问题

由于我国现行的有关旅游政策法规具有模糊性并缺乏连续性与持久力，旅游开发企业面临着较大的政策风险。例如，当地政府的换届，有可能导致旅游发展思路变化，已制定的旅游政策失去效力，或者制定出与以往旅游政策不同的新政策，对于投资者来说意味着要承受直接的损失，因此政策风险使旅游开发企业对未来收益表示担忧，不敢冒险进行投资与长远计划，尤其在旅游业面临困境之时，旅游政策法律法规对促进旅游业发展和提升旅游开发企业的投资意愿显得比以往任何一个时期都更为重要。旅游政策既要有针对性，又要具有连续性和长期性，也唯有系统的、长期的旅游振兴计划，才能重拾旅游行业的信心，提振国民消费的信心，进而增强旅游开发企业的投资意愿，促进旅游资源的开发。

（二）社区参与生态文化旅游开发的不规范性

在社区参与生态文化旅游开发过程中的不规范问题主要表现为社区居民和生态文化旅游开发企业参与行为与经营行为的不规范性。

1. 盲目的社区搬迁

调查显示，在旅游发展处于初级阶段的社区，多数社区居民为获取短期经济利益，在补偿合理的条件下有出让自己的土地迁出社区的意愿。对于旅游的可持续发展来说，这潜在地构成了社区人文环境原真性流失的风险，也可能对生态环境带来一定的破坏。对于生态文化旅游开发区来说，有些社区居民的住宅承载着历史文化的价值，有的是当地特殊的民俗建筑的代表，有的拥有悠久的历史，盲目的社区搬迁不利于对当地文化的传承与保护，甚至可能会对文化的传承造成破坏。此外，盲目搬迁对生态文化环境也带来了一定的挑战，如果没有一份合理的开发规划，搬迁会对搬迁地的生态文化造成不可逆的伤害。而且对于社区居民来说，出于对居住地的感情等因素，并不一定都愿意出让自己的土地迁出社区，在进行社区搬迁时，必须充分考虑社区居民的意愿。

2. 旅游开发企业忽视社区参与

在对待社区问题上，旅游开发企业多持消极态度，将社区作为包袱。在旅游开发前期，多数旅游开发企业表示：他们更倾向于通过一次性补偿的方式，使社区居民全部迁出。同时，在经营过程中，在收益获取不确定的情况下，旅游开发企业往往缺乏长远的发展计划，容易以牺牲社区的长远利益来换取自身的短期收益。实际上，社区在生态文化旅游资源的开发过程中所能起到的作用是不可小觑的。社区居民既是当地饮食、服饰、民俗、生产生活等诸多吸引游客游览的"活态旅游资源"的实际拥有者，而且社区参与能够更好地满足旅游者的需求，使旅游者身临其境地了解当地文化。社区居民可以通过面对面交流的方式，给旅游者带来印象更加深刻的旅游体验，满足旅游者的情感需求。社区参与是游客了解异乡人民生活、文化的主要方式，也是对当地进行生态文化资源开发的重要途径之一。此外，社区参与生态文化旅游能实现旅游业的可持续发展，缓解资源的压力，促进对生态文明的保护。社区居民可以在开展对游客的服务时加强对环境保护的宣传，呼吁游客珍惜生态文明的建设成果，在唤醒游客保护意识的过程中进一步增强社区居民的环保责任感，逐渐改变资源的利用方式，具有显著的社会效应。从长远看，社区参与生态文化旅游开发具有非常重大的意义和效用，如果旅游开发企业能够重视起社区在旅游资源开发过程中独特的优势，不仅可以给企业本身带来长期的收益，而且能够增加社区居民的收入，利益受到保障的社区居民也会以高度的热情投入旅游开发的过程中，形成一个良性循环的系统。

（三）旅游收益分配的不公平性

旅游开发企业与社区居民间的利益分配不公平是旅游社区中普遍存在的焦点问题。调查显示，居民认为社区应该参与旅游收入的分配，也应该在参与旅游收益分配的同时体现分配的公平性。但是在实际的分配过程中，社区居民能够获得的利益往往极其有限，虽然随着社区居民保护自身权益的意识增强，所能获得的在开发中的补偿不断上升，但是这笔补偿远远不够满足社区居民对分配公平性的要求，也不能弥补社区居民所损失的长远利益。例如，作者在鄂西一个镇的调查中了解到，该镇在开发初始，景区公司是以每年 1 万元的价格作为征用景区的补偿，之后随着景区发展与村民致富意识加强，公司不断提高土地使用补偿价格，先后为 1 万元、3 万元、5 万元和 10 万元左右。但景区公司给村里的每年 10 万元补偿费用中，仅有 3.5 万元（2 万元资源保护费，1.5 万元土地租赁费）分摊到各农户，农民对此事有很大的意见。

三、社区参与生态文化旅游开发的利益分配模型

（一）社区居民参与利益分配的形成机理

在生态文化旅游活动中，社区参与的一个重要内容就是利益的分配，但生态文化旅游的相关利益主体不同，对生态文化旅游活动的利益主张也不相同，如表 4-1 所示。在分配过程中由于个人能力不同，居民获得的收益权不同的情况，称为分利能力，即个人参与生态文化旅游利益的分配并实现自身利益最大化的能力。分利能力是影响社区居民利益分配的重要因素。

表 4-1　旅游过程中各利益相关者利益与权利的性质

核心利益相关者	核心利益目标	利益要求的具体体现——利益相关者所持有的期望	权利的性质——利益相关者施加影响的主要方式
政府	获得经济效益和社会效益	增加政府税收；增加地区就业；提升地区整体形象；以旅游业发展带动地区社会经济的发展	投票权利；政治权利
社区居民	美好的生活	提高居民收入水平；增加居民就业机会；参与旅游发展的同时带来社会需求的满足；推进当地自然和文化环境的保护	投票权利；经济权利；政治权利（通过居民集体力量争取利益或向政府和媒体施压）
旅游者	旅游需求的有效满足	高质量的旅游体验；安全有序的旅游与消费环境；合理的价格	经济权利（自主选择、自主消费）；政治权利（向目的地上级管理部门、媒体等控诉，达到施压目的）
旅游企业	高额的利润回报	获得高额的利润回报；赢得企业的长期生存和发展；树立良好企业形象；提升企业知名度	经济权利；政治权利

假设：生态文化旅游区共有 n 个社区居民，每个成员用 $p_i(i=1,2,\cdots,n)$ 表示；每个成员的分利能力（社会关系、个人活动能力、价值观念及成员居住区位等因素）不同，把它们设为变量 λ，记为 $\lambda_i(i=1,2,\cdots,n)$，$0 \leqslant \lambda_i \leqslant 1$，它表示社区利益成果在全体成员之间的分享；社区所有资源都被用来从事旅游活动，取得的成果为 R，R 在 n 个成员之间分配，分配过程就是 n 个成员达成均衡策略（契约）的过程；设 r_i 为 p_i 所拥有的收益权，那么 $p_i(r_1,\cdots,r_i,\cdots,r_n)$ 就是一个分配策略（契约）组合，满足：$0 \leqslant \lambda_i \leqslant 1$。

在每一次社区参与的旅游活动中，所有参与人员相互之间进行一场博弈，每个成员都设计出策略方案，而且收益权 r_i 是其分利能力 λ_i 充分发挥的最优结果；

在实施过程中对其他成员均衡契约的预期或设计有影响，λ_i 也可以定义为 p_i 影响其他成员接受其设计的契约方案的能力。$\lambda_i = 1$ 表示 p_i 获得全部收益，其他成员收益为 0，这种极端情形是其他成员不答应的。即使是社区参与的组织者，拥有较多权利，也不能把收益完全占为己有，所以，设定：$0 \leqslant \lambda_i < 1 (i = 1, 2, \cdots, n)$。

下面用一个博弈论模型来描述社区成员之间如何形成契约方案或策略组合，并说明其分配机制。

社区成员 p_i 设计的契约方案为 $(r_1, \cdots, r_n)$，从这一契约方案中获取的效用或收益为 $U_i(r_1, \cdots, r_n)$；p_i 为获取这一收益方案所付出的成本为 $C_i(r_1, \cdots, r_n, \lambda_i)$，所以，$p_i$ 的净收益函数为

$$\pi_i(r_1, \cdots, r_n, \lambda_i) = U_i(r_1, \cdots, r_n) - C_i(r_1, \cdots, r_n, \lambda_i)$$

对这一函数的性质可以作如下描述：

（1）U_i 和 C_i 是连续函数，二阶可微，那么净收益函数 π_i 也是连续的、二阶可微的。

（2）$\dfrac{\partial U_i}{\partial r_i} > 0$，$\dfrac{\partial^2 U_i}{\partial r_i^2} \leqslant 0$。社区成员 p_i 的效用随收益权增加而递增，但是，收益权的边际效用递减。

（3）$\dfrac{\partial C_i}{\partial r_i} > 0$，$\dfrac{\partial^2 C_i}{\partial r_i^2} > 0$，$\dfrac{\partial^2 C_i}{\partial r_i \partial \lambda_i} < 0$。这表明成员 p_i 收益权的边际成本 $\left(\dfrac{\partial C_i}{\partial r_i} \right)$ 是递增的，但随着 p_i 的分利能力 (λ_i) 的增大而降低，即 p_i 为增加收益权所付出的成本，呈下降趋势。

（4）成员 p_i 的最优契约方案就是 π_i 最大化问题：

$$\max \pi_i(r_1, \cdots, r_n, \lambda_i) = \max \left[U_i(r_1, \cdots, r_n) - C_i(r_1, \cdots, r_n, \lambda_i) \right]$$

$$\text{s.t.} \sum_{i=1}^{n} \lambda_i = 1$$

$\max \pi_i$ 的条件是 π_i 一阶条件为 0，即 $\pi_i \dfrac{\partial \pi_i}{\partial r_i} = \dfrac{\partial U_i}{\partial r_i} - \dfrac{\partial C_i}{\partial r_i} = 0$

求出成员 p_i 的反应函数：$r_i = R_i(r_1, \cdots, r_{i-1}, \cdots, r_{ij}, \lambda_i)$。

n 个成员在博弈过程中都设计了契约方案，并都可以求出反应函数，n 个反应函数的公共解构成了纳什均衡（Nash equilibrium）解，即 $(r_1, \cdots, r_i, \cdots r_{ij})$，就是 n 个成员在博弈过程中达成的最优分配契约。因为这个纳什均衡解是由函数 U_i、C_i 和 π_i 性质决定的。

由条件（1）、（2）可得 π_i 二阶条件小于 0，$\dfrac{\partial^2 \pi_i}{\partial r_i^2} = \dfrac{\partial^2 U_i}{\partial r_i^2} - \dfrac{\partial^2 C_i}{\partial r_i^2} < 0$。

可见，π_i 是关于 r_i 的凹函数；但 p_i 的契约方案，即效益函数 $U_i(r_1, \cdots, r_i, \cdots, r_n), 0 \leqslant \lambda < 1 (i = 1, 2, \cdots, n)$ 是一个凸函数。π_i 必然有 U_i、C_i 的交集存在，这就是纳什均衡存在性定理：上述博弈至少存在一个纳什均衡解 $(r_1^*, \cdots, r_i^*, \cdots, r_n^*)$。其结果是，$p_i$ 所获得的收益权 r_i^* 是 r_i、λ_i 的函数，即 r_i、λ_i 共同决定，也是其他成员的策略组合 $(r_i^*, \cdots, r_{i-1}^*, \cdots, r_{i+1}^*, \cdots, r_n^*)$ 的最佳对策，即 $r_i^* = R^i(r_i^*, \cdots, r_{i-1}^*, \cdots, r_{i+1}^*, \cdots, r_n^*, \lambda_i)$。

这可以说明 p_i 所获得的收益权 r_i^* 最后由其分利能力 λ_i 所决定。对这个函数继续求微分，证明收益权 r_i^* 是 λ_i 的单调增函数，即证明 $\dfrac{\partial r_i}{\partial \lambda_i} > 0 (i = 1, 2, \cdots, n)$。

给定一组变量 $(r_i^*, \cdots, r_{i-1}^*, \cdots, r_{i+1}^*, \cdots, r_n^*)$，对 π_i 求微分：

$$\mathrm{d}\left(\frac{\partial \pi_i}{\partial r_i}\right) = \left[\frac{\partial^2 U_i}{\partial r_i^2} - \frac{\partial^2 C_i}{\partial r_i^2}\right] \mathrm{d}r_i - \frac{\partial^2 C_i}{\partial r_i \times \partial \lambda_i} \mathrm{d}\lambda_i = 0$$

从而推导出

$$\frac{\mathrm{d}r_i}{\mathrm{d}\lambda_i} = \frac{\partial^2 C}{\partial r_i \times \partial \lambda_i} \bigg/ \left(\frac{\partial^2 U_i}{\partial r_i^2} - \frac{\partial^2 C_i}{\partial r_i^2}\right)$$

由条件（2）、（3）得知上式的分子、分母都小于 0，故得出 $\mathrm{d}r_i/\mathrm{d}\lambda_i > 0$。

r_i^* 随 λ_i 增加而增加，即证明社区成员在社区参与中获取收益的大小由其分利能力决定，具有较高分利能力的成员能够从生态文化旅游中获得较多的收益，具有较低分利能力的成员能够从生态文化旅游中获取较少的收益。

这一结论表明：在生态文化旅游活动中，拥有较高分利能力的成员会积极参与，那些具有较低分利能力的人，对社区参与不太积极。

现在假设每个社区居民的经营能力都是有差异的。每个成员自然就会把他在非旅游业中得到的收益与在生态文化旅游业中所得的收益进行比较，以确定在这两方面的努力程度。设成员 p_i 在非旅游业中的投入为 L_i，取得的收益为 Y_i，其边际收益 $MY_i = \mathrm{d}L_i/\mathrm{d}Y_i$。在参与生态文化旅游方面的投入 L_i'，所得收益为 Y_i'，其边际收益 $MY_i' = \mathrm{d}L_i'/\mathrm{d}Y_i'$，于是有以下几个方面：①当 $MY_i > MY_i'$ 时，成员 p_i 在非旅游行业的分利能力强于在旅游行业的分利能力，那么他就倾向于在非旅游方面多投入，对参与旅游不太重视，所以，与社区利益关系小或分利能力弱的社区居民参与性就弱。②当 $MY_i < MY_i'$ 时，成员 p_i 在旅游行业的分利能力较强，他就只倾向于在参与旅游方面多投入，因为这样能够获得利益的最大化。与社区息息

相关或有较高利益关系的社区居民参与热情就高。③当 $MY_i = MY_i'$ 时，成员 p_i 在旅游行业与非旅游行业的经营能力相当，他就可能在非旅游方面的投入与参与旅游方面的投入相当。

（二）构建社区参与的利益分配机制

生态文化旅游目的地社区是作为一个整体参与生态文化旅游发展并从中受益的，以此达到社区经济、生态、社会效益的最优。它所追求的并不是社区内部某一个个体居民、个别集团的利益，也不为个别居民、个别团体的利益代言，而是追求社区居民的共同利益。根据上述利益机制形成的机理，可以按照社区居民的参与愿望和分利能力组织他们从事不同的旅游活动，设立不同的利益分配机制，为满足全体社区居民的利益分配要求，可以设计如下的利益分配形式。

（1）当 $MY_i' > MY_i$ 时，成员在旅游行业的经营能力较强，对那些分利能力较强的社区居民可以鼓励他们直接从事各种旅游服务活动，直接参与利益分配。

从经济学的角度出发，可以把社区中的每一个居民个体都看作一个完整的经济人，他们一切活动的中心就是追求自身收益的最大化。在产权私有、权责明确的情况下应该鼓励、引导分利能力强的社区居民直接从事生产经营，通过自己的经济行为直接获益，在旅游行业中谋求个人利益的实现，尤其是引导本地居民从事旅游商业活动，为他们提供优惠条件。由于个人的经济力量有限，当前旅游经营的特权主要还集中在少数人手里，旅游社区的小企业受到强大的外力竞争，在旅游开发的过程中所能获取的利益远远少于大型企业，并且小企业进入旅游行业的门槛较高，需要付出的沉没成本也很高，这已经成为众多发展中国家不争的事实。但生态文化旅游的原则之一，是开发经营活动以自然简朴、不破坏自然为主，大型的旅游开发公司在对生态文化旅游资源进行开发时往往也给生态带来比较严峻的挑战，而社区居民所主导的旅游经营则避开了这一缺陷。以当地社区居民为主导的旅游经营规模越小，越体现出这一要求，同时其商业参与程度越强。旅游目的地的地方政府可以与金融企业联手，为开办旅游服务项目的居民提供一定数额的贷款和担保，为社区居民提供资金上的支持，解决社区居民的后顾之忧；为此，可以扬长避短，将社区参与商业的范围转向大企业无法提供的一些特色服务上，为居民提供更多的兴办旅游服务设施和环保设施的机会；旅游商品尽可能采用本地的原料，在本地加工或直接由本地居民进行生产，如一些具有当地特色的手工艺品等。家庭旅馆是社区直接参与利益分配的重要形式，开设家庭旅馆不仅可以给游客一个亲身体验当地风情的机会，而且也让社区居民直接享受到当地旅游业发展带来的红利。民宿也越来越多地成为游客在出行时的住宿选择。黄山脚下的汤口村，现在已发展成为拥有 6 000 余张接待床位的旅游镇，有 80%

的农民走上了致富之路。

（2）当 $MY_i' < MY_i$ 时，对那些经营能力差，分利能力弱的社区居民可以以间接参与的方式令他们在生态文化旅游活动中受益，具体有以下几种。

第一，以在旅游企业就业的方式参与生态文化旅游利益分配。当前在生态文化旅游景区纷纷出让经营权的情况下，社区居民的利益分配形式之一是通过直接就业获取劳务收入实现的。社区居民可以向游客展示当地特殊的民俗文化或节日庆典，如泸沽湖大洛水村的歌舞表演、西双版纳的泼水节、广西壮族自治区的壮族三月三等；也可以让当地的居民担任导游，向游客介绍当地的特色景观；还可以让社区居民参与其他服务游客的活动过程，通过社区居民的劳务换取在生态文化旅游开发中的红利。还有，五营国家级森林公园就有不少人直接转岗在园中从事旅游工作；云南省老达保村开办的澜沧老达保快乐拉祜演艺有限公司就是一家以当地农民作为演员组成的演艺公司，其不单给当地乡村旅游带来可观的利润，一路从云南的小乡村唱到了央视，而且也使得社区居民通过表演的方式参与生态文化旅游开发的利益分配。这些社区居民熟悉当地的文化、民俗、旅游景点等，能够较好地完成旅游接待、表演及对景区的日常维护等工作。不仅如此，社区居民通过劳务的方式参与旅游利益分配的过程，不仅提高了当地居民的就业率、增加了居民收入，而且也进一步提升了当地社区居民对生态文化旅游的感知度。

第二，以生态补偿机制让社区居民全体受益。从经济学的角度看，生态补偿的实质就是生态产品外部经济性的内在化或是生态产品从公共物品（公有物品）向私有物品转化的过程。从生态文化旅游中生产者和受益者的角度看，生态文化旅游效益进行了有利于当地社区的二次分配。尽管生态文化旅游活动是为保护生态而生的，但只要是旅游就会对环境形成一定程度的损害，社区居民是这种损害的直接承担者，因此应对社区居民进行相应的补偿。相对于上面的收益分配来说，生态补偿具有普遍性和全面性，可以覆盖到每一个社区居民头上，因为所有社区居民共同承担了生态环境损害的后果。既然是对居民进行生态补偿，那么就涉及生态补偿要如何补才能保障公平性的问题。对重点生态功能区，要对其基础设施和基本公共服务设施的建设予以倾斜；对遭受了生态损失的社区居民，要按照受益者付费的原则，探索多样化的补偿方式。目前，很多地方通过门票的分成及为当地兴建基础设施对当地居民进行补偿，向居民开放为旅游者而兴建的服务设施与环保（回收水和废水处理等）设施等，这些都是对居民进行生态补偿的措施。

第三，以股东身份参与生态文化旅游利益的分配。通过股份制的形式入股生态文化旅游景区的开发，在社区居民成为股东之后，就可以根据相应的公司经营活动获得股利收入、得到公司分红，参与公司日常事务的监督管理和利益分配的过程，增强社区居民对生态文化旅游开发的话语权，保障社区居民的利益。同时，社区居民往往对自己的居住地有着较深的感情，在开发过程中会更倾向于对当地生态环境和居住环境的保护式开发，如果社区居民能够在生态文化旅游开发的过程中拥有更多的话语权和利益分配权，那么就能更加有效地监督公司不搞破坏式的开发，从长期看有利于生态文化旅游的发展。目前，五营国家级森林公园、碧峰峡等生态旅游景区都已被外来的开发公司买断了若干年的经营权，前者是 70 年、后者是 50 年。在这种情况下，为保障当地社区居民的利益，可以让当地居民在自愿的基础上在这些旅游开发公司投资入股，作为资本的所有者定期获得股息收入，并有权对公司的经营状况进行监督；或者由当地政府牵头，以"政府主导、社会参与、集体和个人筹资入股"的形式让社区居民从生态文化旅游活动中获得收益，增强居民对旅游开发的热情和对生态文化保护的责任感。

四、案 例 分 析

➢ 案例一　云南省阿者科村

（一）云南省阿者科村概况及旅游开发背景

阿者科村坐落于云南省红河哈尼族彝族自治州元阳县，距离城镇 28 千米，从昆明自驾至阿者科村大约需要 5 个小时的车程。阿者科村东与大鱼塘接壤，西与多依树隔梯田相望，南与牛倮普相连，北面则是广袤的梯田。阿者科村海拔 1 880 米，地处低纬度高海拔的哀牢山南段、红河南岸，是典型的山区小村庄，年平均气温为 14 摄氏度，年降水量为 1 370 毫米，全年日照 1 500~1 800 小时，霜期 1.2 日①，雨水量充沛，空气质量一级，气候温暖。元阳县具有较明显的垂直立体气候，高山区气候阴冷，拥有着茂密的原始森林，低山区气候炎热。阿者科村位于气候较为温和的半山区，在向阳的坡面建造房屋、形成村落。阿者科村生态自然环境良好，村寨南部保育有完好的森林，成片的冬瓜树滋养着水源，北有梯田，河流沟渠顺应地形从南向北，形成了保存完好的森林—水系—村寨—梯田的四素同构的原始农业生态循环系统。阿者科村地处元阳县哈尼梯田的核心区域内，是红河哈尼梯田申遗的五个重点村寨之一，也是第三批国家级传统村落。按照字意，阿者科是指"成片成林的地方"，寓意着希望与茁壮，整个村寨拥有超过 200 年的历史，风景秀丽，传统民居 61 栋，挂牌保护的蘑菇房共有 51 栋。2019

---

① 云南省元阳县官网。

年，阿者科村被列入中国美丽休闲乡村名单；2020 年又入选第二批全国乡村旅游重点村名录。

2021 年全村共 65 户 400 余人，全部为哈尼族，几百年来一直以耕种作为主要的生产生活方式，并形成了极具特色的哈尼梯田。据传，阿者科人的祖先是从大瓦遮迁入爱春大鱼塘定居的，随着人口的发展，400 多年前，姓卢、马、高、普四个家族的先祖搬到阿者科村，之后逐步有人家迁来，20 世纪 60~80 年代快速发展，基本形成现有村落格局。阿者科村有耕地 373 亩，有林地 797 亩。目前，阿者科村已经形成了生态文化旅游与梯田耕种相结合的产业发展模式，成为镶嵌在哀牢山巅的一颗高山明珠。蓝天、绿树、云海、梯田、人家，清晨的阿者科村常常被薄雾所笼罩，整个村庄如梦如幻，这也是阿者科村被游客认为是一座坐落于云海和梯田深处、宛如世外仙境的小村庄的主要原因。

阿者科村是电影《无问西东》的取景拍摄地，随着电影的上映，也为这个曾经默默无闻的小村庄带来了一定的知名度和大量涌入的游客。电影上映后，每年到阿者科村游玩的旅客大约有两万人，宁静的古村落也逐渐变得热闹。随着"阿者科计划"的出台，阿者科村的生态文化旅游更是迈上了一个新台阶，在几年间发展迅速，村内风貌变化巨大。与周边的景区相比，阿者科村的旅游业发展充分尊重了当地居民的意见和重视对生态环境的保护，采用了内源式集体企业发展的方式，不引入外来资本，保障本地社区居民对旅游的决策管理、旅游规划、经营、分配等多个领域的话语权。阿者科村在生态文化旅游发展的社区参与实践上是一个典型代表，为其他地区提供了一定的参考借鉴。

（二）阿者科村生态旅游资源

在我国的西南山区，多数的山居民族保留着开垦梯田、引种水稻的悠久历史。在元阳县，人们创造了"山有多高，水有多高，天有多高"的奇迹，19 万亩连绵不绝的梯田，从山脚一直蔓延到海拔 2 000 多米的高山之巅。根据可考的汉文献记载，从唐代开始，当地就已经形成了规模较大、体系完整的哈尼梯田。晚唐《蛮书·云南管内物产》中记载："蛮治山田，殊为精好。"清嘉庆年间的《临安府志·土司制》中记载："临属山多田少，土人依山麓平旷处开作田园，层层相间，远望如画。至山势峻极，蹑坎而登，有石梯磴，名曰梯田。水源高者，通以略约，数里不绝。"2013 年 6 月，气势磅礴的哈尼梯田被列入联合国教育、科学及文化组织《世界遗产名录》，成为我国第一个以少数民族名称命名的世界遗产。阿者科村，正好位于元阳梯田的核心区域，村子下面是依山而下的梯田，常年云雾笼罩，素有"云上梯田人家"的美誉。每年的十一月到次年的三月，是阿者科村梯田最佳的观赏时间，尤其以一二月为最佳。梯田在秋收以后，需要灌水保养，日光下阿者科村的梯田波光粼粼，具有很强的层次感。每逢春节前后，阿者科村云海弥漫，野樱花、野木棉花、野桃花开得烂漫，满山红白相间，极为壮观。除了具有很强的观赏价值之外，梯田还可以用于养鱼等农业活动，有利于防止水土流失，具有良好的生态效应。

（三）阿者科村文化旅游资源

1. 传统民居景观——蘑菇房

蘑菇房以茅草做屋顶，因其形似蘑菇而得名，既是阿者科村当地的传统民居，又是阿者科村一张对外的文化名片。蘑菇房兼具邛笼式与干栏式的双重特征，即外形上体量紧凑、土墙厚实、有少量必需的窗洞，一般为两层到三层，一楼架空作为饲养牲畜和进出居室的通道、堆放柴火的空间；二楼作为主要的居所，层高2.4米上下，面宽4间，当中两间作为主要的起居空间，并设有一个常年不熄灭的方形火墙用以增温，两侧是仅容纳一张床的卧室；顶层是储存粮食及晾晒粮食的露台，一般用三合土覆盖。顶层的粮仓也被称为"封火楼"，这是阿者科村的"重地"，也是哈尼族青年约会的地方。这是由当地比较独特的气候所决定的，厚实土墙和较少窗洞能够有效地防止风寒，在过去这种结构还兼具了保卫家园的特殊功能。由于当地雨水较多，蘑菇房屋顶的坡面一般大于45度，并且采用本地一种特有的茅草编织而成，顶部有四面草坡，既可以通风透气又能遮阳避雨。阿者科村是目前梯田遗产区内保存最完整的一个村落，全村65户，民居80%以上都是传统建筑草顶蘑菇房，传统风貌比较完整。从远处看，就像一朵朵蘑菇错落有致地镶嵌在哀牢山间，非常美丽、壮观。

2. 古水井

古水井在阿者科村具有不一样的形态。阿者科人巧妙地运用了山势高低的差距，将村寨上方的山泉水引入古井中，形成一套天然的自动饮用水系统。其形制主要是高出地面从几十厘米到一米高低不等的长方形水池，用以储存从山上引入的山泉水，池塘上方是用石板建造而成的约两米的棚形空间，主要作用是保护水源不受污染，石板以石柱支撑，再将棚形空间分隔成若干个大小一致的开间。目前，阿者科村内有 6 座古水井，这些古水井不仅是阿者科村重要的生产生活设施，供村民洗衣做饭、淘米洗菜，而且也是村内闲聊、休憩的重要社交场所。在"昂玛突节"等重大节日，阿者科人还会在水井边进行祭祀水神的活动。古水井已经成为阿者科村一种精神文明的象征，印刻在阿者科人的记忆中，成为乡愁不可分割的一部分。

3. 磨秋场

磨秋场位于村寨的下方，与上端的寨神林一起标定了村寨的活动范围。磨秋场是阿者科人举行节日活动的主要场所（活动包括祭祀房、磨秋、秋千等，磨秋和秋千是竞技类的游戏），同时磨秋场地形开阔，可以用作人们娱乐和参加活动的场地。

4. 寨神林

寨神林是寨神的居住之地，阿者科人每年都在此地进行祭祀活动，祈求来年风调雨顺。同时，寨神林还兼具着保护村民水源的作用。森林在阿者科人的眼中有着特殊的意义，传说中森林是阿者科人的避难所和庇护所，一切食物、水源都来自森林，人们获得的一切都是大自然的馈赠，所以在建村立寨的过程中，寨神林的位置是首要的考虑因素，选择一棵枝干笔直、树叶茂盛的大树作为龙树，寨神树是寨神的偶像，寨神林因此神圣不可侵犯，受到全村人的保护。阿者科村选址位于寨神林之下、磨秋场之上，村寨原始古朴，有传统的文化空间、祭祀空间和公共空间。在阿者科村，古树非常多，这些古树大多为乌桕树。祭寨神林是当地一项重大的活动，展现了当地传统文化，特别是其太阳历法和物候历法、创世迁徙史诗和叙事长诗、音乐舞蹈等文化要素；祭寨神林充分体现了本地人体察天意、顺应自然及追求天人和谐的世界观；祭寨神林是春耕备耕的序曲，全面彰显了山区梯田耕作的礼仪、技术、禁忌等知识系统。

5. 活态人文景观

1）长街宴

长街宴是农耕祭祀文化的产物，每当哈尼族节日的时候，热情好客的阿者科村家家户户都要拿出自己的拿手好菜，一般都要做六到八道菜，村民沿着村里的街道从街头到街尾摆出一桌又一桌的酒席，也称为"街心宴"或者"长龙宴"。传统的长街宴是当地居民交流情感、生产技艺等的重要机会，也是祈求来年五谷丰登、梯田丰收的重要节日。传统的长街宴与梯田文化紧密相连，魔芋、水芹、豆芽、白旺①、哈尼蘸水鸡等都是长街宴上的特色菜肴。要是有远方的游客到来，都会被邀请品尝长街宴美食，正所谓"有朋自远方来不亦乐乎"，让游客亲身感受阿者科村的风土人情。

2）传统竹编

"阿者"在当地的语言里是一种竹子，在阿者科村，茂密的竹林随处可见，

---

① 用动物生鲜血加工的凉拌菜。

也因为此，阿者科村家家户户都有竹编的用品，鸡笼、簸箕、篮子等，甚至还包括人们吃饭用的桌子，这种桌子最大的特点是轻便、易放。阿者科村野生嫩竹为竹编提供了原材料的保障，竹编技艺需要削片、浸泡等一系列复杂的工艺才能够完成。目前村里仍然有几名村民能够传承这项竹编的技艺。

3）哈尼古歌

阿者科村流传的民歌题材多种多样、内容丰富多彩，包括阿者科村日常的生产生活、宗教祭祀、节日庆典、婚丧嫁娶等各个方面的内容，其中最具代表性的是"哈巴哈巴"，这种说唱艺术是远古时代哈尼人传承下来的，是一种叙事性较强的无伴奏说唱，几乎包含了整个哈尼人的日常生活，呈现出浓郁的哈尼人文风情。

（四）阿者科村生态文化社区参与旅游的发展过程

阿者科村生态文化旅游的发展不是一蹴而就、顺风顺水的，而是经历早期野蛮生长的发展阶段、中期的探索阶段，直到"阿者科计划"的出台，才真正为阿者科村的发展找到了一条属于自己的发展道路。纵观阿者科村社区参与生态文化旅游的发展过程，不难发现，阿者科村从村民几乎没有参与生态文化旅游开发也得不到旅游发展的收益，到以社区居民为核心、社区居民的利益得到充分保障的转变，这个转变也是阿者科村生态文化旅游得以发展的主因。

1. 早期发展阶段

传统村落是"活态文化遗产"，有保存完好的传统民居、历史空间，是各种非遗和物质文化遗产相互融合的一个整体。阿者科村是一个相对封闭的村寨，由于其交通区位条件相对"与世隔绝"，使得阿者科村的传统风貌留存较好，但封闭的环境也让阿者科村的经济高度依赖第一产业，农耕是其生产生活的主要方式，梯田的风光保存完整。梯田景观和传统民居建筑景观等旅游资源成为阿者科村的一张名片，吸引着游客的到来。早期的阿者科村生态文化旅游规模很小，以零星散客为主，旅游开发处于起步阶段，旅游各项配套设施都不完善。

2. 探索发展阶段

在探索发展阶段中，村民零星参与生态文化旅游发展的过程，一部分村民出租自己的房屋获得租金收入，还有部分村民在生态文化旅游开发中获得了一笔征地补偿。虽然当地政府对阿者科村的旅游资源进行了一定程度的开发，不过村民从旅游中获取的收益有限，并且部分村民与旅游开发者甚至是游客产生了冲突。

总体而言，阿者科村村民参与生态文化旅游业的意愿不高，比起投身旅游行业，村民更愿意从事其他行业，如外出打工；村民也没有意愿去维护作为阿者科村生态文化旅游资源的梯田和蘑菇房等。这主要是因为阿者科村的生态文化社区参与旅游在这个阶段没有形成一个合理的利益分配机制，阿者科村村民在旅游中获得的收益微薄，不能满足其发展的利益要求，不足以对其行为进行激励。这主要表现在以下三个方面：门票分红问题、蘑菇房的困境和"阿者科"所属权争议。

3. "阿者科计划"

2018 年，元阳县委、县政府邀请中山大学旅游发展与规划研究中心的专家团队，到元阳县进行实地考察，专家团队为阿者科村量身定制了"阿者科计划"。"阿者科计划"的制定，代表着当地政府开发生态文化旅游的决心，也代表着社区居民真正进入了旅游开发的过程中。社区居民不再是旅游发展过程中被动卷入的"跟随者"，而是旅游开发的"主人翁"，社区居民在生态文化旅游开发中的话语权增强，利益得到保障。根据"阿者科计划"，村集体成立了元阳县陌上乡村旅游开发有限责任公司（以下简称阿者科旅游公司），实行一种内源式旅游企业开发管理的模式，不引入外来资本，生态文化旅游发展的收益除了三成用于维护公司日常运营以外，其余七成全部归属于村民。为了鼓励村民加强对梯田和传统民居的保护，"阿者科计划"规定，如果村民存在破坏梯田和传统民居的行为，将不能够享受旅游开发的分红。这极大地提升了社区居民对于生态文化旅游的感知度，有利于传承当地文化和保护生态环境，同时也增强了社区居民社区参与的意愿。

"阿者科计划"实施以来，村风村貌都有了极大的变化。现在，阿者科村一扫之前旅游发展过程种种不良风气，如向游客讨钱、荒废梯田等，已经具备了宜居优美的人居环境、较为完善的基础设施和旅游服务设施，以及富有本土特色的生态文化旅游产品、充分尊重社区居民的利益分配机制等，成为元阳县一张生态文化旅游的闪亮名片。发展旅游已经成为阿者科村村民主要的生计途径，村民参与旅游开发的热情高涨，积极参与旅游接待、梯田维护和蘑菇房的保护。在社区居民的利益得到充分保障之后，阿者科村村民在餐饮接待、传统文化展示、导游解说等方面都愿意主动学习与配合，为村庄营造了良好的人文氛围。根据元阳县的数据统计，实施"阿者科计划"以来，截至 2021 年年初，阿者科村共接待国内外游客 3.29 万人次，实现收入 71 万元，户均分红达到 5 440 元。2021 年 3 月 26日，是阿者科村第 4 次分红的日子，这次共分红 16.8 万元。"阿者科计划"先后入选教育部"第四届直属高校精准扶贫精准脱贫十大典型项目"、世界旅游联盟"全球百强旅游减贫案例"；阿者科村先后入选农业农村部"2019 年中国美丽休闲乡村"、国家民族事务委员会"中国少数民族特色村寨"、文化和旅游部"全国乡村旅游重点村"等。

（五）阿者科村生态文化旅游开发的相关利益主体

阿者科村生态文化旅游社区参与的相关利益主体有当地政府、村委会、高校、村民、村集体旅游公司、旅游者，其中，村民是最重要的利益主体。

当地政府：政府是生态文化旅游社区参与开发的主要资金提供者以及政策制定者。政府帮助村委会进行设施建设，就地区的整体旅游环境对外宣传，打造地方特色名片，提升旅游形象，吸引来自各方的游客，并协调管理约束各利益方。同时，当地政府派出干部驻扎阿者科村来担任旅游村主任，推动社区内居民参与生态文化旅游活动。政府在生态旅游社区中，不仅仅关注旅游开发能够带来的经济效益，同时也关注对传统民居蘑菇房的传承与保护以及对阿者科村生态文化环境的保护。

村委会：村委会是阿者科村村集体利益的具体代表，主要负责宏观上统筹社区居民的旅游参与过程、管理村日常事务，以及协调居民之间的矛盾冲突。村委会在阿者科村的社区参与生态文化旅游开发的过程中，始终占据着一个极为重要的地位，村委会是阿者科村利益的协调者，也是核心管理者，村委会和村小组对成立的村集体旅游公司进行协调监督。

高校：元阳县邀请中山大学旅游发展与规划研究中心的专家为阿者科村量身制定了"阿者科计划"，并派出一名博士生和当地干部一起担任旅游村主任，对阿者科村的旅游发展进行规划，并且负责指导当地社区居民执行"阿者科计划"，协调沟通各方利益。自2018年6月"阿者科计划"落地以来，保继刚教授团队已向阿者科村派驻了5批共9名研究生。他们参与项目的计划设计与落地调适，带领村民重点完成村集体旅游公司业务框架搭建，建立完善的保护与发展规则体系，开发旅游产品体系，帮助村集体旅游公司进行旅游管理运营、旅游宣传和管理人才队伍培育。

村民：阿者科村全村共65户400余人，都是哈尼族，村民既是社区参与生态文化旅游的主体和影响者，也是旅游开发的主要受益者，还是"活态旅游资源"的实际拥有者。社区居民关注的焦点在于如何通过社区参与生态文化旅游活动获得更多的收益，提高自己的生活水平。同时，村民的生活受到社区旅游规划的影响，村民还承担着相应的保护当地生态文化的责任。村民在阿者科村的生态文化旅游开发中参与程度较高，村民是阿者科旅游公司的股东，参与股份分红，也是农家乐的经营者，村民参与推动了阿者科旅游的发展。

村集体旅游公司：以阿者科村的生态文化旅游为发展支柱。阿者科旅游公司实行内源式村集体企业主导的开发模式，组织村民整治村庄、经营旅游产业，公司也是规划的主要执行者，公司收入归全村所有，村民对公司经营进行监管；公司推选出旅游代表，负责沟通村民，本村的低收入农户优先担任公司员工；公司没有引入外来资金，所有股东都是村民，因此公司的利益与村民的利益保持着高度一致，在生态文化旅游开发中能够获取的利润将由全体村民共享。

旅游者：旅游者到阿者科村景区及农家乐旅游消费，享受梯田-森林-水系-村寨四素同构的独特景观，深入当地感受当地人的生产生活，体会当地的风土人情。但是旅游者的行为会受到约束，为保护当地生态环境做出一定牺牲和贡献。旅游者关注的焦点在于在旅游目的地的旅行体验，包括旅行的花费、旅行的安全性等，以及其他一些在旅游过程中能够感受到的当地生态文化风情。同时许多旅游者在旅行的过程中与当地社区居民建立了良好的互助关系，将阿者科村列为可以多次游览的旅游目的地。

如图 4-2 所示，各个利益主体之间的利益相互交缠，这也是各利益主体之间开展生态文化旅游开发的一个重要影响因素。但从理论层面上考察，这使生态文化旅游的开展更加注重各种利益主体之间的统一性，求同存异，也使社区居民作为利益主体受到越来越多的关注，更好地保障了社区居民的利益。当地政府、村委会、旅游者、村民、村集体旅游公司等各个关系主体价值观以及利益诉求还需要相互交织、碰撞、磨合，才能达到旅游活动的最佳配合，更好地打造生态文化旅游。

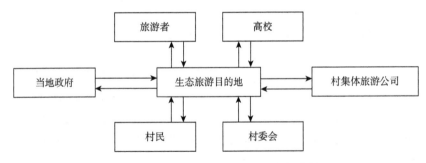

图 4-2　阿者科村生态旅游业相关利益者

（六）阿者科村核心利益相关者利益共享机制分析

1. 阿者科村核心利益相关者利益共享机制的构成

在阿者科村，利益共享机制由三个部分构成，即利益分配机制、利益表达机制和利益保障机制，其中，利益分配机制是利益共享机制的中心环节，利益分配是否公平与社区居民参与意愿的高低休戚相关，利益分配机制不仅是生态文化旅游社区参与的具体体现，而且贯穿了社区参与生态文化旅游的全过程；利益表达机制是社区居民表达自身利益诉求的机制，是沟通村民与旅游开发部门的重要环节，良好的利益表达机制不仅拓宽了社区居民参与旅游的渠道，并且对提升社区居民参与的意愿有着重要的作用；利益保障机制更好地保障了利益分配机制的运行，对社区居民的权益的维护以及生态旅游地的保护和开发有着举足轻重的作用，它确保了社区参与生态文化旅游的健康发展和旅游开发部门的行为符合规范，也应该贯穿于旅游发展的全过程。村民既是一切机制的实施对象，又是机制能够顺利实施最重要的保障者和维护者。利益共享机制的三个机制相互作用，以求循序渐进地使社区居民由旅游业的参与者（某些情况下是受害者）转变为旅游业的获（取）益者。

阿者科村核心利益相关者利益共享机制如图 4-3 所示。

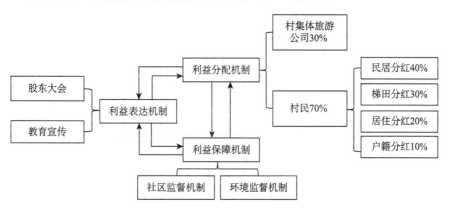

图 4-3　阿者科村核心利益相关者利益共享机制

2. 利益分配机制

利益分配机制是社区参与中最受社区居民关注的内容，建立一个科学、合理、有效的利益分配机制，能够激发社区居民的参与热情，形成一个互惠共生的良好环境。村民是整个利益共享机制的核心，所以在利益分配机制中，最重要的一环就是对村民利益的保障，一方面体现在阿者科村利益分配机制的运行模式上，另一方面也体现在利益分配机制的构建原则上。

1）利益分配机制的运行模式

阿者科村的利益分配机制，形成了以社区居民利益为主的运行模式。

首先，阿者科村村民在生态文化旅游开发过程中所获得的收益来自于以下几个方面：一是阿者科旅游公司经营带来的收入分红；二是在阿者科旅游公司工作获得的工资收入；三是从事经营农家乐、开设餐馆等旅游项目获得的经营性收入。阿者科旅游公司经营带来的分红，主要包括民居分红、梯田分红、居住分红和户籍分红四个部分（图 4-3），其中民居分红占 40%。如果村民的房屋为传统民居且未出租，那么可以获得全部的民居分红；如果已经出租，村民可以获得一半的民居分红；对于已经建造钢筋水泥房的村民，如果将该房改回蘑菇房，验收合格以后也可以获得民居分红。对于梯田景观来说，只要村民继续耕种梯田，就可以获得全部的梯田分红；如果将梯田改为旱田或种植其他的经济作物，则意味着村民放弃了这部分的利益。只要村民选择继续在阿者科村居住，就可以获得20%的居住分红，每一个村民都能够获得 10%的户籍分红。这保障了那些因为旅游开发失去经济来源或者参与能力较低的社区居民获得旅游开发的收益，也留住了阿者科村村民这一核心人文景观。

其次，"阿者科计划"实施以来，政府和企业为阿者科村创造了包括售票、检票、清洁等就业岗位，阿者科村村民带领游客感受织染布技艺、梯田捉鱼、品尝红米酒等旅游项目，让村民参与生态文化旅游的发展。

最后，对于其他的村民，虽然村内的商业旅游经营权收归阿者科旅游公司，但是村民可以在公司的统筹下申请经营，获得经营性收益。2019 年，阿者科村有4 户开了农家乐，5 户开了小卖铺。这种管理方式，在增加社区居民收益的同时，有效地避免同质化经营和无序竞争，防止因过度商业化而破坏古村落的生态环境和文化环境，留住了真正的乡愁。

对于其他利益相关者，如政府和高校，在阿者科村的生态文化旅游发展中主要获得综合的社会效益，阿者科村的生态文化旅游发展带动了当地经济的增长和生态文化的保护，提升了当地的形象。村委会和村集体旅游公司是阿者科村生态文化旅游的规划者，旅游收入的 30%留给公司用以维持日产的经营。游客主要获得阿者科村的生态文化旅游的生态收益，以心理的满足为主。

2）阿者科村利益分配机制的构建原则

阿者科村利益分配机制的构建围绕着村民这一核心进行。首先，对于阿者科村的旅游吸引物，无论是寨神林、磨秋场、古水井等公共物品，还是蘑菇房这类具有私人产权性质的物品，其产权归根结底属于村民，因此在利益分配机制的构建中要格外注意保障村民的利益。其次，在产权基础上形成的收入分层模式和股份制经营结构，也有赖于对村民利益的保护。最后，财政支持本质上也是对村民参与旅游开发过程中的一些不足之处进行补充。

a. 明晰产权

产权在经济运行过程中的作用是不言而喻的。传统村落在旅游开发过程中因为产权问题与开发商发生利益纠纷的现象屡见不鲜，给旅游的发展带来了一系列的挑战。阿者科村旅游吸引物的产权客体由梯田景观、传统民居建筑景观和活态人文景观组成。梯田不再是传统农业生产用地，而是变成了吸引游客的视觉符号和农耕生产文明的象征。传统的民居建筑，包括蘑菇房、古水井、磨秋场等，也不仅仅限于居住的功能，还包括了人与建筑的关系。至于民俗、节庆等更是全体村民集体智慧的结晶，和梯田、寨神林、磨秋场、古水井等一样，其产权是公共的，所得收益应该属于每一个村民；而蘑菇房具有私人产权的性质。两种不同类型的产权可能会带来经营、管理的差异性。明晰产权在社区参与生态文化旅游的发展中具有举足轻重的作用。

b. 收入分成

收入分成是生态文化旅游开发过程中比较常用的利益分配方式，通常是将门票等收入按一定的比例分给社区居民，以保证社区居民能够从旅游开发中受益。阿者科村根据旅游吸引物的不同，制定了不同的分红规则。根据"阿者科计划"的分红规则，扣除运营成本以后，村民可以获得收益的七成。同时，针对梯田景观和传统民居的分红，引导村民打造阿者科村的生态文化之旅，传承和保护农耕文化、哈尼族文化。通过将保护的具体措施和旅游的分红机制绑定，以利益机制为导向促使村民自发地保育传统村落。

c. 股份制经营

股份制经营是生态文化旅游开发中采用较多的方式。企业通过自有资金和融资的积累完成扩大再生产和生态保护与恢复，以及相应的旅游设施建设与维护；通过公益金的形式投入乡村公益事业（如导游培训、旅行社经营和乡村旅游管理），以及维持社区居民参与机制的运行等；通过股金分红支付股东的股利分配。根据"阿者科计划"，村集体成立了阿者科旅游公司，村民签订协议，把村寨的旅游经营权让渡给公司，让公司得以实现更专业化的经营管理。生态文化旅游发展所得收入三成归阿者科旅游公司，用于公司日常运营，七成归村民。2019年2月3日，阿者科旅游公司开始正式营业，4月4日，新街镇爱春村委会将100万元村集体经济发展基金注入该公司，获得该公司10%的股份（全体村民占股70%，元阳县国有资产管理公司占股20%，新街镇爱春村委会占股10%）；投入的100万元资金用于改造哈尼古村小型游客中心，建设阿者科村史馆及村内旅游的基础设施。阿者科旅游公司总利润的30%也将直接投入传统村落的保护和建设中。按照股份制经营，政府、村集体、村民都能够根据自己所持股份的多少在旅游开发的过程中获取相应的股份收益，有利于引导村民更多地参与生态文化旅游的开发。同时，股份制经营也有利于增强村民对于生态文化旅游企业的控制，以股东的身份对话旅游开发企业并提出相应的要求，有利于增强村民的话语权，在旅游开发中更好地保障村民的利益。

d. 财政扶持

政府在财政和政策上给予阿者科村村民支持。对于阿者科村规划的实施，资金主要来源于中央财政的拨款和红河哈尼族彝族自治州政府的财政支持，主要用于传统村落的基础设施建设、环境整治、水源保护、垃圾处理等基础民生的关键问题。财政扶持是利润再分配的手段，还可以帮助社区居民筹措开展旅游活动的资金。

3. 利益表达机制

利益表达是一种双向的沟通机制，不仅各方利益相关者表达自己的利益诉求，并且村委会和旅游开发公司也要主动了解各方利益相关者的真实诉求及对利益分配机制的看法。利益表达机制最重要的一点在于，为社区居民提供了表达和学习的平台，有助于社区居民深度参与生态文化旅游发展。阿者科村的利益表达机制主要有以下两种。

1）股东大会

股东大会是实施利益表达机制的主要手段。阿者科村的股东大会由全体村民参加，大会的召开不仅是为了给股东分红，也是为了让各村民充分表达自己的意见与诉求，股东大会可以视为村民畅所欲言的平台。村民可以在会上提出自己的意见，包括对未来阿者科村发展的规划、如何完善和调整旅游产业发展的实施方针等。不同于以往旅游开发中村民被动参与的方式，股东大会的召开，使村民真正成为阿者科村旅游发展的主人，村民的意见以及利益诉求影响着阿者科村旅游发展的方向。

2）教育宣传

在阿者科村的旅游发展过程中，由于接待的游客日益增多和旅游收益的不断增加，如何平衡各利益主体的相关诉求面临着更大的挑战。首先，为了确保现有分红制度的顺利实施，阿者科村不断开展教育学习，让每个村民都能够理解现行的利益分配制度，从而使各方利益主体能够在分配的问题上达成一致。对村民的教育还包括对旅游技能的培训，提升村民接待游客、服务游客的能力，提高村民对旅游吸引物的感知能力。其次，教育宣传还有利于破除上级管理部门大包大揽的作风，在管理的过程中更加重视村民的意见。对于基层工作者来说，包括村委会主任、旅游企业经营者等，他们是直接与乡村居民接触并对其实施管理的人，对于推进社区参与工作具有关键的作用。教育宣传有利于基层管理者工作的开展，了解经营管理中的各种问题，从而及时破解遇到的困难。

4. 利益保障机制

利益保障机制是核心利益者经济利益共享机制得以实现的保障，此机制能够使得利益表达的渠道更加畅通，在进行利益分配时更好地平衡各方利益，最终使得利益表达、利益分配等得以顺利实施。

1）社区监督机制

社区监督机制包括两方面的内容。一是村民对管理部门、阿者科旅游公司的监督，二是通过村规民约对社区居民的行为做出约束。为了保障社区居民参与生态文化旅游的权利不受侵害，政府应该建立相应的监督机制，对旅游公司的行为做出约束，使其运行更加透明化，在村民的监督下开展各项活动。此外，以村规民约为代表的非正式制度也发挥着作用，围绕生态文化旅游发展中可能会发生的各种问题约束着村民的行为，如"村民不得私自以拍照问路等名义向游客收费"、"村内儿童不得纠缠游客索要财物"、"村民不得协助游客逃票"等。

2）环境监督机制

旅游业的发展会给村民的生活带来各种变化，其中最容易被社区居民感知的就是生态文化环境的变化，而这恰恰也是最能影响社区居民参与意愿的因素之一，并且关系着旅游业的可持续发展。如果生态文化环境遭到破坏，势必会影响旅游业的长期发展态势，对社区居民的经济利益、生态利益造成损失，破坏利益共享机制，所以，政府应该建立相应的环境监督机制，成立由专家、经营者、当地居民等为代表的环境监督小组，对乡村的环境进行长期监测，及时处理破坏环境的行为和旅游开发过程中遇到的问题。

（七）阿者科村社区参与生态文化旅游发展成效

阿者科村依托田园风光、绿水青山、村落建筑、乡土文化、民俗风情和人居环境等优势，发掘新功能新价值、培育新产业新业态、搭建新平台新载体，大力发展生态文化旅游，实现了民族文化传承与生态文化旅游发展"双推进"，走出一条符合元阳县传统村落保护利用的新路子。2019 年 11 月，阿者科村成功入选"2019 年中国美丽休闲乡村"。"阿者科计划"实现稳定增收，群众积极参与，取得了良好的经济效益和社会效益，成为践行习近平总书记"绿水青山就是金山银山"发展理念的活样板。

1. 社区居民收入的增加

"阿者科计划"的实施，在阿者科村哈尼民族体验之旅项目（人均30元）、游客深度定制游项目（根据游客定制需求 200~800 元）上取得了骄人的成绩，实现收入超过 40 万元，村民分红金额为 191 195 元。实践证明"阿者科计划"是成功的，通过利益分红机制与村落保护细则的绑定，让村民实实在在地享受到了生态文化旅游带来的效益。2019 年的 3 月，全村经过一个月的经营，阿者科村在哈尼族的"昂玛突节"召开了第一次分红大会。根据村民分红细则执行，全村有 44 户获得旅游分红 1 600 元，有 1 户获得 1 280 元，16 户获得 960 元，还有 3 户获得 640 元。仅 2019 年一年，阿者科村实现了村集体收入 72 万元的好成绩，户均分红 5 440 元。

2. 旅游环境的优化

2014 年，阿者科村被列入全国第三批传统村落名单，每年大约有 2 万名游客自发地涌入阿者科村，但是旅游的发展也带来了新的矛盾：大量的白色垃圾无人清理，村里卫生脏乱差，村民对游客态度不友好等。阿者科旅游公司成立后在聘请村民常规打扫的同时，通过村规民约引导村民积极做好门前"三包"，定期开展村内大扫除。此外公司还顺利完成公厕改建、水渠疏通、房屋室内宜居化改造等工作，打造了一系列旅游发展的配套设施，村内相比之前更加宜居，生态文化旅游环境得到了大幅度提升。

3. 形成良性循环，社区居民保护传统村落热情高涨

"阿者科计划"始终把村庄的生态环境和传统文化保护作为发展的首要前提。在发展生态文化旅游之前，部分村民将传统民居出租给外地经营者，原住民搬出村寨，核心人文内涵丢失。为了保护千年古村落，留住心灵深处的乡愁，该计划明确了阿者科村保护利用规则：一是不租不售不破坏，二是不引进社会资本，三是不放任本村农户无序经营，四是不破坏传统。这使得传统民居及其人文内涵得以保留。加之一些传统民俗文化被市场认可，得以长久保护和传承。阿者科村的村民分红细则也导向村民保护蘑菇房、保护梯田传统，鼓励村民继续留在村里，保住阿者科原住民的核心人文景观。此外，阿者科旅游公司还恢复了一系列传统生产工具与设施，如水碾坊、织布机等，一方面满足村民日常生活的需要，另一方面也带给游客全新的旅游体验。

4. 提高阿者科村村民旅游接待能力，游客体验感明显增强

发展生态文化旅游前，村内基本没有旅游接待设施，游客到村内仅拍摄，难以更深度地体验哈尼文化和人文内涵，只是对阿者科的风光进行浅尝辄止的观赏。发展生态文化旅游后，阿者科村带动 3 家农家乐餐馆为游客提供服务，1 户经营乡村小客栈，村内服务功能得到完善，游客可以在阿者科村进行较长时间的停留，深入当地体验阿者科的人文内涵。阿者科公司还开展一系列主题性体验活动，对外实行预约制，带动村民承接精品旅游团，深度体验哈尼村寨文化，从稻田摸鱼到体验当地传统染织技术，从长街宴品尝当地美食到聆听哈尼古歌，游客对生态文化旅游的体验得到了极大丰富。阿者科旅游公司成立之前，个别村民会跟游客索要拍照费用，甚至有小孩子缠着游客索要财物，游客的旅游体验感较差；公司成立之后，进行规范化管理和统一收费，利用村规民约和分红制度对村民的行为进行了约束，且村民可以通过旅游业的发展获得正式的收入，乱收费的现象明显减少，对游客的态度也发生了转变，接待游客的积极性提高。

➢ 案例二 陕西省袁家村

（一）陕西省袁家村概况及旅游开发背景

袁家村地处黄河流域、宽广辽阔的陕西关中平原腹地，地势西北高、东南低，地貌分为南部台塬和北部丘陵沟壑区两大类，背靠九嵕山南麓，风光秀丽。袁家村依山绕水，气候特征是典型的温带大陆性季风气候，年温差较大，冬季寒冷，夏季炎热。袁家村位于咸阳市烟霞镇北部、西咸半小时经济圈内，距离西安市大约一个小时的车程，关中环线绕村而过，福银高速和 312 国道离袁家村不到10 千米，距离西安市咸阳机场 35 千米，交通便利，区位优势明显。

2019 年袁家村户籍 62 户，共 286 人，却带动 1 000 余名创客、3 000 多人就业，周边一万余人致富。袁家村周边有着丰富的历史文化资源，世界上最大的皇家陵园、全国第一批文物保护单位——唐太宗昭陵距离袁家村仅 4 千米。除此之外，唐肃宗在此地建陵石刻，是关中地区帝王诸陵中数量最多、保存最完整的石雕石刻群。袁家村现已形成以昭陵博物馆、唐肃宗建陵石刻等历史文化遗迹为核心的点、线、带、圈为一体的旅游体系。袁家村主打关中民俗文化体验，重点打造关中民俗观赏、关中小吃体验等旅游项目，2007 年被定位为"关中印象体验基地"，着力发展民俗旅游。袁家村旅游收入增长较快，是全国最受欢迎的生态文化旅游目的地之一。截至 2020 年，在袁家村生态文化旅游起步仅仅十多年的时间里，袁家村就从一个默默无闻的小村庄发展成为游客人数破 600 万人次、旅游总收入超 10 亿元、农民人均可支配收入逾 10 万元的社区参与旅游典型示范村，村集体资产更是达到了惊人的上亿元。目前袁家村通过旅游吸引游客，以旅游业为突破口带动农产品的销售，形成了"小作坊—加工厂—连锁企业"的形式，发展种养殖基地+订单农业，实现三产融合，朝着绿色、环保、生态的方向迈进，袁家村已经成为陕西省生态文化旅游的明星村庄。

袁家村生态文化旅游快速发展、"蛋糕"越做越大，除了袁家村旅游发展定位准确、优质的旅游服务的功劳外，公平合理地分配好这块"蛋糕"，也是袁家村能够实现生态文化旅游长远发展不可忽视的重要原因。一方面，袁家村依托良好的集体经济基础，村委会是集体经济的管理方，并在此基础上形成合理的分配制度，吸引了更多的社区居民参与旅游的发展过程，让乡村居民成为旅游开发的主要受益者和发展的中坚力量。另一方面，不断壮大的生态文化旅游参与者队伍，尤其是社区居民的深度参与，为袁家村社区参与生态文化旅游的发展贡献了智慧和汗水，促进了生态文化旅游的发展，使袁家村成为社区参与生态文化旅游发展的典型案例。

（二）袁家村及周边生态旅游资源

1. 九嵕山

参观昭陵博物馆，在欣赏初唐气象的同时，还可以游览气势恢宏的九嵕山。九嵕山因其周围均匀地分布着九道山梁，把它高高拱举，从而得名。它坐落于广袤千里的关中平原北部，是一道横亘东西的山脉，山峦起伏，冈峰横截，与关中平原南部的秦岭山脉遥相对峙。突兀而起的一座山峰，刺破青天，海拔 1 188米，像一把利剑直入云霄。又因为大唐皇帝选择长眠于九嵕山中，使得大唐雄风在这片土地上浸漫千年，繁衍出厚重的文化因子，走在山间，可以感受自然风光与历史回声在山间相逢。

2. 泾河大峡谷

泾河大峡谷是关中第一大峡谷，在袁家村以东约 10 千米处，西距昭陵 3 千米，是郑国渠所在之地。泾河大峡谷是大自然鬼斧神工之作，挺拔、峻秀、群峰起伏、奇岩林立、怪石峥嵘。它既有一川碧水之灵秀，又有幽谷深峡之奇观，它是黄土地轰然诞生的奇石妙水景观极品，是舒展在关中大地的一轴绚丽的山水画卷。既有瀑布挂于绝壁之上，以雷霆万钧之势直冲而下，又有鄰鄰河水顺山流，船随水转，更有相传为女娲炼石补天所遗留的五彩石"百米奇石画廊"，晴天映银光，雨中泛淡青，其形状纹路像飞禽，似走兽，山水人物，神怪鬼魅，如一幅幅印象派的画，大自然的神奇跃然眼前。

（三）袁家村及周边文化旅游资源

1. 昭陵

昭陵是开创了"贞观之治"的唐朝第二代皇帝唐太宗李世民和他的妻子文德皇后长孙氏的合葬陵墓。昭陵位于九嵕山上，始建于公元 636 年，陵墓的建造持续了107 年（贞观十年至开元二十九年），周长 60 千米，占地面积约 200 平方千米，共有 180 余座陪葬墓，是关中"唐十八陵"之一。昭陵不仅是中国历代帝王陵园中规模最大、陪葬墓最多的一座，也是唐代最具有代表性的一座帝王陵墓，被誉为"天下名陵"。昭陵博物馆坐落于袁家村，在博物馆内，除李绩（徐茂公）的陵墓之外，主要陈列着昭陵出土的各类唐代碎石和墓志铭。因为出土的唐代碎石具有很高的历史价值，昭陵博物馆又被称为"昭陵碑林"。该馆馆藏文物4 500 多件，这是研究初唐政治、经济、文化的宝贵的实物资料。诸多陪葬墓出土的神态各异的胡俑和骆驼俑，反映了初唐时期丝绸之路的盛况，体现着初唐时期中国各民族的大融合。

2. 传统乡村建筑资源

袁家村历史悠久，自袁氏祖先因躲避战乱定居至此以后，村民生活怡然自得，百姓安居乐业。袁家村村民以孝为重，兴建祠堂，修建了袁氏祖宅。而后村落围绕着袁氏祖宅不断扩建发展，呈现出村内经济空间、自然生态空间和文化空间集中式发展的格局。袁家村的街巷空间整体呈现出"棋盘式"的布局，村落内六条街道分别呈现出不同的功能，呈现出"一街一景"的奇观。街巷内部采用青石板或者鹅卵石铺设，古朴自然，彰显着袁家村传统街巷古色古香的乡村风貌。空间跨度较小的建筑较多通过檩条直接架山墙的方式进行建造，如祠堂街沿街两侧的建筑；跨度较大的建筑采用穿斗式的木架结构，如作坊新街两侧的三进四合院建筑。此外，袁家村传统民居的典型布局从前到后依次由门房、庭院和正房组成，为适应关中地区夏季高温多雨的气候特点，多采用东西长、南北窄的"窄院落"结构，从而达到夏季清凉的目的。袁家村在发展小吃街作为旅游吸引物的过程中，充分展现了关中建筑的特点，半边房、红瓦、黄泥墙、大木门，让人置身于20世纪六七十年代的风情之中，感受着关中独特的文化魅力。

3. 传统关中饮食资源

关中地区形成了颇具特色的饮食文化，袁家村正是其中的典型代表。袁家村的小吃街是整个景区中最受游客欢迎的地方，以传统农业社会中的小吃作为主要卖点，如麻花、凉皮等，各种关中特色农家饮食都可以在小吃街寻访到它的踪迹。关中地区以面食为主食，袁家村的小吃街也拥有着各色手工面食，其中，烙面不仅是关中汉族的传统饮食，更有"世界上最早方便面食"的美誉，可加汤食用，也可以直接干吃，其特色吃法称为"冸"，即将面盛在碗中，反复用开水浇制，然后调上佐料即可食用，佐料的调配比较独特，用上等的猪油调和辣椒面，配以葱花、韭叶、盐及当地酿造的香醋。此外，汤圆、油糕、酸辣粉等小吃应接不暇，抓住了游客的味觉，牵引着游客的心弦，让人忍不住在袁家村流连忘返，对袁家村的美食魂牵梦萦。

4. 传统关中农村日常生活文化资源

民俗文化是袁家村生态文化旅游的核心吸引物。关中的日常生活文化资源，不仅包括传统手工技艺，还囊括各种民俗活动。袁家村的传统手工技艺包括剪纸、木版年画、皮影制作、土织布和刺绣等，其中剪纸是典型代表。袁家村几乎家家户户都张贴着琳琅满目的剪纸，窗户、灯笼、门堂、墙壁，随处可见形状各异的剪纸，或象征着吉庆，或象征着富余等。除此之外，袁家村深挖已经濒临失传的大梁榨油、地窖酿醋等传统工艺，保护农村文化遗产。民俗活动更加丰富多彩，有著名的关中秦腔、礼泉皮影、陕西快书等，其中，礼泉皮影是在袁家村传统农耕时期产生的一种民间艺术，其题材和表现形式具有浓厚的地方特点。节庆活动主要是庙会活动和婚嫁活动。庙会期间有社火、舞龙舞狮、踩高跷及关中大秧歌等各项表演。这些民俗活动共同构成袁家村独具特色的关中风情。

（四）袁家村社区参与生态文化旅游发展

袁家村的社区参与生态文化旅游自 2007 年起步至今，走过了发展引入期、成长期和成熟期三个阶段。袁家村社区参与生态文化旅游的发展过程，其发展主体经历了村集体主导、村民高度参与和村民与村集体共同开发阶段，这也是一个村民逐渐发挥主体作用的过程。在旅游发展的初期，本地村民对旅游发展的前景不甚了解，对未来的收益不确定且大多处于观望状态，没有广泛地参与生态文化旅游行业。随着旅游业带来的经济收益不断增加，村民的生计与旅游业的发展高度结合，本地居民参与生态文化旅游业的广度和深度不断强化。在此基础上，出于对未来获得持续性收益的考虑，经营者参与生态文化旅游规划和发展的意愿不断增强，形成了村民与村集体共同开发生态文化旅游的机制，村民逐渐成为袁家村旅游发展的主体力量。

1. 发展引入期

早期的袁家村是一个典型的关中平原行政村，面临着大多数农村的共同困境——劳动力外流、村落空心化、资源不足、发展遇到瓶颈等。尤其是在 2007 年，在整顿"五小企业"的过程中，袁家村最重要的支柱产业水泥厂被关闭，劳动力和资金大量外流，袁家村逐步走向衰落。也正是在这一年，在村党支部书记郭占武的带领下，袁家村积极响应上级政府礼泉县"旅游活商"的号召，成为生态文化旅游的发展试点村，享受建设用地指标增加等优惠政策。袁家村出资 27 万元买点子，最终买来了"建设关中印象体验地"的"金点子"，并借鉴了成都锦里的成功经验，集体投资 2 000 万余元，建成了占地 110 亩的景区，并于 2007 年 9 月正式开放。景区内含村史博物馆、作坊街、酒吧街、小吃街、宝宁寺、艺术长廊等旅游休闲街景。袁家村在确定发展民俗旅游之后，地方特色饮食的加工制作及品尝成为发展的要点，农家乐街、作坊街和小吃街成为袁家村的核心旅游吸引物。在这一阶段，客流量较小，村里对外来创业者提供了免税免租金的优惠创业条件，甚至发放人员工资以维持关中民俗的"活文化"展示，村内有两名旅游精英响应号召创办了农家乐。2010 年初，袁家村游客逐渐增多，袁家村村集体出资

300 万元在村里建造小吃街吸引游客，起步阶段的小吃街与培育中的康庄老街的资本结构完全一致，都是由村集体和村内旅游精英投入资本，外来经营者投入人力资本。为了留住经营者，小吃街和康庄老街经营获得的所有收益归外来经营者所有。但总的来说，这一阶段以村集体为主导，出于对旅游开发收益的担忧，村民的参与度不高。

2. 成长期

在经过最初的发展引入期以后，袁家村的社区参与生态文化旅游发展迅猛。客流量在短时间内迅速攀升，在经济效益的带动下，越来越多的旅游投资商和社区居民参与生态文化旅游开发，本地居民的经济收益与袁家村的旅游发展高度相关。2013 年，袁家村开始谋求实施"三变"，即"资源变资产、资金变股金、村民变股民"。袁家村将八个作坊的优势项目股份化，股权出让给自愿入股的村民和商户，通过调节收入的分配和再分配，成功将传统作坊升级为风险共担、利益共享的股份合作社，随后逐步扩大股份合作的范畴。这种做法，将社区居民充分纳入生态文化旅游发展的分配机制中，保障社区居民的利益，扩宽本地居民参与旅游的广度，提高社区居民参与旅游的意愿和热情，社区居民的利益和旅游的发展高度绑定，旅游业成为大多数村民的主要收入来源。

3. 成熟期

进入成熟期以后，袁家村已经形成了独具特色的旅游品牌，在城市开设多家体验店，与多个省份签订协议，分享袁家村的发展经验。袁家村对小吃街采取合作社的组织方式，村民可以利用土地或者资金入股，土地每亩折价 5 万元，总价不超过 20 万元，不足的部分村民可以用现金补齐；超过 20 万元的部分，村集体不予退还，折算为股金。同时，为了避免内部的恶性竞争和平衡小吃街的经营差距，经营较差的小吃街可以让外地经营者以现金入股，共同享有小吃街的发展收益。为了规范经营，袁家村不仅对原料采购、加工制作和产品销售等环节实施统一管理，并且进一步推行统一的收益管理，商户不再自负盈亏，而是根据所持股份的多寡进行分成。在袁家村的股权结构中，除少数外来经营者和旅游精英所持股份比重相对较大之外，其余普通村民所持股份比重相差无几。随着管理模式的日渐成熟，村民在旅游发展的话语权也逐步提升，形成了村集体与村民共同参与旅游的发展模式，村民逐渐从幕后走向了舞台中央，成为袁家村社区参与生态文化旅游的中坚力量。

（五）袁家村生态文化旅游利益相关者

袁家村社区参与生态文化旅游的相关利益主体包括当地居民、政府、村委会、村集体旅游公司、外来投资公司、外来打工者、旅游者。

当地居民：当地居民包括了袁家村的原住村民和旅游发展后进入袁家村的新居民。原住村民对生态文化旅游的参与度较高，是袁家村旅游发展的中坚力量。2019年袁家村户籍人口共62户286人，相传袁家村祖先是因躲避战乱来到此地繁衍生息的。袁家村的原住村民同样具有多重身份，对袁家村的旅游业发展做出了突出贡献。原住村民是农家乐的主要经营者，在袁家村旅游发展的初期，正是原住村民利用自己的房屋开办了农家乐，接待了第一批游客；原住村民又是农村合作社的重要股东，参与了袁家村规模不等的十余家旅游合作社；此外，原住村民还是村委会的主要成员，原住村民的意见和利益诉求影响着袁家村的旅游发展。在原住村民中的旅游精英，引导了袁家村社区参与生态文化旅游的发展方向，带领袁家村打造出自己的生态文化旅游品牌。原住村民的参与意愿高低和利益诉求能否得到满足，决定了袁家村旅游业能否实现长远的发展。

袁家村的新居民包括了外村的村民商户和外来的进驻商户，目前约占了袁家村常住人口的90%。这些新居民是受袁家村生态文化旅游业快速扩展的吸引，从而进入袁家村，成为袁家村生态文化旅游开发的一分子，并且做出了突出贡献。外村村民商户在袁家村主要有两种身份：一是袁家村小吃街商铺的经营者，二是袁家村各个合作社的股东；外来进驻商户主要为袁家村酒吧街、艺术长廊的商铺经营者。

政府：为袁家村搭建生态文化旅游发展的平台，提供政策、资金上的支持。袁家村入选全国乡村旅游重点村后，礼泉县财政每年列支200万元专项资金予以扶持，工商、卫生、消防等部门也简化审批手续，减免相关费用，给袁家村社区参与生态文化旅游奠定了基础。

村委会：村委会在袁家村生态文化旅游的起步阶段就主导了旅游产业的发展。在后续的袁家村旅游发展过程中，村委会担任了多重角色。村委会不仅是袁家村旅游规划的总设计师，对袁家村旅游发展进行构思、布局等，并且也是袁家村旅游收益的分配者，负责沟通村民、商户等多方利益相关者，协调各方的利益，保障利益分配机制的平稳运行和各利益主体诉求的实现，并对各主体的行为进行监督和规范。在村委会的指导下，作坊街、小吃街、农家乐街的所有商户都按照村委会和各行业协会的意见定价，保证了袁家村商户的有序经营，规避旅游发展过程中天价消费的乱象。

村集体旅游公司：袁家村成立了陕西关中印象旅游有限公司，以袁家村的生态文化旅游作为支柱，是袁家村旅游业发展的核心管理者，主要负责对各个农产品合作社、商铺、景区的日常管理及对外业务的扩展。同时，陕西关中印象旅游有限公司受到全体村民的监督，是袁家村旅游规划的重要执行者。

外来投资公司：外来投资公司由村委会引入，对袁家村生态文化旅游业发展进行投资，目前袁家村几家外来的投资公司，分别投资了回民街、书院街及祠堂街，街道内部的商户由外来投资公司进行招商管理以及利益分配，不过仍要符合袁家村利益分配机制的运行原则。

外来打工者：外来打工者主要是邻村村民，受袁家村生态文化旅游发展的影响，受雇于袁家村各商铺，为来到袁家村的游客提供各项服务，维系着袁家村旅游活动的正常运转，参与袁家村的生态文化旅游活动。外来打工者主要通过工资收入的方式参与旅游的利益分配。

旅游者：旅游者是袁家村生态文化旅游的造血细胞，正是旅游者的到来，改变了袁家村的面貌，给袁家村带来了发展，是袁家村利益分配机制形成的前提（图 4-4）。旅游者到袁家村感受当地的风情，体验关中地区的风俗小吃、文化传统，欣赏壮丽的山川峡谷，陶醉于袁家村的独特魅力。旅游者在沉醉旅游的同时，其行为也受到一定的约束，为生态的保护和文化的传承做出相应的努力。有的旅游者在来到袁家村之后，深深折服于关中生态文化的魅力，与当地居民建立了良好的关系，成为袁家村旅游的常客。

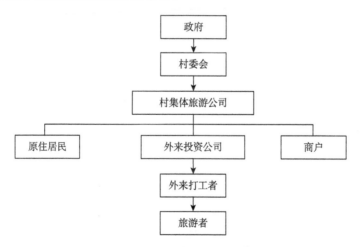

图 4-4　袁家村社区参与生态文化旅游利益相关者

袁家村参与生态文化旅游的各利益主体的关系如图 4-4 所示。政府提供政策支持和资金保障，搭建生态文化旅游发展的平台。村委会负责统筹规划、利益协调，开办了村集体旅游公司。村集体旅游公司负责对当地居民以及外来投资公司进行管理，所有商户都要服从村集体的统一安排，并对其行为进行约束，保证旅游业的有序经营。袁家村的当地居民参与生态文化旅游发展过程的各个环节，包括农家乐的开办、商户的经营和合作社的组织等，是袁家村生态文化旅游发展的主体力量。外来打工者受雇于袁家村的商铺，和各利益主体一起服务于旅游者，旅游者在接受袁家村旅游服务的同时，感受袁家村生态文化的魅力。袁家村各利益主体形成了一个较为紧密的联系，在袁家村这个区域内，分工配合，打造了袁家村这一旅游名片。同时，社区居民作为袁家村生态文化旅游发展的重中之重，在这个过程中得到了足够的重视，高度肯定了社区居民的诉求，充分保障了社区居民的利益。

（六）袁家村社区参与生态文化旅游利益共享机制

合理的利益共享机制是袁家村实现生态文化旅游持续发展的窍门之一。袁家村的利益共享机制包括利益分配、利益平衡、利益监督机制三部分，其中，利益分配机制是整个机制的核心。公平的利益分配制度使整个利益共享机制的循环成为可能，并且关系着社区居民的参与意愿和旅游产业的发展。利益平衡机制是对利益分配机制的补充，利益监督机制保障了利益分配机制和利益平衡机制的顺利运行。三者相互作用，形成了袁家村特有的社区参与生态文化旅游利益共享机制（图4-5）。

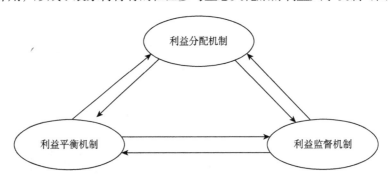

图 4-5　袁家村社区参与生态文化旅游利益共享机制

1. 利益分配机制

袁家村的旅游经济收入主要包括租金、营业收入、股利分红、投资性回报和工资报酬，不同的利益主体，获取旅游收益的方式不同，有的利益主体并不直接获得经济收益，而是获得旅游发展中的其他收益。在这个机制中，最重要的就是保障社区居民的收益。

1）当地居民

a. 原住村民

对于袁家村的原住村民来说，旅游收益主要来自三个方面：一是经营农家乐获得的经营性收益，这是袁家村原住村民获得收益的重要方面；二是入股分红，原住村民通过资金入股或者土地折算入股的方式加入袁家村各类股份合作社，获取合作社的股权收益，当前除了少数旅游精英之外，大部分普通村民所持股份比重大体相同，合作社的股权收益是袁家村利益分配机制的重要手段。从持股者的角度出发，合作社的利益分红是充实日常收入之外的重要手段，也是参与村庄发展和村集体活动的重要途径之一，合作社将股东的利益紧紧绑在了旅游的链条上；三是房屋出租，部分原住村民由于各种原因，将自己的房屋出租，从而获得租金收入。

b. 新居民

袁家村的新居民，包括外村的村民商户和外来进驻商户，占了袁家村常住居民的绝大部分，主要通过经营商铺的方式参与生态文化旅游的过程，对袁家村生态文化旅游业的发展做出了巨大的贡献。外来经营者获得收入的途径有两种：一是通过资金入股合作社取得的股利；二是通过经营商铺获得营业收入。目前，袁家村小吃街、艺术长廊、酒吧街的商铺全由外来商户经营，小吃街的经营项目采用一铺一品，根据店铺经营业绩的差异和项目类别成立了多家股份合作社。

2）政府

旅游行政管理部门在政策和财政上给予乡村居民以扶持。前者包括制定保护居民从事旅游经营活动的法规条例，从法律上承认其经营的合法性；后者包括帮助居民筹措开展经营活动所需资金，协调金融机构提供低息贷款等。礼泉县政府高度重视袁家村发展生态文化旅游，在袁家村入选生态文化旅游试点村以后，给予了政策上和资金上的双重支持，包括政府财政资金的投入和各项审批手续的简化等，各项设施的建设也优先选址袁家村。比起单纯地获得袁家村旅游发展的经济收益，政府更多地获得的是旅游发展的总体社会收益。一方面，袁家村生态文化旅游的发展为礼泉县提升了城市形象和对外知名度；另一方面，也给礼泉县带来了经济收益和创造了大量的就业岗位，袁家村社区参与旅游的发展还辐射到周边的村镇，带动周边地区共同致富，具有很强的正外部性。

3）村委会与村集体旅游公司

虽然村委会在袁家村参与生态文化旅游中发挥了重大作用，但是村委会是非实体经济体，不参与各类经营主体的经营收入分成，也不占有各类股份合作社股份，承担为各类参与主体提供服务、协调利益、制定发展战略等职能。陕西关中印象旅游有限公司实质上是代表村集体利益的经济实体，承担着村集体经济对外扩展、对内管理的职能。村集体的主要收益来源于与商铺、投资公司的利益分成。

4）外来投资公司

对于外来投资公司而言，是通过承包袁家村后续开发的街区参与袁家村生态文化旅游发展的。目前，祠堂街、书院街和回民街三条街区分别由三家外来投资公司承包，街区内各个商户的招商由投资公司操作，但商铺的类型结构及管理方法要与袁家村整体的利益共享机制保持原则上的一致。外来投资公司通过参与袁家村生态文化旅游获取的收益主要为投资街区所获得的投资报酬。

5）外来打工者

外来打工者以袁家村周边村民为主，受雇于袁家村的农家乐及各种商铺中，大部分的服务员由外村村民担任，像螺丝钉一样维系着袁家村生态文化旅游业的正常运转。这类参与主体主要是通过工作的方式参与旅游业的发展，打工报酬是外来打工者经济收入的方式。

6）旅游者

旅游者的到来是袁家村获得旅游收入的主要因素，虽然旅游者在身处文化旅游过程中不获得经济利益，但是能够深入袁家村感受当地的关中民俗文化风情，品尝当地特色小吃、体验当地文化，从而获得文化收益和生态收益，以心理上的满足感为主。

2. 利益平衡机制

在社区参与生态文化旅游发展的过程中，因为每个利益主体的诉求不同而产生冲突和问题屡见不鲜。随着袁家村经济体量的扩增，袁家村的多元利益主体之间的利益分配机制也出现失衡的现象。这在袁家村生态文化旅游开发过程的初期，主要表现为原住村民与新居民之间的利益冲突以及原住村民内部因利益分配问题而产生的矛盾。在生态文化旅游开发初期，袁家村给予了作为新居民的外来经营者相当优惠的政策，使得外来经营者不需要付出额外的经营性资产的成本，就可以占有经营性收益。用当地居民的话来说就是，"外村人在袁家村把钱挣了"。除此之外，在依托袁家村生态文化旅游资源进行经营时，难免会出现"一窝蜂上、一窝蜂下"的情况，同质化经营的陷阱无处不在，有人在旅游发展的过程中赚得盆满钵满，而有的人却颗粒无收，收益分配不均的现象比比皆是。在同质化经营的背后，不同集体成员和利益主体之间的收入差距较大。随着袁家村生态文化旅游发展的兴旺，外来打工者和外来经营者的大量涌入，如何平衡各主体之间的利益？尤其是平衡社区居民与其他利益主体间的利益、社区居民内部的利益成为袁家村利益共享机制必须解决的问题。

对此，袁家村采取了多种平衡措施。第一，调节合作社经营股和分红股的效率与公平。袁家村小吃街最大的特点就是分散经营、统一管理，袁家村对不同小吃店经营股与分红股之间的利润分成比例"一店一议"，具体来说就是按照经营业绩的高低来确定村集体利润的分成，成立了小吃街合作社和采取了交叉入股的方式。对于经营状况较好的店铺，从经营利润中抽出一部分来对经营情况较差且必不可少的店铺进行出资补贴，以保证经营者每月能获得一笔最低的收入，实现袁家村各商户的共赢。

第二，调节不同集体成员之间分红股的股份分配。对于分红股而言，股份的大小，代表着收入的多少。因此，在分红股内部，对不同集体成员间收入分配的调整，主要是通过股份分配来进行的。为了解决集体成员间的股份分配问题，袁家村村委会制定了一套"钱少先入、钱多少入、照顾小户、限制大户"的派股原则，以帮扶低收入农户。在袁家村新项目募集资金的时候，优先考虑那些资金少、经济情况较差的农户入股，缩小与其他社区成员之间的收入差距，致力于实现共同富裕，平衡和调节不同利益主体。并且，袁家村的股份派发不以本村或外村为界。以小吃街合作社为例，该社的股东包括袁家村村集体、62 户原村民、91个普通商户、其他外来投资商等，股东们可以自主选择小吃街内的商户进行投资，商户之间也可以相互入股投资，自营谋生的同时也能够依靠投资获益，形成利益的共享链条。对于周边收入较低的农民，袁家村无偿分配给他们相应的股份，使他们也能获得稳定的收入，共享旅游发展过程中的收益。对于村委会中的成员，实行多劳多得的方针，提高资源配置的效率，使袁家村旅游发展的成果不仅惠及社区居民，而且也惠及周边的村民。

第三，综合考虑各经营者的经营能力高低，实施末位淘汰制。小吃街的每一家小吃，都只能由技艺最高的人开设一家店，一家小吃铺只卖一种小吃，各经营者竞争上岗，防止恶性竞争和同质化竞争。

第四，为了保障外来打工者的利益，袁家村规定了最低工资标准；对于小吃街的各种商品，也规定了最低限价，避免恶性竞争。

第五，对于新居民，袁家村也制定了一些偏向性的政策。例如，在小吃街开办初期，袁家村在商户收回成本之前，不收取任何的费用。对外来的投资者，同样在其投资成本收回之前不收取任何的费用。这样的措施，提高了旅游企业的投资信心，保障了投资者的利益，同时也为袁家村社区参与乡村旅游的发展留住了人才。

3. 利益监督机制

为了保障袁家村生态文化旅游的长远发展和各利益主体之间能够获得持续性的利益收入，袁家村对在当地进行经营的商户和当地村民的行为做出了一定的规范和引导。对于商户，袁家村设立了对小吃街的"品尝小组"，定期检查各商户的卫生状况、餐饮状况，如果食品质量不达标或者卫生不达标，轻则罚款重则停业。例如，小吃街等街区通常在每周一召开工作例会，会议围绕对利益共同体的理解、个体矛盾冲突化解、经营环境维护等内容展开交流，旨在解决问题，塑造良好的共商氛围，强化集体意识并塑造共建的价值认同。针对村民，村史馆以实物、图片等形式介绍承载着共同集体记忆的事件，促使村民形成强烈的文化认同感。同时，每周三定期向村民和商户介绍消费升级、产业升级、生态农业等产业发展知识，以及电脑技能、团队协作、领导力等个人发展知识，更好地服务旅游，增强袁家村旅游发展的实力。这是对于社区居民"人"的营造，这种仪式使得人与人、人与社区之间的关系不断贴近，社区成员在互动中形成信任关系，在交往中形成互惠机制，在共同参与中形成社区意识，并且社区居民发挥着主导的力量，同时也是袁家村社区参与生态文化旅游中最重要的一环。除此之外，定期召开的股东大会由全体股东参加，这也是袁家村社区居民表达自己意见，构建袁家村旅游业发展新蓝图和监督合作社、旅游公司行为的好机会。

第五章 社区参与生态文化旅游 开发的保障监督机制

一、社区参与生态文化旅游的保障监督理论

社区参与生态文化旅游开发的保障监督机制，是指通过建立相关的保障制度，保护和督促社区居民更积极且全面地参与旅游开发的建设过程，从而保障社区参与的高效进行。一般来说，我们可以将保障机制看成由监督和评估反馈两大机制体系构成。监督机制可分为政府监管、行业协会监督、舆论监督、社会公众与社区内部的监管四类监管方式，将这四种监管紧密结合起来建立一个完善的监督机制，并有效地运用到生态文化旅游的开发过程中，促进旅游的发展。评估反馈机制，是指对社区居民参与景区开发过程中的效果的一个评价和信息的反馈。在这里，我们不能狭义地只看到居民自己对此的评价，而是应当从整个生态文化旅游这个宏观的角度来评价社区居民的参与是否对当地旅游业的发展起到了促进作用，且效果是否良好、明显。以上两大机制对于完善社区参与生态文化旅游开发的保障都是必不可少的，只有将两者完美结合，才能使社区参与的作用在生态文化旅游发展过程中得到充分的发挥。当然，要实现社区与景区的整体发展，就需要一系列理论作为指导，在社区参与监控保障机制的研究当中，我们不仅要考虑经济问题，更要关注人文问题，因此本章涉及的相关理论包括"以人为本"思想、旅游可持续发展理论和绩效考评理论。

（一）"以人为本"的思想

"以人为本"是十六大以来党中央突出强调的一个重要思想和基本要求。我们不能否认经济发展、GDP（gross domestic product，国内生产总值）增长，但是

我们要明白，经济发展、GDP 增长，归根到底都是为了满足广大人民群众的物质文化需要，保证人的全面发展，人才是发展的根本目的。提出"以人为本"的科学发展观，目的是以人的发展统领经济、社会发展，使经济、社会发展的结果与我们党的性质和宗旨相一致，使发展的结果与发展的目标相统一。"以人为本"，不仅主张人是发展的根本目的，回答了为什么发展、发展"为了谁"的问题，而且主张人是发展的根本动力，回答了怎样发展、发展"依靠谁"的问题。"为了谁"和"依靠谁"是分不开的。人是发展的根本目的，也是发展的根本动力，一切为了人，一切依靠人，二者的统一构成"以人为本"的完整内容。十八大以来，习近平同志坚持以人民为中心的发展思想，进一步丰富和发展了"以人为本"的理论内涵，强调以人民为中心，坚持一切为了人民、一切依靠人民，始终把人民放在心中最高位置，把人民对美好生活的向往作为奋斗目标，在发展中保障和改善民生，坚定不移走共同富裕的道路，成为新时代发展的思想指引。

之所以将此思想运用到社区参与旅游的问题，是因为旅游业是一个运用资源的产业，它的发展既依赖自然禀赋、社会馈赠，又依赖社会环境。发展旅游业不仅可以创造就业、增加收入、推动经济发展，同时也可以安定我们的社会，提高人类生活的品质，增加人们幸福感。在一个旅游景区内，涉及各类主体，如政府管理机构、景区开发商、旅游者、社区居民等。它们之间会发生种种关联，形成一个复杂多变的关系网。当然，不同的主体必然产生不同的价值追求，很多时候，这些利益总会有所偏倚，倘若强调了景区的利益，就会忽视社区的利益；倘若重视了社区的利益，就会弱化景区的直接利益。无论出现哪种偏重，都会导致不公平现象，进而引发不满，这样就会导致景区开发商和管理者面临诸多难以解决的问题。如果，我们能够将"以人为本"的思想贯穿于景区与社区的整合过程中，做到充分理解人性，尊重独立人格，尊重主体的自由和选择，追求终极关怀，这不仅有利于各种矛盾的解决和各种关系的协调，更加有助于最终实现两者的和谐发展。

（二）旅游的可持续发展理论

可持续发展观是人们在反思传统的发展观念对环境和社会造成的各类问题后，提出的一种新型的发展观理论。它的形成可以说是经历了相当长一个历史过程。在 1962 年，美国海洋生物学家蕾切尔·卡逊发表了她的一部引起很大争议和产生轰动的环境科普著作《寂静的春天》，在该作品中作者向世人描绘了一幅由于农药污染所造成的可怕景象，预言人们将会失去"春光明媚的春天"。这部作品在世界范围内引发了人们对发展观念的争论，环境问题也因此由一个边缘问题逐渐走向了全球经济议程的中心。在这之后，随着公害问题的加剧和能源危机的出现，人们逐渐认识到如果继续把经济、社会的发展建立在对环境的无止境破坏上，只会给地球和人类带来毁灭性的灾难。正是这种危机感，让可持续发展的思想在20世纪80年代逐步形成。1980年，世界自然保护联盟的《世界自然资源保护大纲》中提出，"必须研究自然的、社会的、经济的、生态的及利用自然资源过程中的基本关系，以确保全球的可持续发展"。1987年，以挪威首相布伦特兰为主席的世界与环境发展委员会发表了一份报告《我们共同的未来》，正式地提出了可持续发展的概念，并以此为主题对人类共同关心的环境和发展问题进行了一番全面论述，受到了世界各国政府组织和社会舆论的极大重视。党的十五大把可持续发展战略确定为我国实现现代化建设必须实施的战略，党的十七大提出科学发展观思想，党的十九大把"绿水青山就是金山银山"理念写入《中国共产党章程》，成为生态文明建设、可持续发展的行动指南。我国不断重视和深化对可持续发展的认识，发展思路的转变、发展模式的创新为实现更高质量、更有效率、更加公平及可持续的发展奠定了基础。随着时代的进步，可持续发展的观点被广泛应用于经济学和社会学范畴，并且加入了一些新的内涵，使其变得更为全面和丰富。

可持续发展理论是对社会发展进程的指导性理论，会随着社会的不断发展被赋予新的内涵，但是都不会脱离实现人类社会持续发展的初衷。可持续发展理论反映了人类社会最直接需求的价值原则，被提出以后得到全世界广泛认同，引发了学者的深入研究。可持续发展理论之所以会被广泛认同，最主要的原因是该理论强调世界的本质就是一个不断发展、不断前进的真理，发展是永恒的，可持续性是人类社会不断向前发展的最真实、最本质要求。如果将可持续发展应用到旅游领域，就是要求我们在旅游业发展的过程中，摒弃对社会、环境、资源等产生不良影响的内容，寻求可持续发展机制的建设，不断创新技术，加快旅游业可持续发展的进程。

从我国国情来看，可持续发展理论对我们的发展具有现实的指导意义。作为世界大国，人口数量位居世界前列，近年来不断加快经济发展的脚步也使得资源消耗不断增加，环境承载压力在不断加大，可利用的资源逐步减少与不断增加的需求之间的矛盾不断加深，环境污染物排放量增多，逐渐凸显出传统旅游业的弊端，因此亟须进行旅游业可持续革命，在满足当下需求的同时，能够为子孙后代的发展留下财富。

可持续发展理论的内涵十分丰富，但是都离不开社会、经济、环境和资源这四大系统，包括经济可持续发展、生态可持续发展和社会可持续发展。

（1）共同发展。整个世界可以被看作一个系统，是一个整体，世界上各个国家或地区是组成这个大系统的无数个子系统，任何一个子系统的发展变化都会影响到整个大系统中的其他子系统，甚至会影响整个大系统的发展。因此，可持续发展追求的是大系统的整体发展，以及各个子系统之间的共同发展。

（2）协调发展。协调发展包括两个不同方向的协调，从横向看是经济、社会、环境和资源这四个层面的相互协调，从纵向看包括整个大系统到各个子系统在空间层面上的协调，可持续发展的目的是实现人与自然的和谐相处，强调的是人类对自然有限度的索取，使得自然生态圈能够保持动态平衡。

（3）公平发展。不同地区在发展程度上存在差异，可持续发展理论中的公平发展要求我们既不能以损害子孙后代的发展需求为代价而无限度地消耗自然资源，也不能以损害其他地区的利益来满足自身发展的需求，而且一个国家的发展不能以损害其他国家的发展为代价。

（4）高效发展。人类与自然的和谐相处并不意味着我们一味以保护环境为己任而不发展，可持续发展要求我们在保护环境、节约资源的同时要促进社会的高效发展，是指经济、社会、环境和资源之间的协调有效发展。

（5）多维发展。不同国家和地区的发展水平存在很大差异，同一国家或地区内部在经济、文化等方面也存在很大的差异，可持续发展强调综合发展，不同地区根据自己的实际发展状况出发，结合自身国情进行多维发展。

此外，可持续发展还包括可持续性、公平性和共同性三大原则：①可持续性原则。可持续性原则是指既满足现代人的需求又不损害后代满足需求的能力。可持续性原则与环境保护既有联系又不等同，环境保护是持续性原则的重要方面。可持续性原则的核心是发展，但要求在严格控制人口、提高人口素质和保护环境、资源永续利用的前提下进行经济与社会的发展。它主要涉及资源环境的开发利用中的"度"或"承载力"的关系，包括环境可持续性、社会可持续性、经济可持续性和资源可持续性四个方面的含义。②公平性原则。公平性原则包括当代人公平发展、隔代之间的公平发展和资源的公平分配这三个方面，其中，当代人的公平发展是指在促进自身发展的同时，不能损害其他地区或国家人民发展的需求；隔代之间的公平发展是指本代人的发展不能以牺牲后代的利益为代价；资源的公平分配是指可利用的有限资源不能仅仅掌握在少数人手中，要实现资源共享，让所有人都能实现资源利用的权利。③共同性原则。共同性原则要求我们能够通过一定的措施或行动实现全球范围内的可持续发展。

之所以将可持续发展理论引入旅游业，是有它存在的必要性的。20 世纪 80年代以后，世界旅游业得到了迅猛发展，从产值上看已经跃居世界第三位，仅次于石油和钢铁工业。世界旅游城市联合会和中国社会科学院旅游研究中心在北京联合发布的《世界旅游经济趋势报告（2022）》显示，2021 年全球旅游总人数达到了 66 亿人次，比 2010 年增长了 7 倍左右，全球旅游总收入达 3.3 万亿美元，恢复至 2019 年的 55.9%。面对这一形势，一些旅游人士只顾沉醉于旅游经济高速增长的喜悦之中，却忽略了现代旅游业快速发展背后的许多触目惊心的问题。例如，旅游景观的严重破坏，甚至是生态环境的消亡。这类问题一方面是由于旅游区环境恶化等自然原因，如持久的干旱导致旅游区一些瀑布、溪流等自然景观的消失；山洪暴发导致观赏石自然崩塌、山体滑坡等使景点消失。另一方面则纯属人为导致的景区的破坏。很多旅游区为了增加收入，对游客超负荷开放，使得生态环境无法承受过剩的容量，从而导致了景区资源退化，文物古迹遭到破坏，失去原有的历史文化和观赏价值等；还有的情况是景区建筑规划不合理，建筑物的体形、风格与旅游区风景不协调，改变了特定的风景气氛，抑或在景区内修建公路、索道等严重破坏了景区原有的景致。

一直以来，我们对旅游业的认识失之偏颇。很多人认为"旅游业是无烟工业，对环境不会造成污染"。但是如果我们认真地对旅游活动的环境效应加以考察、分析，便不难发现，旅游业也是会产生各种废物的一个产业，它不仅像其他产业一样排放传统工业废物，而且在旅游开发中把环境资源耗竭纳入旅游成本中，追求"低投入、高回报"，从而造成生态资源的严重破坏。首先是污染。由于车辆通行和能源的使用，造成了空气污染和噪声污染；游船和摩托艇排出的废水和废渣，造成了水的污染；各种各样的旅游设施和混凝土建筑往往大煞风景，破坏了幽静的山林和大自然风光。其次是破坏和纠纷。大批游客纷至沓来、车水马龙，不仅会造成交通阻塞、秩序紊乱，而且使名胜古迹和野生动植物区系遭到破坏性的灾难。当地居民和"入侵"的游客之间，经常发生不可避免的冲突。为此，世界上有些著名的旅游胜地对游客有种种限制，甚至使游客"吃闭门羹"。例如，英格兰吊石碑的圆形巨石已禁止游览，这是 4 000 年来第一次；雅典卫城的巴台农神庙，现在只有学者和维修人员才能进去；欧洲几个著名的史前石窟壁画，现已不接受参观了；英格兰的坎特伯雷教堂 5 英寸（1 英寸≈0.025 4 米）厚的石砌地面，现在被踩得只剩下 1 英寸了。

再有，人呼出的二氧化碳、人体温度，以及各种微生物、藻类、苔藓、地衣等低等生物，随着人群带到文物古迹地区，影响当地的生态环境和小气候，从而危害了文物古迹本身。例如，法国著名的拉斯科洞窟壁画，是旧石器时代的艺术杰作，洞壁上画着处于运动状态的动物，既是平面画，又有立体感，色彩缤纷，蔚为壮观。但是，洞窟向旅游者开放 15 年后，洞内小气候遭到破坏，壁画的颜料发生冷凝作用，洞内出现滴水现象，随后生长起藻类、苔藓等低等植物，壁画开始消失，不得不于1970 年关闭了。西班牙著名的阿尔塔米拉洞窟，也由于同样的原因，于 1977 年遗憾地关闭了。

由于旅游业的发展对资源环境具有较强的依赖性，同时旅游开发和旅游活动过程本身所涉及的界面也非常广泛、复杂，再加上当前旅游业过度膨胀已经造成的严重的旅游资源环境危机，都充分说明了走可持续发展的旅游业道路已是刻不容缓。实施旅游业可持续发展，其核心是要保证现阶段人们在从事旅游开发和旅游活动的同时，不能损害到后代的利益，要保证今后能够有资源继续进行旅游开发的可能性。对此，很多学者提出了可持续发展的对策。

　　首先是旅游资源与旅游环境的保护对策。旅游资源和旅游环境是现代发展旅游业的基本条件，那么保护旅游资源和旅游环境就成了旅游业可持续发展的基础。要保护好旅游资源和旅游环境，要做到以下几点：第一，必须端正人们的思想，通过指导使其认识到可持续发展的重要性与必要性。人们在处理资源、环境问题上通常都有这样一种思想，觉得这些都是公共的资源，我不消耗别人也会消耗，不用白不用。这样一种思想致使人们只看重眼前利益而忽略了长期的发展问题。要提倡可持续发展，就要从观念上让人们彻底改变，要对他们强调资源的合理开发利用和维持生态平衡的重要性，指导他们促使可更新资源的不断增值及其后续利用。第二，积极发展生态文化旅游。生态文化旅游不仅可以让旅游者亲近大自然，同时也可以让游客增强环境保护的意识，有利于促进旅游业的生态发展，是旅游可持续发展的必经之路。这里所提到的旅游生态发展，就是指旅游开发和旅游活动不违反生态规律，在旅游业发展的过程中，充分认识到旅游开发与保护、旅游经济发展与旅游生态发展之间的微妙关系，坚持旅游经济管理与旅游环境管理齐头并进的管理模式，使旅游生态发展真正落到实处。第三，坚决避免重走"先污染后治理"的老路。曾经人们为了追求利益，不惜以破坏环境为代价，认为等到经济繁荣之后再来保护环境资源也不晚。在走这条道路的初期可能经济的大幅度增长会出现令人鼓舞的繁荣，但是人心总是不满足的，随着欲望的无止境延续，最终将爆发环境污染、生态破坏、资源衰竭的危机，为人类带来毁灭性的灾难。

　　其次是旅游地域综合体建设对策。要建设好旅游地域综合体，一方面，要做好旅游资源的优化配置，使有限的资源能够发挥最大的效益。这就要求在旅游资源的开发过程中，要有"大旅游"的概念，开发过程要循序渐进，在考虑到目前利益的同时又要兼顾景区未来的发展，绝不能提前透支子孙后代的资源环境。与此同时，要建立合理的旅游产业结构，即旅游地的酒店旅馆、景区景点、交通运输和旅行社之间要相互配合，形成一个旅游大系统，因为只有各个部分比例恰当，才能达到资源的最优配置，才能够保证旅游活动顺利进行，也才能使旅游活动发挥出最大的效益。另一方面，要尽可能避免各个旅游地之间的恶性竞争所导致的区域不公平发展。由于旅游主体均有自主选择权，可以凭借自己的喜好任意挑选旅游目的地，那么旅游地之间的相互竞争就在所难免了，因此旅游地在开发建设的过程中，就应当考虑到这个问题，正确区分各个旅游地的不同等级，将旅游地之间的竞争限制在各个景区均能承受的范围之内，从而达到促进区域旅游公平发展的目的。

　　在本章中，之所以将该理论运用到社区参与生态文化旅游的保障机制中，是因为对于生态文化旅游来说，可持续发展道路是必经之路，这个观点必不可少。在许多生态文化旅游地区，经济本来就相对落后，保存完好的生态文化旅游资源可以说是该地发展最大的优势。如果在发展旅游业的发展过程中，忽视了环境保护问题而致使这仅有的优势也消失的话，那么地区的发展就会变得更加艰难。因此，在发展生态文化旅游的时候，政府相关部门及旅游企业如果能加大可持续发展旅游观念的宣传，并将这个理论观点运用到保障机制中，贯穿到全域旅游建设中，提高社区居民和旅游者的环保意识，让他们积极主动地投身到景区的建设保护和社区生态文化建设保护过程中，生态文化旅游才有可能长久稳定地发展下去。

（三）绩效考评理论

社区居民参与旅游活动的开发建设，可以以管理者、员工的身份，也可以作为义工参与进来，不论是何种身份，要对他们的参与情况进行评价，就需要对其参与后的效益进行分析评估，即对其绩效进行考评。在此，我们就需要运用绩效考评理论。

绩效考评是指对照工作目标或绩效标准，采用一定的考评方法，评定员工的工作任务完成情况、工作职责履行程度和发展情况，并将上述评定结果反馈给员工的过程。管理者可以根据提供的回馈，考察员工的工作绩效和发展潜力，针对员工的行为采取奖惩策略。因此，绩效考评不仅可以使员工了解绩效评估执行的情况，对他们自身的行为进行评估，同时通过这种考评制度可以让员工提升自己的工作效率，影响员工未来努力水平和任务指向。

绩效考评主要有以下原则：第一，公平、公开原则。在绩效考评之初，就要做好宣传工作，将考评的信息传达给每一个被考评的员工，在注重公开的同时，还要注意考评的公平，对员工考评应依照明确的考评细则，尽量避免掺入主观因素和感情色彩。第二，可行性原则。在制订考评方案时，应根据考评目标，合理设计方案，并对考评方案进行可行性分析，在对考评方案进行可行性分析时要注意三个因素：限制性因素分析、目标效益分析、潜在问题分析。第三，及时反馈的原则。考评的结果应及时反馈给被考评者本人，否则就起不到考评的真正作用，在反馈考评结果的同时，应当向被考评者解释评语，肯定成绩和进步，说明不足之处，指引今后努力的方向。

绩效考评的流程一般包括以下几个步骤：制订计划与技术准备、考核与评价、结果反馈和结果的应用。

绩效考评的最终目的是要改善员工的工作表现情况，从而达到企业的经营目标，同时提高员工的满意程度和未来的成就感。美国组织行为学家约翰·伊凡斯维其认为，绩效考评可以达到以下几个方面的目的：①为员工的晋升、降职、调职和离职提供依据；②组织对员工的绩效考评的反馈；③对员工和团队对组织的贡献进行评估；④为员工的薪酬决策提供依据；⑤对招聘选择和工作分配的决策进行评估；⑥了解员工和团队的培训与教育的需要；⑦对培训和员工职业生涯规划效果的评估；⑧对工作计划、预算评估和人力资源规划提供信息。

因此，可以说绩效考评是人力资源管理现代化、合理化所不可或缺的重要方法，通过对员工能力的发挥度、对业绩的贡献度进行分析把握，从而做出是否为其进行加薪、升迁、人力配置或是培训等方面的决策。但是，必须充分了解到，透过绩效考评，我们更重要的是要去了解如何才能使员工发挥自身能力、积极工作，进而改善公司的整体绩效。毫不夸张地说，绩效考评是解决人力资源管理课题的一种重要手段，对有效实施人力资源管理具有重要意义。

首先，绩效考评给员工提供了自我评价和提升的机会。对员工个人而言，随着社会的发展，企业不仅仅是他们的谋生场所，更是他们满足社交需求、尊重需求甚至是实现自我等高级需求的地方。对于工作成绩突出的人，他们都希望自己的工作能够得到企业的承认和肯定，这种工作业绩的考评就可以满足他们这方面的要求；对于工作效率低的人，如果没有给予评价和考核，他们就永远不会明白自身的实际情况，在分配报酬和其他人事调配的时候，会无根据地和其他人进行攀比，所以，如果企业或组织没有采取客观的业绩考评制度的话，无论是对先进的工作者还是落后的工作者都是不利的。先进的人由于没有得到肯定，必将打击其工作积极性；而落后的人没有了解到自身的实际状况，业绩无法提高。

其次，绩效考评可以使管理者详细了解下属的工作状况。对管理者而言，通过对下属的工作业绩进行考评，可以明确了解本部门人员的人力资源状况，有利于后续的工作分配，提高管理工作的效率。例如，在人员安置、工作指派方面，就可以根据考评的结果安排得更恰当，制订培训计划也会更有依据等。

再次，绩效考评有利于管理者与员工之间的沟通。在绩效考评的过程中，加强了上下级之间的沟通，使彼此建立起更为信赖的关系，并从中及时发现工作中的问题、加以改进。在很多实际情况中，许多员工遭受到挫折和失败，经常是因为他们搞不清楚组织到底希望他们怎么做？做什么？致使他们浪费了很多精力做了大量的无用功，使得事倍功半，所以，绩效考评工作可以说是架起了一座沟通的桥梁，解除了很多不必要的误解，协调上下级关系。

最后，员工绩效考评有利于推进企业或组织整体目标的实现。对组织的内容，发挥着它不可替代的独特的作用。没有绩效考评，人力资源开发和管理就失去了改进与发展的方向。绩效考评具体作用如下。

（1）绩效考评是员工晋升职位和培训的依据。绩效考评所提供的信息有助于管理者对各个员工做出晋升或工资方面的决策。通过考核，淘汰那些工作不认真、不称职的人员，选拔和聘用那些真正具有才能且具有工作热情的员工。同时，通过这种定期的业绩考核，也可以让管理者了解员工在哪些方面已有提高，在哪些方面还存在不足。在此基础上，管理者以此为依据，制订出新的培训计划，或对原计划进行针对性的修改。

（2）绩效考评可以极大地调动员工的工作积极性。绩效考评是对组织成员在一个既定时期内对自己的组织的贡献程度做出评价的过程。考核可以让员工了解自己目前的工作成绩，使他们清楚地认识自己存在的优势和不足，通过这种激励与引导，促使他们在以后的工作中提高自己的工作绩效。

（3）绩效考评可以为企业的各类人员提供了一个沟通交流的机会，使大家能够有机会坐下来对各自的工作行为进行讨论。在这个过程中，可以揭示出工作中的那些效率较低的行为，同时还可以帮助员工强化已有的优势行为，让大家相互交流好的工作经验。同时，绩效考评也是奖励的合理依据，要做到考核工作切实有效，就必须把它与激励、奖励制度紧密结合在一起，对在工作中有突出成就的员工进行及时的表扬和奖励，以此来激励大家都为组织的共同目标做出更大的贡献。

（4）绩效考评可以找出大家工作中的不足和差距以便将来改进。了解了组织中员工的心声和意见，并及时处理这些意见和建议，可以为企业解决目前存在的问题，为员工与管理者提供一次很好的交流机会。绩效考评可以说是总结了企业管理的优秀经验、优秀成果及成功经验，并将其大力推广和宣传。通过考评，管理者将更加明白一个道理，那就是多为员工创造机会、多给员工搭建展示的平台，他们就会更多地回报组织。

可以说，绩效考评是人力资源管理工作的重点项目之一，它的最终作用应当是提高员工的工作能力和发展潜能。因此，绩效考评应该成为各类组织充分利用资源、培育核心竞争力、获取竞争优势的一个重要的途径。

全球逐渐对人力资源如何进行充分利用越来越重视，因此对绩效考评的研究也越来越多。在我国，有些学者认为我国的绩效考评经历了四个阶段的发展，即平均主义思想下的赏罚调剂阶段、主观评价阶段、"德能勤绩"评价阶段、量化考核与目标考核阶段。在第一阶段中，几乎是没有正式的考核方式，基本实行平均主义，只有在谁做出特殊贡献或重大过失时才会对之有特别奖励或惩罚。在第二阶段中，组织认识到必须打破以前的平均主义，依据能力与贡献来确定报酬，实行灵活的评价与分配机制，以此来拉开收入分配的差距，但是此时的组织缺乏管理基础，各种考核大多凭管理者主观感觉，缺乏评估标准。第三阶段也是目前中国多数企业或组织都采用的国家公务员形式的"德能勤绩"的考核模式。这种模式虽然制定了评估标准，但是考核指标庞杂，没有针对性，考核重点不突出，不能真正反映员工的业绩。第四阶段是客观、量化的考核，这可以说是近年来很多企业或组织管理的重点方式，它用事先承诺的标准来考核员工所实际完成的绩效，以达到改善工作者绩效的目的。这种标准可以说是客观的、最科学、基本可量化的。

　　在国外，已经提出了很多绩效管理模式。管理大师彼得·德鲁克所倡导的目标管理，在实践中早已得到了广泛应用，特别是在绩效考评方面，该管理模式使经营哲学从"工作本位"转向了"员工本位"，它的成功实施需要系统的保证，需要企业或组织从文化制度建设、组织环境的营造到员工素质培养等各方面全方位的改进和提高。关键绩效指标管理模式是通过对组织内部某一流程的输入端、输出端的关键参数进行设置以此来衡量流程绩效的一种目标量化管理指标模式，它避免了因战略目标本身的整体性和沟通风险所造成的传递困难，给各级管理者提供客观的标准和角度，帮助其制定各战略阶段的不同目标。由罗伯特·卡普兰提出的平衡记分卡管理模式，作为一种战略绩效管理及评价工具，从财务角度、客户角度、内部流程角度、学习与创新角度四个方面进行衡量，它最大的优点就在于实现了财务与非财务的平衡、结果与动因的平衡、长期与短期的平衡、外部与内部的平衡、客观与主观的平衡。还有一种绩效管理模式，即360度反馈评价模式，最早由美国企业英特尔提出并加以实施的，它是指从员工自己、管理者、同事甚至是消费者等全方位的各个角度来了解个人绩效，其优点是信息反馈更为全面，通过强调团队内部和外部顾客推动全面质量管理，但是这种来自各方面的意见有时可能会发生冲突，这就使得综合处理这些来自各方面的反馈信息时比较费时、棘手。另外，"卓越绩效模式"是现代管理中获得广泛认同和使用的综合绩效管理的有效模式与方法，其起源于美国20世纪80年代后期，其核心是强化组织的客户满意、意识和创新活动，追求卓越的经营绩效。该模式适用于多类型的社会组织，如企业、事业单位、医院和学校等，由于该模式的成功应用，能有效提高社会组织现代管理能力，世界各国许多企业和组织纷纷引入实施，"卓越绩效模式"的本质是对全面质量管理的标准化、规范化和具体化。"卓越绩效模式"集中体现了现代管理的理念和方法，涵括了众多成功企业在运行过程中的经验总结；在检测机构中，通过运用"卓越绩效模式"进一步完善质量管理体系，这是提高检测机构综合水平的有效途径。

　　我们将绩效考评理论运用于社区居民参与旅游开发的问题，可以更加有效地提高居民参与的积极性。当社区参与旅游景区的建设过程时，如果居民对自己和他人的已有的功劳与过错无法得知，那么就无法在思想和行动上有所进步与改善。倘若，可以将企业中的绩效考评理论成功地运用到社区参与旅游开发当中，必然会使其参与效果事半功倍：首先，通过绩效考评，居民会对自己所做出的贡献有更加具体、更加量化的认识，他们会自行与他人的功过进行比较，从而提升自己的满足感和荣誉感，如果当地的政府及管理部门能适当给予嘉奖，对增强居民的参与积极性会起到很大的帮助。其次，通过绩效考评，可以让管理部门更清楚地了解到每位参与进来的社区居民的功劳有多大，这为最后的奖惩及利益分配提供了有力的依据。最后，通过对社区居民进行绩效考评，可以总结现阶段工作中做得不足的地方，根据这些总结出来的经验教训，今后可以更好地开展工作，可以有效避免再犯同样的错误。

二、社区参与生态文化旅游开发的保障监督问题

随着旅游业的快速发展，旅游业在社会经济增长中发挥的作用越来越突出。为了保持长久的生命力，各个旅游地都在不断地开发旅游资源，创新旅游产品。然而，国内外许多旅游地在经历了快速发展阶段之后，均不同程度地出现了衰落的迹象。生态文化旅游地区也不例外，由于其旅游发展很大程度上是依赖自然和人文环境资源，资源的退化很不利于生态文化旅游的发展。其实，从某种意义上来说，造成这种情况主要的原因是旅游开发社区参与保障机制的不健全引起的。

（一）旅游法律法规不健全

在我国，最基本的是《中华人民共和国旅游法》，具体在旅游资源开发、利用和保护方面的法规，还有《中华人民共和国文物保护法》《风景名胜区条例》《中华人民共和国自然保护区条例》等，规范旅游者的有《中华人民共和国出境入境管理法》《中华人民共和国护照法》《中国公民出国旅游管理办法》等；对旅行社、导游方面的有《旅行社条例实施细则》《旅行社责任保险管理办法》《导游人员管理条例》，在旅游管理方面还有《旅游投诉暂行规定》《边境旅游暂行管理办法》《旅游饭店星级的划分与评定》等。从内容来看，绝大多数是旅游管理方面立法，缺乏一部完整的有关旅游开发、旅游业发展及其经营的法律法规，致使各地区、各单位在旅游业发展及经营管理中法律依据不足。

立法滞后于旅游产业的发展主要表现在以下三个方面：一是现有旅游法律法规不够健全，规范的对象单一。现有旅游法规仅约束旅行社和导游（讲解员），对涉旅要素的其他行业约束力不够，使旅游业发展的一些问题无法确定下来，旅游行业管理的范围不能法定化。二是执法主体单一和旅游规范对象多元之间存在矛盾。旅游产业涉及面广，需要规范的对象多，而执法主体分散在各部门，导致旅游宏观调控乏力，往往需要多方协调，行政成本高，效率不高。三是现有旅游法规在内容上不适应迅猛发展的旅游业的需要，增大了执法难度。

（二）管理体制不顺

在生态文化旅游开发与管理中，部分旅游景区、景点的管理体制尚未理顺，在旅游业发展过程中，由于它涉及的部门和产业太多，一些景区管理部门并未真正发挥其管理职能，甚至有些地区的旅游管理部门形同虚设。管理职责不明确，管理制度落实不到位，导致条块分割、政出多门，究其原因是受旅游景点地理条件的影响，部分旅游景点的管理体系缺少规范化、标准化，加上各个景点的职能管辖部门不同，且各景点的区域位置存在交叉和重叠的现象，增加了旅游管理的难度，造成旅游管理混乱，不仅给旅游景点各项资源的开发和利用带来不利影响，还直接影响到生态文化旅游稳定发展。

首先，跨区域景区往往因行政障碍影响资源整合、协同发展。例如，鄂西地区大洪山景区地跨荆门、随州两地，范围包括以随州洪山寺、洪山河及赵泉河流域为主体，北至三眼泉、白云寺，东至观音岩，南至京山厂河及许家寨，西南至钟祥市客店、袁台、朝阳店、龙王泉。东西宽约 21 千米，南北长约 33 千米，呈三角形分布，总面积 350 平方千米，在发展之初旅游发展规划由谁牵头都是个问题。著名的风景名胜地张家界，20 世纪 80 年代开发之初，也存在行政区划的障碍，大庸和慈利、桑植各自为政。为了协调管理，1988 年，国务院批准将大庸升为地级市，设立永定区、武陵源区，将原属常德市的慈利县和湘西土家族苗族自治州的桑植县划归大庸市。1994 年 4 月 4 日，国务院批准将大庸市更名为张家界市，自此张家界旅游发展进入快车道。

其次，文化旅游部门和环保、建设、林业、国土等部门职能存在交叉，同一个景点多头管理。各地在发展生态文化旅游业上，存在地区之间各自为政、企业之间互相打压等现象。就目前发展情况看来，各地区、景区之间开放合作、协调服务、优势互补、整体联动的意识较为淡薄，旅游管理体制机制尚不健全。如果没有大资源、大旅游、大市场的理念，就不可能实现生态文化旅游协作区的长久发展。

最后，景区的投入、经营机制还不够灵活。大部分地区在生态文化旅游开发投入机制上仍是政府主导型模式，市场化、产业化程度有待提高，吸引社会资本能力不强，市场活力不足。有的景点政企不分、产权不清，不利于市场化运作；有的景区思想不够解放，缺乏资源整合，开发经营方式单一，直接影响旅游产业的发展活力。

目前，我国旅游景区的管理工作还存在一些问题，宏观管理模式综合来讲比较混乱。很多风景名胜区本身既有发展经济、取得收益的经济职能，又有保护资源等社会职能。我国风景名胜资源和文物资源的管理权由各级有关行政主管部门行使¹。根据我国现行的行政体制，各类风景名胜资源和文物资源仍分别归建设、林业、环保、文化、文物、宗教、海洋、地质、旅游等部门行使管理权，并按其科学价值、历史文化价值、美学价值和地域范围等划分为国家级、省级、县级，分别由各级相关行政主管部门管理。这些政府部门都能够对旅游景区的保护、开发及管理进行审批和监督，但缺乏统一的行政管理部门进行统筹和协调管理。在这种情况下，由于没有明确的管理权限，管理混乱的现象时有出现。针对这种状况，必要时成立相应的行政管理机构，如风景名胜区、国家森林公园、自然保护区管理委员会（或管理局）、文物管理委员会（或文管所）等，作为国家资源所有者代表，统一实施管理权。

当然，管理是一个复杂的系统工程，只有高素质的管理人员才能带来有效和高效的管理。如何提高管理主体中各类管理人才的素质、结构和专业水平，是决定管理效率和效果的重要因素。例如，西部地区各种资源及待遇落后于东部发达地区，各领域的专业化人才匮乏，这也是造成西部地区整体旅游景区管理水平相对较低的一个重要原因。管理理念的落后和传统，也是西部地区旅游景区的一个突出问题。有的旅游景区属事业单位编制，执行由市级财政部门统一制定的工资标准，缺乏有效的薪酬激励机制，造成职工工作积极性缺乏。这种管理体制和经营机制导致的结果就是许多文化旅游资源得不到开发利用，甚至造成闲置和浪费，地方旅游经济也得不到发展；在经营接待上，基本依赖等客上门，缺乏主动外出营销的动力；在分配制度上，缺乏有效的激励机制，职工工作积极性不高。面对开发建设资金大量缺乏的实际情况，仅仅是采取依赖政府财政性资金及自身微薄的门票收入的方法，而在引入市场机制提高经营管理水平、实现市场化的资本运作方面，还需下大力气。

（三）旅游基础设施滞后的制约

在许多生态文化旅游区，由于地方财力有限，投入不足，许多景区的基础设施和交通建设比较落后，食、住、行、游、娱、购的配套水平较低。

在基础设施方面，我国许多地区受到的制约十分明显。由于基础设施建设落后、可进入性很差、资源开发水平不高，许多众多森林公园少人问津，旅游业规模不大，吸引游客较少，而且游客的消费度低。一方面，休闲娱乐相关设施配备不足。旅游者选择旅游，其中很大原因就是想通过休闲旅游来放松身心，但当前一些地区经济社会发展水平有限，部分旅游景点休闲设施配套不够完善，能够为旅游者提供的停车场和卫生设施相对较少。特别是很多乡村旅游景点都是由农民自发进行的开发和经营，在经营理念和管理方面还相对滞后，提供的服务多是家庭式，在餐饮、住宿等方面卫生条件一般，很难满足城市居民的旅游需求。另一方面，旅游购物环境较差。休闲购物也是旅游者进行生态文化旅游的重要活动项目之一，能够为经济发展带来经济来源。但从目前来看，旅游景区还没有形成完善的旅游购物体系，很多游客只是在景点门口或沿街摊贩处，从本地村民手中购买一些纪念品，这些纪念品质量一般，同质化严重，很难体现出本地的民俗特色，这也在一定程度上影响着旅游者的消费积极性。当前旅游开发模式过于单一，很多旅游景点都大致相似，在旅游产品售卖上也缺乏差异性，在这一景区购买的旅游产品，在下个景区同样又出现，很难激发起旅游者的购买欲望。

在交通建设方面，交通瓶颈制约严重。现代旅游业的产生和发展与交通业紧密相连，交通便利程度不仅是旅游资源开发和旅游地建设的必要条件，而且是衡量一个国家或地区旅游业发达程度的重要标志。一方面，交通是沟通旅游需求与旅游供给的桥梁。作为旅游通道的物质主体，交通是实现旅游者在旅游地与客源地之间流动必不可少的环节，对二者空间相互作用的产生及旅游客流的形成都起着非常关键的作用。另一方面，交通除了为旅游者提供空间位移的基本功能外，还渐渐具备了满足旅游者体验、游览和娱乐需求等多重功能，所以，便利的交通条件作为一种无形的旅游产品，不仅是旅游者消费体验的一部分，也是其他旅游产品得以实现价值的先决条件。在一定意义上，交通条件因其具有某些资源化特征，对旅游地吸引力、竞争力及旅游者决策都产生了重要的影响，甚至被认为是旅游吸引物的中心。我国西部地区的旅游资源大多分布在偏远地带，交通、通信等基础设施建设滞后，导致旅游目的地尚未真正形成，过境游、接待游等现象突出。就目前情况来看，许多地区到核心景区的高等级公路少，不少景区景点之间是"回头路"，路况较差，导致景区分立、市场分割，旅游资源难以集成规模效应。同时，一些地方连接省外的快捷通道不畅，地区之间缺少快速通道对接，邻省风景区的客源因交通障碍难以互相输送，区域外游客进出难仍比较严重，一些就会望而却步。另外，地区的公共交通基础设施水平也会影响旅游发展，是否实现全覆盖？景区之间是否有专线车？水路交通、民航交通、铁路交通的覆盖等，都会影响旅游的出行决定和旅游的体验。发展城市旅游业，更是需要具备高品质的公共交通服务体系，为游客提供便利的出行，与此同时，城市的公共交通系统也可以成为城市的名片。如今的时代已然成为信息化的时代，在旅游交通领域，同样也需要逐步实现信息化，以方便旅游和交通的同步发展，智慧城市智慧交通成为发展方向。

从上述现状我们不难发现生态文化旅游开发保障机制不完善导致的后果是很严重的，不仅打击了居民参与生态文化旅游发展的积极性，同时也会造成环境的继续恶化。对游客来说，生态文化旅游区是暂时的居留地，仅供娱乐休闲，但是对旅游目的地的居民而言，这里是他们长期居住、生活和工作的场所，因此旅游目的地资源和环境的保护、法律法规的健全与基础设施的保障等对社区居民有着更重要的意义。我们知道持续发展是人类发展的理想模式，也是人类追求的目标，而旅游业可持续发展是旅游业发展的必由之路，那么要保障这种持续长久的发展成为可能，社区居民参与、支持和配合下的监督机制是不可或缺的。

三、构建社区参与生态文化旅游开发的保障监督体系

我国旅游业的进一步发展，必须加强市场经济和法治体系的完善。在本章的前面部分已经提出了由于保障监督机制的缺失所带来的问题，要解决以上问题，我们就需要建立健全生态文化旅游的社区参与保障监督体系。

（一）社区参与的保障平台

1. 建立法律保障

由于社区居民本身就是弱势群体，在与政府和旅游企业的交涉中很难保障其自身的利益，也很难对生态文化旅游开发中造成的生态文化破坏现象给予有效监督和制止，因此，法律的保障显得尤为重要。目前很多旅游发展强国都制定了《环境保护法》和《旅游法》，我国虽然也制定了一系列相关的法律法规，对生态文化旅游的发展提供了一定的规范作用，但是，现有的这些法律还不能具体解决生态文化旅游发展过程中所面临的各种问题，社区参与内容就是众多问题的其中之一。2008 年，《中华人民共和国劳动合同法》正式开始施行，表明农村社区居民参与当地旅游景区就业劳动权利也应受到法律的保护。然而，因为旅游行业的特殊性，工作时间较长工作环境较为辛苦，很多旅游企业故意钻法律的空子，有一部分企业员工的加班工资以及劳动休息权得不到充分保障，也有一些旅游景区为降低成本违法违规用工。因此，尽快颁布我国的生态文化旅游相关法律很有必要，并在此基础上针对生态文化旅游的特殊性制定较为具体的管理条例或相关的保护区管理条例。总之，通过旅游法律法规形式来强有力地保障社区居民参与生态文化旅游、参与社区发展的权利，并有足够的代表性去影响景区开发者的决策，将让社区参与的权利合法化和制度化。

2. 建立技术保障

要想长久发展生态文化旅游，需要让当地社区居民了解有关环境、经济、文化等各方面的信息。获得信息和培训是社区居民参与生态文化旅游的重要内容之一，它一方面可以提高居民的参与意识，另一方面还可以提高居民参与生态文化旅游的竞争能力。因此，可以建立一个生态文化旅游信息系统，其主体由各类信息库

组成，包括生态文化旅游资源数据库、生态文化旅游政策法规信息库、生态文化旅游市场信息库、生态文化旅游景区景点管理信息库、生态文化旅游教育信息库等，实现数智旅游。除了上述信息库以外，还可以印制宣传册、制作电子宣传片、建设专业性网站等，以达到广泛传播有关生态文化旅游的各种知识的目的。

3. 建立体制保障

体制制度的完善有利于明确职责分工，提高工作管理效率与水平，防止部门及人员之间推卸责任。因此在旅游管理的过程中，有关部门必须依据旅游管理的特殊性，在国家实施政策的基础上，建立完善的旅游管理体系，实施政企分开制度，确定政府在旅游管理中的监督与引导作用，通过协议的方式将资源性资产委托给企业，进行市场化经营管理；对于经营性资产，可转让给企业，明确区分旅游部门与文化部门对景区的经营权、所有权和开发权，从而有效解决景区管理、开发资源保护和资金不足的问题。此外，旅游企业还需联合文化、交通、执法、工商及环境等政府部门及时沟通交流，协同管理旅游景点，确保旅游管理工作和政府要求相符。

在管理体制方面，政府和市场管理存在交叉的现象，要保障生态文化旅游的顺利发展，就要厘清各利益主体的关系。首先，要确立谁是地方旅游的主管部门？谁来主导旅游发展？由于与生态文化旅游相关的部门较多，部门之间可能出现的利益冲突会给生态文化旅游的社区参与带来很多麻烦，因此必须明确旅游发展的主体和主管。其次，在确定了主管部门之后，就要确定地方主管部门的角色。政府的职能应该是宏观调控、管理和协调，而不是直接参与生态文化旅游经济活动。明确政府作为利益协调者的身份，将有助于社区居民参与生态文化旅游发展，并帮助他们从旅游发展中获得合理的利益。

（二）社区参与的监督平台

对于监督机制，我们从政府监管、行业协会监督、社会舆论监督和社会公众和社区内部的监督这四个方面提出构建生态文化旅游开发社区参与监控机制的建议。

1. 政府监管

政府作为监管的主体，首先要建立相对独立的管理机构，遵循各项原则和规定，对旅游开发企业和周边社区居民的行为进行监督与管理。例如，可以将企业规划中对社区居民承诺的内容作为考核监管的一个方面，当企业在经营合同期满后，政府需要对旅游企业进行重新的审核，看在过去的经营当中该企业的行为是否符合合同的要求，是否有做到之前的承诺。经审核通过后，若达到标准才可续签合同；倘若该企业在经营过程中严重违规操作，没有达到规定的要求，那么不仅要立即停止合作，还要对其进行严厉处罚。同时政府的规制机构在开展工作时，应与相关部门保持密切合作，从而保证社区参与生态文化旅游开发过程中政策的可操作性，不能让社区居民因为政策的不合理而处于无所适从的两难境地。

2. 行业协会监督

如果说政府是行业监管的主体，那么行业协会是行业发展的助推器。政府在对社区参与生态文化旅游开发进行规制时，应鼓励旅游及其相关行业协会的组建，适当放权，对属于社会管理的职能可以直接委托给有关行业协会来承担，强化行业协会在旅游社区当中的职能和权利。行业协会在接受授权后，要在政府的法律法规下，协助政府拟定在旅游开发过程中社区参与的共同发展策略，制定共同的职业道德规范，以维护市场竞争的秩序。同时，行业协会还可以将政府的有关政策法规转化成操作性强的具体措施，用于调解行业各利益相关者直接的矛盾和纷争，并对不守行业纪律者给予惩罚，使政府的政策在旅游开发中真正起到指导作用。

3. 社会舆论监督

社会舆论监督可以说是最具公开性、覆盖性和心理震慑力的监督方式。它传播速度快、范围广、影响力大，是一种直击人们心灵的社会道德约束力。通过发挥以新闻媒介为主的舆论监督作用，也有利于发现一些不和谐因素并对其进行及时妥善处置，为旅游各相关者营造良好的空间氛围。通过开展社会舆论监督，不仅可以借助新闻媒体的传播作用，为旅游地的企业和社区带来其他旅游业发达地区的发展经验与政府的政策措施，以此提高社区居民的参与意识与自我保护意识，而且通过运用新闻媒介，可以对偏离或违背行业正常运行规则的行为进行新闻批评，为政府开展工作提供有力的依据。

4. 社会公众和社区内部的监督

为了使景区周边社区居民参与旅游景区发展的权利得到切实有效的保障，还需要发动社会公众和社区内部的监督力量。社会公众监督主要是构建一个投诉平台，使游客能够将在景区游览过程中遇到的问题及时反映出来；社区内部组织是代表社区居民与旅游开发商协调的组织，它除了要发挥维护社区权利的职能外，还要充分发挥其对各利益相关者行为的监督作用。与上述几种外部监督组织相比，社区内部监督的作用是无法替代的，因此，为更好更充分地发挥社区内部组织的监督作用，地方政府在进行景区的规划决策时应尊重周边社区居民的意愿，如可以引入社区居民代表参与决策的制度、建立旅游地相关企业与社区居民信用登记及控制体系等方式。如果利用好了社区内部的监督力量，不仅能够减少政府法规执行的成本，同时还能够减少各利益相关者之间相互博弈的成本。

（三）社区参与的评估反馈平台

要建立完善的保障机制，还需要有一套评估反馈体系，在这一环节中，可以对社区参与生态文化旅游发展的结果进行评价，便于对下一次的参与进行调整和完善，逐渐形成一个有反馈机制的参与循环体系。在此，我们提出两点关于建立评估反馈机制的建议。

1. 建立评估机制

生态文化旅游的开发效果以及旅游景区规划的执行状况主要是通过与此地开发前的情况及周边社区的经济、社会文化、环境等方面相互比较得出来的。那么，要使开发前后的情况可以得到比较客观和准确的对比，就需要一套科学的评估机制作为保障。

首先是对景区建设的评估。首要任务是建立科学的评估标准，这个标准的建立需要旅游行政管理部门、旅游方面的专家学者及社区居民的共同参与来制定完成。在这个过程当中，旅游行政部门主要起到规范、指导的作用；专家学者是根据生态文化旅游区和周边社区的实际情况，事先确立一套评估标准，他们可以通过问卷调查、座谈会等方式对当地的经济、文化和环境状况进行了解与分析，综合旅游景区各方面的情况，做出一个合理的成果评估，并对曾经的评估标准进行优化调整，使其更加科学、切合实际；社区居民在这个活动过程当中既是被评估的主体，又是实施评估的参与者，居民们可通过建立专门的评估委员会，安排设定专门的人员，通过培训后，定期主动地向有关部门提交相应的评估意见和建议，使规划在行使的过程当中灵活变动。可见，社区参与评估应该贯穿整个旅游的发展过程。

其次是对社区人员参与的评估。当然，在对景区建设进行评估的同时，对社区居民参与整个过程的效果也要进行一个评估。社区居民参与景区建设这样一个环节当中，作用是积极还是消极、效果是好还是不好，也需要一套评估标准来进行评定，以便为以后工作的开展做一个依据。那么，这个评估方式可以参考企业对员工的绩效考评的方法。我们可以将社区居民看作组织成员，他们参与景区的建设，必定会对景区的建设有所贡献，那么我们可以对他们这种贡献的大小进行一定的考评，这样有利于景区管理人员去发掘社区居民的不同特长，有利于人力资源的优化配置。在设计考评标准，进行绩效考评时，一定要遵循以下原则：一是考评制度公开、透明原则。管理人员要让参与进来的社区居民了解绩效考评的政策和程序，了解他们的工作性质以及景区管理者通过什么标准进行考评的。二是考评标准相互补充原则。三是考评过程公平公正原则。只有绩效考评的指标、原则、操作程序等内容都做到客观、公开和公正，居民才会乐意按照规则行事。四是考评结果与奖励相挂钩原则。物质上的回报对居民来说可能是最实际、最直接的刺激，只有将这种考评结果与奖励相挂钩，才能更大程度上刺激居民参与的积极性。还要注意的是，与绩效考评结果相挂钩的奖励等级要有明显差别，这样才能让大家了解到自己的贡献程度，才会在今后的工作中更积极主动。

2. 建立反馈机制

反馈机制应贯穿旅游发展实施的整个过程，鼓励和支持加大社会监督与舆论监督的力度，要求各家新闻媒体更多更快地反映社区民意，在大力宣传景区开发过程中的正面典型的同时，也要实事求是地大胆曝光问题和负面消息。在不同的阶段，可以定期举行会议，或是定期召开座谈会，请社区的代表一起参加，一起来探讨景区开发过程中遇到的问题。同时，为了更方便地获取居民的意见和建议，可以设置信箱、热线电话、相关网站等，这样居民就有更多的渠道进行提意见和问题的反馈。对社会投诉和媒体曝光出来的问题，相关管理部门要将其分类梳理，分清责任单位，明确整改时限，向责任单位发出通知单。责任单位接到通知单后，也要将问题整改情况在限定的期限内向管理部门提交书面反馈。责任单位对整改事项不及时整改、整改效果不明显或不按时反馈整改情况的，由管理部门交政府机构进行督办。情况严重、影响恶劣的，要对责任人进行责任追究。可见，建立信息反馈机制，有利于管理人员及旅游开发商及时对生态文化旅游的发展情况进行调整。

3. 构建社区参与效果评估模型

我们采用层次分析法构建评估反馈机制模型，测定社区参与影响因素的权重，并求出赋值，确定社区参与程度的评价标准，得出结论。

根据第三章、第四章、第五章的内容，我们确定了社区参与效果评估模型的三级评估指标体系：一级指标为社区参与生态文化旅游效果（A）；二级指标为驱动机制中的参与效果（B_1）、利益分配机制中的参与效果（B_2）、生态文化保护机制中的参与效果（B_3）、保障机制中的参与效果（B_4）；三级指标共有 18 个（图 5-1）。所列指标并不是社区参与的全部指标，它仅涉及了本章研究的关键性问题，为后文的对策与建议提供依据。

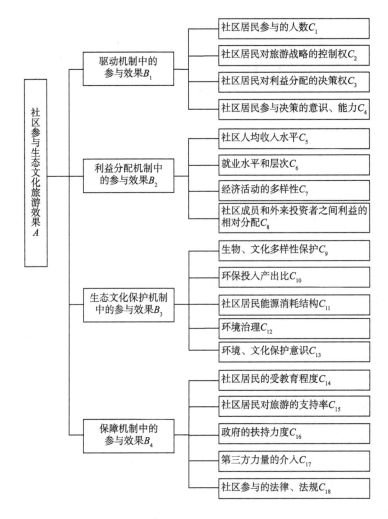

图 5-1　社区参与生态文化旅游效果评估模型

四、案例分析

➢ 案例一　云南省南华县咪依噜风情谷

（一）咪依噜风情谷概况

咪依噜风情谷位于云南省楚雄州南华县城以北 10 千米处的龙川镇岔河村，地处南华与姚安、牟定三县交界处，隶属南华县龙川镇岔河村委会，全长 6.5 千米，涉及马鞍山、新房子、三家、大岔河、小岔河、新村 6 个村民小组，南永公路贯穿整个风情谷，交通极为方便，路况良好。

1. 传说由来

咪依噜，又称插花节，是昙华山彝族人民一年一度的传统节日。每年农历二月初八，人们摘来各色鲜花，编扎成花团锦簇的牌坊、花棚，象征吉祥如意；在房前田间和牛羊上插花，祈愿美好；人们也互相插花，寄托和顺安康，情长意远的祝福。林下花间，男女老少和着芦笙围成圆圈"打歌"，青年情侣相偎而歌，欢声笑语。

插花节是为了纪念为民除害的美丽姑娘咪依噜和她的爱情。传说很久很久以前，昙华山上有一个名叫咪依噜的姑娘，她长得像鲜花一样美丽，绣出来的花朵能引来蜜蝶翻飞，歌声能引来林中百鸟张望；她会耕地、织麻、牧羊。她的歌声，打动了在远山打猎的青年朝列若的心，两人订下了终身，但最后为了保护全寨，她与恶霸同归于尽。彝家人民，为了怀念这位献身除恶的姑娘，每逢农历二月初八这天，采来马樱花插在门头上、拴在牛羊角上、别在农具上，把马樱花视为吉祥、幸福的象征。这一天，人们穿上色彩鲜艳的盛装，头上插着鲜花，带上美味佳肴，在山顶团聚。招亲呼友、举杯助兴、共祝吉祥幸福。未婚青年男女，围着篝火在欢歌起舞中，选定自己的情侣，互送鲜花作为定情礼物。每年，当地政府都要组织祭花神、对歌、跳脚和篝火晚会与一定规模的农产品交易会，大量的游客也会参与。

2. 旅游资源

景区主要景点有垭口村、角楼寨、起家大院、七家杀猪饭、彝人客栈、三家村、马鞍寨。森林资源和林下资源极其丰富，森林覆盖率达到了 72%。民风淳朴、生态良好、环境清幽，保留着传统的彝族歌舞、服饰、刺绣及生产生活方式，热情的"拦门酒"、古朴的喇叭迎宾调、神秘的"姑娘房"、传统的风味菜、清醇的"羊角酒"、动人的原生态山歌、奔放的"左脚舞"等洋溢着浓郁的民族气息，生态文化旅游资源十分丰富，如表 5-1 所示。

表 5-1　咪依噜风情谷生态文化旅游资源

旅游类型	具体概念	特点	资源
生态旅游	在不破坏环境的原则下发展的一种旅游模式，其目标是使自然生态及文化传统的资源得以永续经营	主要是以自然风光为主，结合当地的特色文化，不经人改造或者被改造的程度相对较小	垭口村、马鞍寨、森林资源等

旅游类型	具体概念	特点	资源
文化旅游	旅游者对异地文化的感受，从而得到全方位的精神和文化享受的一种旅游活动	文化旅游更关注的是为游客提供参与性和亲历性活动，以文化作为旅游吸引点，用文化表征方法展示旅游资源的文化内涵	"姑娘房"、民族歌舞、民族传统服饰、垛木房、婚丧习俗、彝族居民建筑、"左脚舞"、喇叭迎宾调、原生态山歌等

咪依噜风情谷不仅有着独特的自然景观，而且其文化底蕴也极其深厚。景区主要包括马鞍山、新房子、三家、大岔河、小岔河和新村 6 个村民小组，其风景优美，文化底蕴深厚，有着完好的民俗文化和建筑。另外其独特的美景和深厚的文化底蕴吸引了许多国内外媒体。例如，电影《大峡谷》、电视剧《火的民族》《新娘出嫁》等都在这里拍摄外景。日本广播协会 NHK 也对这里的彝族农耕文化进行过现场直播。咪依噜风情谷在改造居民危房时，通过墙面手绘、图腾等手法将地方文化元素与村民建筑融合起来，大力弘扬优秀传统文化，推动生态文化旅游高质量发展。

近几年来，景区每年接待旅游人数超 10 万人次，农家乐营业收入超过 500 万元。2014 年，景区被国家民族事务委员会命名为首批"中国少数民族特色村寨"；2019 年，被中央农办等五部委评为"全国乡村治理示范村"，被农业农村部评为"中国最美休闲乡村"；2020 年，列入第二批全国乡村旅游重点村。

（二）社区参与咪依噜风情谷生态文化旅游开发的内容

咪依噜风情谷生态文化旅游开发与发展的主体主要有县政府、南华县环境监督局、南华县旅游局、云南大学（参与规划）及当地的社区居民。在第一产业方面，当地地理条件较好，油菜产量和稻谷产量较高。由于种种原因，社区居民没有把第一产业和旅游业融合起来，当地居民参与生态文化旅游的方式主要以非农牧业为主，具体如下。

1. 歌舞

歌舞表演是社区居民参与咪依噜风情谷生态文化旅游的重要方式之一，主要包括奔放的"左脚舞"、动听的山歌及古朴的喇叭迎宾调等。参与表演的人员年龄结构也相对合理，不仅有年龄较大的人，而且有受过教育的年轻人。这不仅拓宽了当地社区居民的就业渠道，而且促进了咪依噜风情谷生态文化旅游的发展。

2. 饮食服务

彝族传统的"彝家土鸡宴"和用纯粮酿造的小锅酒。虽然小锅酒当地每家每户都会酿造，但是真正酿得好的主要是一些彝人客栈。社区居民通过给游客提供"彝家土鸡宴"和用纯粮酿造的小锅酒等饮食服务参与生态文化旅游，增加自己收入的同时也为当地生态文化旅游发展做出了贡献。

3. 农家乐及游客接待

当地社区居民参与生态文化旅游的最常见的形式是开农家乐，其他参与形式有开小超市、售卖具有民俗特色的旅游产品和给游客提供住宿等。除此之外，还有一部分社区居民给游客提供向导服务。

（三）社区参与咪依噜风情谷生态文化旅游的发展模式

咪依噜风情谷的社区参与生态文化旅游开发与发展的模式主要有三种，包括"农户+农户"模式、"旅游个体户"模式和"集体经济"模式，如表5-2所示。

表 5-2　咪依噜风情谷社区参与旅游的模式

参与模式	特征	代表
农户+农户	农户平均出资，共同分担风险损失和分配利益	早期马鞍寨、彝人古宴、起家大院、古寨客栈等。
旅游个体户	农户单独出资经营	彝人客栈、彝人酒家、七家杀猪饭
集体经济	建立公平合理的利益分配机制、建立透明的公众监督机制、建立公积金等集体管理机制	岔河村村委会出资办的集体经济实体

1. "农户+农户"模式

早期马鞍寨、彝人古宴、起家大院、古寨客栈、七家杀猪饭及丫口村彝族生态文化村都属于该种模式，在这种模式中，农户平均出资，共同分担风险损失和分配利益。目前仅剩丫口村彝族生态文化村保持这种参与模式，马鞍寨、起家大院、彝人古宴、古寨客栈四家已停业。

2. "旅游个体户"模式

彝人客栈、彝人酒家、七家杀猪饭目前来看都属于这种模式，农户单独出资经营。七家杀猪饭本来是多家联营，后来只剩周姓一家独营。目前这三家参与的内容都仅涉及农家乐，并未发展到更高级的个体农庄模式。

3. "集体经济"模式

这种模式是由岔河村村委会出资办的集体经济实体。在实现集体经济的保值增值、建立公平合理的利益分配机制、建立透明的公众监督机制、建立公积金等集体管理机制方面，具体的管理措施也比以前有了很大的改善。

在早期的咪依噜风情谷开发和发展中，政府起到了很大的带动作用，如整体规划、完善基础设施、开拓游客市场、资金补助等。虽然目前咪依噜风情谷社区参与地方村民自发性发展的比例很大，但是政府、企业、旅行社等外部介入力量也开始增多，参与模式逐渐多元化。

（四）社区参与咪依噜风情谷生态文化旅游开发的保障监督机制

咪依噜风情谷为了实现生态文化旅游可持续发展，构建出了一套社区参与生态文化旅游开发的机制。

1. 决策机制

一方面，咪依噜风情谷早期旅游发展是"内生+外生"模式。但是从 2011 年开始，社区参与旅游市场的规划、开拓开始走向"内生式"发展。在这种发展模式下，当地社区居民选举了积极主动、有能力和有才干的代表，形成了一个有效的决策系统。咪依噜风情谷以各村寨有威望有权威的人为核心，建立了旅游发展讨论小组，通过这种方式向南华咪依噜风情谷旅游风景区管理所表达村民的利益要求和政策建议。除此之外还有一些非营利性的组织和非政府组织加入决策系统。通过这种方式避免了在决策过程中出现"内控"等现象，使决策更加公平。

另一方面，在生态文化旅游发展过程中，需要建立政府、半政府及民间性质的决策咨询机构，形成一个相互联系的、完整的决策系统。咪依噜风情谷邀请了云南大学旅游专业领域的专家学者、南华县环境保护局、文化和旅游局及岔河村村委会等构成了一个"半政府"决策咨询系统，探讨生态文化旅游开发的规划与设计等问题。

2. 保障机制

首先，参与咪依噜风情谷生态文化旅游的大部分居民是彝族同胞，村委会作为中间协调者，协调社区居民和外来利益相关者的利益，形成了一套自下而上的表达和自上而下的反馈的利益表达机制，有效处理了各个利益相关者提出的利益需求。

其次，利益分配主要包括旅游收益分配、获取培训机会和就业等。以前，咪依噜风情谷的利益分配形式是农户自主经营获取利润，或社区居民参与农家乐服务获取工资，利益分配形式单一。但现在，随着生态文化旅游发展形式的多元化，出现了公积金、按股分红等利益分配方式。社区居民最直接的利益分配保障就是就业，目前岔河村许多居民参与生态文化旅游，有效解决了当地居民的就业需求。另外，咪依噜风情谷举办了关于生态文化旅游发展的讲座、培训班，建成了多渠道、多层次的培训体系；完善征地的补偿和安置拆迁补偿等制度，保障了当地居民的利益。

3. 监督机制

南华县龙川镇岔河村将企业规划中对社区居民承诺的内容作为考核监管内容，保障承诺内容的落实。岔河村村委会还将一些监督项目直接委托给专业行业协会，既强化了行业协会在旅游社区当中的职能，也能协助村委会拟定旅游开发中社区参与的共同发展策略并且制定共同的职业道德规范，建立了社区居民信用登记体系，维护市场竞争的秩序。

> ## 案例二 新疆喀纳斯景区

（一）喀纳斯景区概况

喀纳斯景区从20世纪90年代旅游开发以来展现出超强的发展优势，如今已成为新疆乃至全中国发展最快的旅游目的地之一。

"喀纳斯"在图瓦语中有深水之意，也被称为伟大神圣的湖。喀纳斯景区位于布尔津县西北部，地处中国与哈萨克斯坦、俄罗斯、蒙古国接壤的黄金地带，因自然生态景观和人文景观始终保持着原始风貌而被誉为"人间净土"。喀纳斯景区位于新疆阿勒泰地区北部的布尔津县，离新疆首府乌鲁木齐大约780千米，地跨阿勒泰地区哈巴河和布尔津两县。

喀纳斯景区的核心精华系冰川强烈刨蚀，冰石表物阻塞山谷，形成终碛垄而成湖泊。喀纳斯景区内共有大小景点55处，分属33种基本类型，主要包括哈纳斯国家级自然保护区、喀纳斯国家地质公园、白哈巴国家森林公园、贾登峪国家森林公园、喀纳斯河谷、禾木河谷、那仁草原、禾木草原及禾木村、白哈巴村、喀纳斯村等国内外享有盛名的八大自然景观区和三大人文景观区（表5-3）。2000年以来，喀纳斯景区先后荣获国家5A级景区、国家地质公园、国家森林公园、中国西部十佳景区、中国摄影家创作基地、中国最美十大湖泊、中国最美十大秋色、中国人与生物圈网络成员单位、全国文明景区示范点等数十项荣誉和品牌，并入选首批《中国国家自然遗产、国家自然与文化双遗产预备名录》。2003 年，喀纳斯管理机构上划阿勒泰地区，改"喀纳斯环境与旅游管理委员会"为"喀纳斯环境与旅游管理局"，对该地域资源的开发、利用和保护实行统一管理。2006 年 7 月，阿勒泰地区委员会、行政公署决定成立中共喀纳斯景区委员会和喀纳斯景区管理委员会，明确了喀纳斯景区 10 030 平方千米的大旅游管辖区域，并将布尔津县的禾木哈纳斯蒙古民族乡、哈巴河县的铁热克提乡划归景区管理委员会统一管辖。

表 5-3　喀纳斯生态文化旅游资源

旅游类型	自然旅游资源	人文旅游资源
景点	喀纳斯湖、卧龙湾、观鱼台、月亮湾、神仙湾、鸭泽湖等	图瓦人千百年来的民族风俗、吐鲁克岩画等

（二）喀纳斯社区参与生态文化旅游发展现状

喀纳斯景区（《大喀纳斯旅游区总体规划（2005-2020）》中所指的大喀纳斯旅游区）总面积 10 030 平方千米。喀纳斯景区被列入 2008 年阿勒泰地区文物普查的重点区域，在 2011 年第三次全国文物普查工作中，新发现文物点 130 余处，其中有 6 处是距今 3 000~2 000 年古墓葬。阿勒泰地区文物普查和保护工作始于1988 年，二十多年间共发现和确定各类文化遗存 200 余处，其中，已公布为国家级的文物保护单位 2 处，自治区级文物保护单位 15 处，县市级文物保护单位 46处。喀纳斯国家地质公园地质遗迹以第四纪冰川遗迹为特色，其中，喀纳斯湖是中国最深的冰碛堰塞湖，公园冰川遗迹资源丰富、典型，保存系统、完整，是世界上少有的第四纪冰川遗迹保存完好的中海拔地区之一，也是全球同纬度地区中第四纪冰川遗迹分布最为典型的地区。

近年来，随着生态文化旅游的发展及多项惠民政策的实施，社区居民参与生态文化旅游的程度也逐渐加深，生态文化旅游已成为了喀纳斯社区居民增收的重要途径。喀纳斯景区一直按照"生态环境保护优先，建设一流景区，让人民富裕"的工作理念，实施乡村振兴战略，把环境保护、生态文化旅游发展与乡村振兴有效衔接起来，优化产业结构，提高竞争力和当地居民参与生态文化旅游的积极性，增加居民收入，增加社区居民幸福指数。

道路交通基础设施的建设助推生态文化旅游的发展。连接贾登峪与喀纳斯景区的主要公路作为大环线的主干道，连接着贾登峪与喀纳斯村。喀纳斯景区内已经形成了哈巴河—白哈巴、成铁热沙汗—禾木、喀纳斯—那仁道路通车条件并且已实现了喀纳斯旅游机场的通行。布尔津县到喀纳斯河和喀纳斯机场的大批交通项目已投入使用，有效解决了喀纳斯旅游业发展"进出难"的问题。

旅游市场为生态文化旅游的发展提供了动力。根据喀纳斯管理委员会提供的数据，2018 年"五一"假期前三天，景区实现旅游综合性收入 1 200 万元，接待游客 12 483 人。从 2019 年 5 月 1 日到 7 月 19 日，喀纳斯景区累计接待游客 263.3 万人次，较 2018 年同时期增长了 62%。

由表 5-4、表 5-5 可知，2018~2019 年喀纳斯景区游客数量逐渐增加。2015~2019 年旅游人数从 274.00 万人次增加到 1 018.90 万人次，门票收入和综合收入也逐年递增，分别从 1.16 亿元增加到 2.20 亿元和 9.30 亿元增加到 18.00 亿元，都增加了一倍左右。这些卓越的成效是新疆大力实施旅游兴疆战略以及喀纳斯景区破解制约旅游发展瓶颈、丰富旅游产品、优化旅游服务的成果。2018 年 3 月 5 日，交通运输部印发《关于开展国家公路网命名编号调整工作的通知》，将原 G219 北端延伸至新疆北部喀纳斯（禾木喀纳斯蒙古族乡），南端改线延伸至广西东兴市（在中越边境），经过新疆、西藏、云南、广西 4 个省区，是我国西北、西南地区的边境公路。新 G219 全程长达 10 065 千米，是目前我国里程最长的国道。近年来，随着经济的发展和基础设施的不断完善，喀纳斯景区旅游业已成为新疆乃至全国一流旅游目的地的典型代表之一。

表 5-4　喀纳斯景区游客来源及占比

游客来源	2018 年		2019 年	
	游客人数/万人次	占比	游客人数/万人次	占比
疆外	611.20	90.2%	930.00	91.3%
疆内	61.50	9.00%	82.00	8.00%
境外	5.20	0.80%	7.00	0.70%
合计	677.90	100.00%	1 019.00	100.00%

表 5-5　2015~2019 年喀纳斯游客数量及收入

年份	旅游人数/万人次	门票收入/亿元	综合收入/亿元
2015	274.00	1.16	9.30
2016	356.00	1.38	11.00
2017	464.00	1.92	15.00
2018	677.90	2.16	17.00
2019	1 018.90	2.20	18.00

（三）喀纳斯社区参与生态文化旅游开发的机制

1. 引导机制

喀纳斯社区通过教育培训机制、沟通机制和激励机制来引导社区居民参与生态文化旅游。首先，教育培训方面，喀纳斯社区从思想上引导社区居民建立环境保护和旅游发展的意识、树立社区居民主人翁的观念、激发居民的民主意识。另外通过举办与生态文化旅游相关的教育培训讲座，培养社区居民参与生态文化旅游的开发与发展所必备的技能。其次，社区参与生态文化旅游要想深入开展，就必须建立一个对等的、有效的沟通机制和平台。喀纳斯社区将各个利益相关者的信息整合在一起，营造了一种信息共享和机会共享的良好氛围。这种环境可以在最大程度上避免各个利益主体之间的冲突和矛盾，从而发挥各利益主体最大的潜力。因此，喀纳斯社区通过旅游咨询组织和建立居民组织，让社区居民充分了解生态文化旅游发展的各方面信息，对上联络反馈意见，借助第三方力量进行沟通，起到了协调及制约的作用。最后，喀纳斯社区充分调动了居民的积极性，通过挖掘他们在生态文化旅游活动中参与的潜力，使其以主人翁的态度参与社区活动中，体现了"以人为本"的思想，如产权制度激励、经济酬金激励等，鼓励社区居民积极参与，自主经营。

2. 保障机制

第一，以法律法规和规章制度的形式确立了社区参与的权力。一方面，喀纳斯社区旅游管理部门深入了解了社区居民的实际情况，并根据实际情况做出了因地制宜的管理与帮扶；另一方面，社区不断探索并找到了适合本地的村规民约，如《喀纳斯景区餐饮、住宿行业收费规范》等。通过这些最大限度地组织社区居民有效参与。第二，利益保障。利益共享是社区参与生态文化旅游发展的核心问题，决定社区居民参与的动力和程度。要兼顾到各个相关者的利益，尤其是核心社区居民的利益，这样才能充分调动社区居民保护生态环境、参与生态文化旅游开发与发展的积极性和主动性，实现生态文化与社区的可持续发展。因此，应该建立完整的利益共享机制。现在，政府不仅除了努力提供相关旅游项目而且让参与生态文化旅游的社区居民获取持续性的、稳定的丰厚收益，同时还积极创造条件，积极为当地社区居民提供中小额优惠贷款，并且定期给社区居民安排旅游从业知识培训，通过这种方式，有效解决了当地居民在参与生态文化旅游过程中资金短缺和不善经营的问题，并在政策上提供连续性的保障，消除了当地社区居民参与生态文化旅游的后顾之忧。第三，喀纳斯社区规范了土地使用补偿机制。在生态文化旅游开发中，明确资源产权关系，确定了社区居民拥有土地的经营权和住宅的所有权，并且基本上做到尽量不采用征地、拆迁等容易引起矛盾的行为。倘若的确有必要，喀纳斯社区也应该根据国家规定的相关法律法规和市场价格对社区居民进行合理补偿。第四，分配保障。喀纳斯村社区参与生态文化旅游，从其参与层次、阶段和利益分配机制等方面的现状看，喀纳斯景区在处理收益分配上同国内其他开发初期的游览区一样，将门票和经营收入按一定比例分配给政府、公司、社区居民，特别是居民实行平均分配，保护区每年给喀纳斯村每人补偿一万元，这一分配模式是对"统一管理"后景区居民不能再自由从事旅游经营的利益补偿。

3. 监督机制

首先是喀纳斯社区建立了专门的、独立的社会性执法和监督机构，该机构在处理生态文化旅游开发与发展中的社区参与问题上具有足够的权力，并且在其权限范围内负责协调旅游行政管理部门、旅游规划单位旅游业投资方与社区居民之间的关系，对生态文化旅游开发整个过程中各方的行为，包括政府和相关管理部门管理行为、旅游开发商的经营行为、社区居民的参与行为等进行监督、控制，确保各个利益相关者利益的实现和生态文化旅游的健康发展。其次是喀纳斯景区纪委立足于"监督的再监督"职能，监督景区围绕贯彻"绿水青山就是金山银山，冰天雪地也是金山银山"的发展理念，优化商业经营环境监督等工作，强监督、补漏洞，推动改善交通、改善设施、改善服务，为景区旅游业高质量发展提供保障；另外，喀纳斯景区纪委围绕"3+1"重点工作落实情况，在旅游高峰期多次开展干部作风监督检查，如果发现问题，下发督查通报。最后是喀纳斯景区持续开展营商环境专项整治，严肃查处服务态度差、服务不主动等现象，持续关注投诉举报热线，开展监督检查。

第六章 社区参与生态文化旅游开发的实证分析

一、湖南省张家界市泗南峪社区发展概况

泗南峪社区，位于张家界市武陵源区天子山街道西部，是典型的少数民族聚集区，境内是闻名遐迩的武陵源风景名胜区的北大门。依托其文化特色与区位优势，泗南峪社区将生态文化旅游作为支柱产业，重点发展高端民宿客栈，大力推动农业观光、休闲旅游及养生旅游建设，将泗南峪打造成为地方独有的老幼传承有序、民俗风情、绿色休闲相结合的旅游目的地。该地先后获得湖南省"最美少数民族特色村寨"称号，入选张家界市生态文明村、湖南省美丽乡村、全国重点旅游示范村、国家森林乡村名单，宜居、宜游、美丽、和谐的泗南峪特色日渐彰显。

（一）区域基本情况

2021 年，泗南峪社区辖有犀牛湾、黄龙泉、新田坪、江务峪、新仓库、伍家大屋、廖家台共 7 个居民小组，368 户 1 055 人，其中劳动力 532 人，土家族人口占总人口 95%以上，是典型的土家族聚集区，全居总面积 9.6 平方千米（图 6-1）。

图 6-1　泗南峪社区居民委员会

1. 经济状况

泗南峪居民世代种田，经济发展落后，贫困人口较多。近些年，通过发展生态文化旅游，泗南峪经济收入得到显著增长。与此同时，通过加快现代农业发展，创办了剁辣椒厂、猕猴桃合作基地、猪生态养殖专业合作社等一系列产业，进一步提高优质农产品的供给能力。2019 年，泗南峪的人均纯收入已达到 13 800 元，居委会的集体经济收入也在稳步提升。

2. 地形地貌

泗南峪，字面意思是北有四条溪水的峡谷，其地形呈正方形，地势西高东低，平均海拔约 1 100 米，四条小溪分别发源于中湖乡扎营垭、江务峪组、黄龙泉景区、天子山麓，分别在新田坪、黄龙泉、西牛湾组汇合，向东北方向流入桑植县汩湖。

3. 自然生态

泗南峪境内生态山水清秀、空气质量优、阳光充足，每立方厘米空气中负氧离子含量近 5 万个，山泉水冬暖夏凉，水质接近饮用水标准。气候暖和、四季分明，适合多种林木生长，包括杉树、枞树、樟树、竹林等森林植被，全村森林覆盖率高达 98%。

4. 交通条件

泗南峪社区位于武陵源核心景区周边，交通便利，距离武陵源城区 12 千米、张家界市区 35 千米、武陵源核心景区 5 千米、机场 37 千米、高铁站 32 千米。泗南峪村内交通条件良好，主干道为沥青公路，组组通公路，95%的公路入户，实现了全村连片。

5. 公共设施

泗南峪社区共有文、体、卫等设施，切实提升了村民的生活品质、居住舒适度与生活幸福感。公共服务设施场所 2 000 平方米，综合配套有超市、广播室、农家书屋、文化长廊、篮球场、停车场、主题公园等公共服务设施，能够满足居民日常的生活需求。

6. 民俗文化

泗南峪社区居民大都为土家族，土家族文化浓郁。现存有赶年、祭牛王、晒衣等传统节日；哭嫁的婚嫁习俗；表现土家人民生产活动的摆手舞，用于祭祀的茅古斯、铜铃等舞蹈；用于节日娱乐的闹花灯、吹木叶、三棒鼓、围鼓等活动方式，以及令人向往的腊肉、三下锅、酸酢肉等土家族传统美食。同时，境内土家族建筑封火墙与吊脚楼风格也得到较好的保存。

（二）旅游发展现状

泗南峪是武陵源核心景区的北大门，毗邻举世闻名的天子山自然保护区，境内有御笔峰、西海石林、将军岩等标志性景点，还有贺龙元帅长眠于此，历史文化底蕴深厚。通过充分利用这得天独厚的旅游资源和区位优势，挖掘当地传统民俗文化，形成文化和旅游融合发展的产业价值链，泗南峪成了远近驰名的生态文化旅游目的地。

1. 旅游资源概况

泗南峪社区生态文化旅游资源丰富，主要可以归纳为地文景观、生物景观、建筑与设施、人文活动四种类型（表6-1）。

表 6-1　泗南峪社区生态文化主要旅游资源及其评价

类型	主要旅游资源		资源评价
地文景观	贺龙公园		天下独秀，历史典藏
	将军岩		
	空中田园		
	御笔峰		
	仙女散花		
生物景观	武陵松		苍松青翠，美不胜收
	细叶青冈		百年古树
	樟树		风华百年，见证兴旺
建筑与设施	特色民俗民宿		土家族风情
	青山绿水皆伴		底蕴深厚
	休闲游步道		
人文活动	民俗节庆演艺	春节、元宵群众联欢会	传统民俗，传承文化 长幼参与，丰富多彩
		"黑公公"庙会	
		渔鼓	
		三棒鼓	
		围鼓唢呐	
	土家族工艺及非遗传承文化	土家族纺织西兰卡普	传承文化，历史底蕴
		酿酒	

续表

类型	主要旅游资源		资源评价
人文活动	土家族工艺及非遗传承文化	造纸	传承文化，历史底蕴
		木雕、龟文石雕	
		土家刺绣	
		茅古斯舞	
		摆手舞	
	土家美食	腊肉	种类繁多，千滋百味
		香肠	
		血豆腐	
		葛根粉	
		剁辣椒	
		打糍粑	
		时令野菜	

资料来源：泗南峪社区居委会

2. 旅游发展历程

随着张家界旅游的快速发展，紧邻武陵源核心景区的泗南峪也搭上了旅游发展的快车道。2005 年，天子山镇党委、政府邀请北京大学景观设计研究院的专家制定了《天子山旅游镇总体规划（2005-2020）》，围绕泗南峪村的整个河谷地带进行了相关了规划与控制管理。该规划要求，泗南峪区域将以第三产业为主，发展旅游服务业，大力推行退耕还林，形成旅游业、农业、林业综合发展的产业格局，严禁发展破坏和污染环境的第二产业，确立了突出生态化、民族化和适度性的原则。

为了助力旅游提速增效，2016 年，泗南峪居委会确定了文化传承与旅游经济发展齐头并进的发展方向。以"生态优先、旅游主导、城镇提质、文化提升、惠民和谐"为主线，大力宣传独有的地理位置及旅游发展的重要性，积极引导返乡优秀青年的创业就业，这一举措不仅促进了泗南峪旅游经济的快速增长，还盘活了境内的人力资源。

3. 旅游发展成效

通过大力发展旅游产业，泗南峪的经济社会效益日益提升。从经济效应上来看，截至 2019 年，该区域接待游客量（含景区）12 万人次，年旅游收入达 2 400 万元，较 2015 年分别增长了 5 万人次及 1 000 万元（图 6-2、图 6-3）；村民人均年收入可达 13 800 元，其中旅游收入占到 72.5%。相较于 2015 年，村民人均年收入增长了 112%，平均每年增长 22.4%。

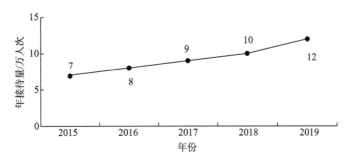

图 6-2   2015~2019 年泗南峪旅游年接待量

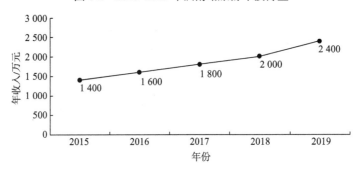

图 6-3   2015~2019 年泗南峪旅游年收入

从社会效应上看，旅游业的发展带动了泗南峪居民积极创业就业。截至2019 年，泗南峪的旅游从业人数为 245 人，其中本地村民就有 205 人，参与率高达 83.7%。相较于 2015 年，旅游从业人数增加了 59 人，其中本地村民增加了 35人（图 6-4）。同时，在创业政策的支持下，回乡进行旅游创业的人数已超过 60人，创业单位数量也已超过 60 家，这些创业单位不仅促进了泗南峪旅游业的蓬勃发展，而且还创造了不少就业岗位，平均每个岗位均可提供每年 4 万元/人的收入。

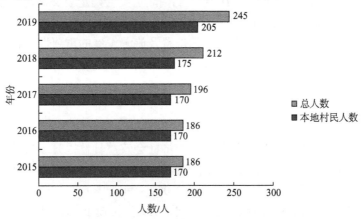

图 6-4   2015~2019 年泗南峪旅游从业总人数与本地村民人数

总的来说，随着旅游业的兴起，泗南峪改变了过去的传统农业结构，逐步变为以旅游业为主导的休闲旅游服务业态，当地的经济社会和人居环境都得到了显著发展。

二、泗南峪生态文化旅游社区参与情况调查

鉴于生态文化旅游已成为泗南峪的支柱产业，在助力泗南峪社区的经济社会发展上具有显著效果，本章以泗南峪社区作为研究对象，分析其社区参与现状、成效与模式，从中提炼出其社区参与生态文化旅游的经验，以期为其他同类型旅游目的地构建社区居民参与机制提供参考。

（一）研究方法与实施

本章研究主要采用半结构化访谈法与问卷调查法。半结构化访谈法是访谈法的一种类型，主要适用于具有访谈框架作为引导，需要被访谈对象根据访谈框架进行对话，同时访谈者可以根据访谈程序和内容进行灵活调整的情况。在本章研究中，该方法主要用于调查泗南峪社区参与的模式与机制，该内容主要通过对地方居委会进行访谈来获取。同时，该方法还将用于获取地方居民参与生态文化旅游的态度，主要包括发展生态文化旅游对其经济、生活、个人及地方文化、环境的影响，并对旅游发展的不足及其改进提出建议。问卷调查法是将问题以设问的方式制作成表格，通过发放给被调查者，以搜集到可靠资料的一种方法。该方法在本次研究中主要用来获取一些统计数据，包括人口特征、经济、社会、环境、文化等方面的统计数据，以量化数据结合半结构化访谈法所获得的资料，实现定量与定性的综合分析，确保研究结论的准确性与科学性。

研究团队于 2020 年 8 月 11~14 日在泗南峪社区开展了相关调查，共访谈地方居委会管理者 6 人，地方居民 26 人，其中包括旅游从业者 6 人（导游、民宿老板、民宿员工、景区售票员、观光车司机、景区保安）。为提高访谈效率，减少后期访谈失误，本团队不仅事先进行了访谈技能培训，在访谈过程中还采取了"2+1"的访谈模式，即 2 名访谈者对 1 名受访者，其中，1 名访谈者承担提问、引导及文本记录等主要访谈任务，另一名访谈者承担录音、补充提问等次要访谈任务，以此形式来保证访谈资料的可信度。在访谈过程中，访谈者认真且细致地记录受访者接受访谈的所有信息，并根据信息不断引导受访者讲述更多发展生态文化旅游的经历与感受。此外，为保证资料的完整性，在整个访谈中，使用手机

与录音笔进行全程录音。访谈结束后，2 名访谈者及时将文字与录音设备所记录的内容进行整理与校对，形成最终的文本资料。

（二）社区参与现状

为了实现旅游发展、生态保护与社区建设的统一与三赢，泗南峪社区打破传统外界全操作社区旅游发展决策与规划的格局，强调在分析社区旅游发展中面临问题、提出解决方案时，要充分听取社区居民的意见，要充分考虑社区居民的具体利益，积极鼓励社区居民参与生态文化旅游建设。通过充分发挥社区居民的积极性，满足社区居民物质和精神层面的需要，提高居民的生活水平，泗南峪社区中的每个居民都有机会且积极地为谋取旅游社区共同利益而施展和贡献自己的才能力量，发表看法和提出建议，最终影响旅游社区决策。

1. 以旅游就业形式参与

旅游业是劳动密集型产业，就业容量大、就业层次多。同时，相较于其他产业来说进入门槛低、技术要求低，尤其以城镇、乡村旅游为目的地更为突出，非常适应不同类群不同层次的劳动者参与就业。以就业形式参与生态文化旅游建设，可以让部分社区居民获得劳动收入。当居民能够在生态文化旅游发展中有利可图时，为了促进自身收入增长并维护收入的可持续性，他们就会积极主动、大力支持生态文化旅游的发展。对此，泗南峪社区居委会大力鼓励地方居民选择旅游就业，积极招商引资让更多的企业落户泗南峪，为地方居民提供更多的就业岗位与可选择性。在居委会的努力下，截至 2019 年，地方居民中共有 205 人在旅游领域实现了就业，其中大部分的居民主要从事旅游酒店、民宿、餐饮服务，其余从事旅游讲解服务的大概占到 1%，从事旅游交通服务的大概占到 3%，据了解，在旅游领域已就业人群中，大约有 10%的居民属于当地低收入人口[①]。

2. 以旅游创业形式参与

居民作为社区经济社会建设的主体，想要实现生态文化旅游的可持续发展，必须要有社区居民的支持与参与。居民参与生态文化旅游建设，除了直接就业形式之外，创业也是一种重要途径，因为创业不仅是促进区域经济增长的重要动力，也是带动地方间接就业的主要形式之一。鉴于此，为了让本地居民更多地参与旅游发展，成为生态文化旅游建设的一分子，同时，也是为了让旅游红利辐射更多的地方居民，泗南峪社区居委会尽可能地为返乡创业青年提供政策支持，积

_____

① 资料来源：泗南峪社区居委会统计数据。

极协调各方关系，帮助他们减轻负担，轻装上阵。仅2019年就为地方客栈办理证照超过26家，打造专业合作社1家，搭建线上服务平台2家，方便近40人的返乡青年投身于泗南峪生态文化旅游建设和发展中。2022年，泗南峪社区的民宿经营以本地居民自主经营为主（表6-2），通过外出学习考察，充分吸收优秀经验，并结合当地特色，形成了自主经营、与企业合作经营两种类型。

表6-2 泗南峪自主经营酒店客栈（部分）

民宿名称	客房数/间	床位数	民宿名称	客房数/间	床位数
盛世风情酒店	80	160	香木情缘客栈	24	48
畔溪度假酒店	72	138	蒹葭客栈	25	49
伴山云水酒店	32	57	鹏鹏风格酒店	38	56
绿然客栈	7	14	了了心客栈	6	10
峰林阁酒店	45	97	金导之家客栈	21	39
王玉林餐馆	8	18	小日子农家客栈	20	40
怡峰客栈	48	114	168客栈	18	36
泉水洞客栈	20	24	路边边客栈	18	36
萍山客栈	15	28	明月山溪	36	41
旭日客栈	10	20	湘西故事客栈	39	76
月溪谷客栈	11	13	古韵新天台	18	34
依山傍水客栈	23	39	山涧居客栈	32	70
驿家小筑客栈	10	17	驿旅阳光客栈	10	23
丁香榕驿站	14	29	爱旅游客栈	27	56
本山居客栈	30	60	盛世天子	29	40
伍家院子客栈	8	18	浪漫时光客栈	30	60
倩多多客栈	14	28	红尘蝶恋客栈	18	30
君归客栈	25	50	田园客栈	23	42
听雨楼客栈	49	95	山水主题酒店	29	39
树荫荫客栈	24	48	意豪驿站	15	28

3. 以旅游林业形式参与

"绿水青山就是金山银山"，发展生态文化旅游，要以保护生态为前提。地方生态环境的保护除了需要政府及相关部门的支持之外，地方居民的保护至关重要。激发地方居民保护生态环境的积极性，需要在生态保护与地方居民之间建立起利益联结机制。对此，泗南峪社区积极引导地方居民发展旅游林业，丰富泗南峪生态景观资源。首先，引导地方居民种好树，多种能观赏的景观树，如樱花树、桃花树、柳树。这种将生态保护与经济效益结合起来的方式，不仅能够有效改善生态环境，还能有效带动百姓增收。其次，鼓励地方居民看好树，加强生态保护监管，防止盗伐。设立景观树木保护奖惩措施，对于发现盗伐树木现象并及时上报给居委会的居民给予一定的物质或精神奖励，对于实施盗伐树木行为的居民给予一定的物质惩罚。通过综合运用积极与消极激励两种措施，显著提高了当地居民保护生态的意识。问卷调查数据显示，93.6%的被调查居民认为作为社区的一分子，应该主动去保护自己所住区域的生态环境。最后，倡导地方居民科学砍树，尽量不砍树，搞好村、房、溪、路、田"五边"绿化，进一步优化社区生态环境。

4. 以志愿者形式参与

近年来，为提高地方居民的归属感和认同感，进而激发社区参与的积极性，鼓励居民参与地方志愿服务成为一种重要方式。泗南峪社区结合"五个到户"积极弘扬志愿文化，在奉献中释放能量。基于党建微网格，组织开展党员结对帮扶活动，发动居民组建志愿服务队伍，培育出一支"青山绿水"环保志愿者队。队内的志愿者均由本地居民组成，围绕卫生检查、环境美化等内容开展志愿活动。此外，在旅游旺季，他们还会主动参与旅游服务，为外来游客提供指路、咨询等服务。一名参与志愿服务的村民在访谈中说道："我们都是泗南峪的人，外地游客来，我们当然要给他们提供最热情的服务，希望他们下次再来。社区发展好了，我们的生活也会变好。"可见，居民通过参与志愿服务，更加强化了他们与社区之间"同发展、共命运"的意识，这为生态文化旅游的发展注入了源源不断的动力。

（三）社区参与成效

1. 旅游口碑进一步提高

在社区居民的共同努力下，贴心的服务、热情的招待、优美的环境让前来泗南峪旅游的游客们赞不绝口。通过收集携程①上有关泗南峪旅游的评价数据可知，本团队发现该地好评率已达到 81.5%，好评内容主要包括自然景观美、景区

---

① 携程、美团已经成为当下游客进行游前攻略、游后评价重要的平台，其好评率在一定程度上能够反映出该旅游景点的口碑。

设施完善、土家族文化浓厚、景区卫生环境优良、景区价格公开透明、地方饮食味道较好、当地人比较热情等。为了验证口碑的一致性，本团队进一步在美团上搜集泗南峪旅游的评价内容，其好评率高达 93%，其好评内容与携程相差无几。综合以上结果可知，泗南峪的社区参与的确在提高其生态文化旅游口碑上发挥了重要作用。

2. 旅游发展环境日益优化

在未发展生态文化旅游之前，泗南峪由于长期种田，经济一直未得到发展，区域内公路破烂泥泞，房屋私搭乱建严重，时不时空气中还弥漫着一股臭味。即便具有较好的旅游资源条件，在这种"脏乱差"的生活环境背景下，生态文化旅游产业也是无法得到发展的。为了改变这种窘状，当地居委会开始号召地方居民积极参与生态文化旅游建设，并耐心告诉居民为发展旅游而改善生活环境会给他们带来的积极效应。当居民尝到发展旅游的甜头之后，他们开始自发地维护、改善区域环境。一是，彻底改掉以往陋习，共同爱护生态环境，从自我做起，改掉随地乱扔垃圾、乱吐痰的行为。如今，放眼望去，泗南峪的大街小巷十分干净整洁，连一个烟头都没有。二是，自发维护修建传统建筑，共同传承土家文化。以往，在没有补贴的时候，居民难以自觉地在修建房屋时突出民族元素。如今，居民们已经认识到传统民族建筑对于吸引游客的重要性，即便没有政府补贴，他们也会在建新房的时候突出土家族传统建筑风格，真正做到主动参与。三是，规范诚信经营，提高服务质量。为了促进旅游发展，从事旅游业的居民们自觉遵守村民公约，并主动将规范诚信经营纳入公约之中，进一步优化了旅游市场环境。

3. 社区民风更加文明

通过社区参与旅游建设及其相关的各类活动，居民凝聚力进一步增强，社区民风发生了根本性转变。泗南峪社区是典型的少数民族聚集区，土家族、白族人口占社区总人口 97%以上，自从参与了旅游的发展以后，社区居民的业余生活已由过去的以"打牌娱乐"为主转变成为"组建乐队、一起舞蹈"。目前，社区共拥有土家文化群众队伍 7 支，如女子乐队、围鼓唢呐队、渔鼓队等。在平常开展群众文化汇演活动、各类旅游相关活动时，这些团队都会不计报酬，踊跃参与其中。这不仅有效保护和传承了土家族的民俗文化，在此过程中，还能让游客沉浸式体验土家族民俗文化，提高了游客的幸福感、满意度以及重游意愿。可以看到，在社区参与的影响下，泗南峪社区乡风民风已经从"一时美"向"持久美"迈进。

（四）社区参与模式

泗南峪社区发展生态文化旅游能够取得如此优异的成果，离不开其所构建的社区参与模式。通过对其居委会相关人员进行访谈以及对其旅游发展模式资料进行分析，可以将其社区参与模式（图 6-5）总结如下：以"公司+村集体+居民"为核心主体，通过"资源变资本、资金变股金、居民变股东、美丽乡村、美丽银行"五个环节，使村民的收益不仅有工资，还有股份分红，在积极性上不仅自发维护社区环境，还能自觉提高自身综合素质，真正实现泗南峪生态文化旅游"造血式"与"可持续"的发展。

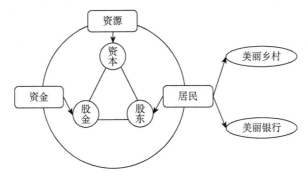

图 6-5　泗南峪生态文化旅游社区参与模式

1. 资源变资本

建立健全多元的利益联结机制，让居民更好地分享旅游发展红利，提高居民参与性和获得感，促使资源变资本是第一个环节。资源变资本，就是居民以闲置资产作为旅游投入资本，通过资源盘活，促进资源向资本转化，从而带动农户参与旅游产业建设，实现助民增收的目标。具体来说，泗南峪社区居民主要通过流转土地与闲置住宅利用两种方式进行资源变资本。据了解，泗南峪社区每年土地流转租金可达 3 万元以上，村集体与居民以土地作为资本入股旅游项目建设，不仅有效提高居民参与的积极性，还拓宽了村集体经济与居民收入的来源渠道。同时，无法进行土地流转的社区居民，如有闲置住宅也可以作为资本参与旅游发展。例如，一名客栈老板在访谈中提道："以前我不知道怎么参与旅游发展，只能去田里种地或者是去打零工。但是这种工作收入非常不稳定，经常担心会不会没有活干。后来，居委会跟我们做了积极参与旅游发展的倡议。我看到可以用自己的住宅开民宿，实现住宅资源变资本，于是我就开了现在这家民宿，吃上了'旅游饭'。"

2. 资金变股金

资金变股金是将社区居民与旅游发展进行利益联结的第二个重要环节。一方面，社区居民可以将自己的劳动收入所得作为股金投入各类旅游经营主体。另一方面，村集体可以将各级财政投入农业农村的发展类、扶持类资金，在符合政策要求、不改变资金使用性质和用途的前提下，量化为村集体股金投入相关旅游经营主体，按股比获得收益分红，最后运用到社区建设和居民扶持项目之中，改善社区旅游经营环境、完备基础设施和公共服务设施以及进一步提高居民收入。为了保证在资金变股金环节中，居民与村集体不亏本，泗南峪居委会大力引入可靠且实力雄厚的旅游企业在泗南峪投资旅游服务、住宿餐饮等项目。

3. 居民变股东

居民变股东就是在依法自愿的基础上，鼓励和引导农民以土地（林地）承包经营权、住房财产权（包括宅基地使用权，但不包括地上无房屋的宅基地使用权），以及自有大中型农机具、资金、技术、无形资产等生产要素，通过协商或者评估折价，投资入股经营主体，按股比获得收益分红。泗南峪社区通过资源变资本与资金变股金两个环节，让居民与村集体成为多个旅游项目建设的股东之一，使得居民与村集体每年都能够按股分红。据了解，2021 年张家界武陵源旅游产业发展有限公司就为天子山景区搬迁入股的 832 名居民派发了红利 287.53 万元，普通群众响应搬迁号召后成了股东、拿到了分红。随着连年实现村民增收与村集体经济扩大，社区居民与村集体不仅更乐意将自己的闲置资源与资金继续投入旅游建设之中，而且还会自发自觉为旅游发展献计献策，成为推动生态文化旅游发展的重要力量。

4. 美丽乡村

美丽乡村是建设社会主义新农村的核心目标，要求实现乡村的"生产发展、生活宽裕、乡风文明、村容整洁、管理民主"。借助这股政策东风，泗南峪社区鼓励地方居民踊跃参与，社区不全盘包揽美丽乡村建设事宜，培养了居民"自己家园自己造"的良好意识，这为提高旅游社区参与率打下了坚实基础。在美丽乡村建设期间，居民通过自己进行农村厕所改造、庭院环境卫生和绿化美化，不仅养成了文明生活、保护生态环境的良好习惯，大范围改善了社区环境，更重要的是在推进美丽乡村建设的过程中，居民已然不仅是受益者，而且是重要的参与者、建设者和监督者。居民作为社区生产生活的主体，进行社区建设关键是要把居民组织动员起来，如此才能真正建立起自下而上、居民自治、社会参与的良好实施机制。

5. 美丽银行

为了引导社区群众共建共享山青、水绿、美丽、和谐的新时代新文明村居，泗南峪居委会导入银行管理理念，建设了"美丽银行"社区参与机制，即动态存扣并按累计币值享受物质和精神分红机制。通过成立泗南峪居委会"美丽银行"理事会，所有村民以家庭为单位开户参与，首先为每个开户家庭每年注入 100 个"美丽币"，在此基础上进行存扣（表 6-3）。存扣按照一月一次，由"美丽银行"理事会在每月的群众会上，根据平时掌握的情况和群众口头申报现场公开确定当月存扣币值，并进行全村公示。每年年终，理事会根据每个家庭在"美丽银行"超过"美丽币"的累计余额，按照币值的多少，在村部组织进行集中分红派息，兑换相应的奖励。同时，对于存币排名前 30 位的家庭，由村支两委发放"美丽模范家庭"、"美丽庭院"及"五好家庭"等奖牌，并给予 500 币值的成果奖励。此外，根据"美丽银行"积分考核，还进行相应的评优评先以及与各类政策性的惠农、扶持、救助等相挂钩。

表 6-3　泗南峪居委会"美丽币"存扣量化标准

项目	序号	标准内容
爱党 爱国 爱家	1	积极学习党的路线、方针、政策，积极参加社区群众会议，每次每人存 10 个"美丽币"
	2	家庭团结、和睦、勤劳，存 10 个"美丽币"
	3	不懂感恩，在公众场合发表不当言论的，扣 10 个"美丽币"
守法 守规 守章	4	非法上访，扣 50 个"美丽币"（指越级上访）
	5	违规野外用火，扣 20 个"美丽币"
	6	有其他违法乱纪的行为，扣 10 个"美丽币"
	7	虐待、不赡养老人、不抚养儿童，扣 20 个"美丽币"
遵老 孝老 爱幼	8	打人，扣 50 个"美丽币"
	9	骂人，扣 20 个"美丽币"
诚信 厚道 谦和	10	积极主动调解邻里之间矛盾纠纷的并且调解成功的，存 20 个"美丽币"
	11	捏造事实、无中生有、嫁祸于人、张冠李戴，扣 10 个"美丽币"
	12	积极参加居委会组织的捐款、捐物活动，存 20 个"美丽币"
热心 善良 感恩	13	积极参加居委会义务劳动，存 20 个"美丽币"
	14	积极主动从事志愿活动等公益活动，存 20 个"美丽币"
	15	见义勇为，存 100 个"美丽币"
	16	学习雷锋精神助人为乐，存 20 个"美丽币"
	17	积极配合居委会各项验收工作，存 20 个"美丽币"
	18	积极支持综治民调工作，存 100 个"美丽币"

续表

项目	序号	标准内容
热心善良感恩	19	积极支持居委会项目建设，存20个"美丽币"，否则扣10个"美丽币"
	20	积极参加劳动技能培训，存10个"美丽币"
勤劳创业上进	21	有劳动能力，但"等靠要"严重，好吃懒做，扣10个"美丽币"
	22	获得居委会及以上各类表彰，存20个"美丽币"
	23	就读中小学的学生，期末成绩排名第一、第二、第三，分别存300、200、100个"美丽币"
崇文尊师重教	24	初中毕业考上高中、职高（中专），存300个"美丽币"
	25	考上专科、二本、一本、重点一本、清华北大分别存 500、800、1 000、5 000、10 000 个"美丽币"
	26	应征入伍，存500个"美丽币"
	27	不尊重老师，家长在学校无理取闹，扣50个"美丽币"
破旧移风易俗	28	乱放鞭炮，扣50个"美丽币"
	29	乱摆酒席，扣50个"美丽币"
	30	乱搭拱门，扣10个"美丽币"
爱护环境卫生	31	每月环境卫生检查90分以上，存10个"美丽币"
	32	每月环境卫生检查80分以下，扣10个"美丽币"
	33	乱倒生活、建筑垃圾，扣10个"美丽币"
	34	破坏公共设施，扣10个"美丽币"
	35	乱搭乱建，扣30个"美丽币"；违规建房，扣50个"美丽币"
	36	电毒炸鱼、泥鳅、黄鳝、捕捉蛙类，扣50个"美丽币"
	37	垃圾未分类，扣10个"美丽币"；垃圾分类，存10个"美丽币"
	38	垃圾减量达标，存10个"美丽币"，否则，扣10个"美丽币"
	39	畜禽圈养，存10个"美丽币"，否则，扣10个"美丽币"
健康快乐生活	40	参与博彩、黄赌毒，扣50个"美丽币"
	41	积极锻炼身体、踊跃参与社区举办的活动，存100个"美丽币"
备注	42	有其他需要存扣币内容，由理事会会议决定
	43	对全年没有违反任何村民规约且未扣"美丽币"的每户，存30个"美丽币"
	44	有违法乱纪被判刑行为，一票否决，"美丽币"清零

资料来源：泗南峪社区居委会

三、泗南峪生态文化旅游社区参与经验总结

综合泗南峪社区参与旅游的现状、成效与模式，可总结出以下经验。

（一）党建引领社区参与旅游

泗南峪社区参与旅游能够取得如此成效，离不开其社区党支部的积极作为。2022 年，泗南峪社区有两委班子 5 人，党员 29 人，党小组 4 个，党员平均年龄 49 岁。此外，社区下设监督委员会、治调会、民兵营、共青团、妇代会、计生协会、老年协会、关工委等，建立了居委会公共服务站、群众工作站、社情民意工作站，居委会群团组织一应俱全，为实现党建引领社区参与旅游打下了坚实基础。泗南峪党支部以习近平新时代中国特色社会主义思想为指导，以群众满意为目标，把"以人为本、服务居民"作为产业建设的根本出发点和落脚点，不断探索党建和社区参与旅游的新路子、新思维。首先，确定了以党员作为先锋模范的参与路径，建立了能动的党员示范机制。一是对支持旅游建设的党员多鼓励，通过开展"我为旅游发展献一计""我是旅游形象""改变旅游环境从我做起"等宣传教育活动，鼓励党员在开展旅游优质服务中为党旗增光彩；二是对热心旅游建设的党员定要求，要求党员深入开展"四个带头"竞赛活动，即带头学科技、带头调整产业结构、带头移风易俗、带头支持景区建设，搭建党员发挥骨干作用的平台。其次，召开村两委会议、党员代表大会，广泛听取党员群众的意见建议，激发党员群众踊跃参与村务管理、旅游发展的热情。最后，建立规范的群众参与机制。一是大力开展民族文化活动，调动村民参与旅游的积极性；二是实施民生改善工程，多办群众普遍关心的公共事业项目，多制定符合旅游需要的村规民约，以争取大家对旅游的支持，不做旅游建设的阻碍者；三是开展旅游建设者评优活动，要在居民中深入开展评选"文明户""星级农户""卫生户"等系列活动，引导激励群众养成良好的生活和卫生习惯，培育文明新居民、树立旅游良好形象。

（二）多元利益联结机制构建

习近平总书记 2020 年在中央农村工作会议上强调，"发展乡村产业要让农民有活干、有钱赚""要完善利益联结机制，通过'资源变资产、资金变股金、农民变股东'，尽可能让农民参与进来。要形成企业和农户产业链上优势互补、分工合作的格局""让农民更多分享产业增值收益"[①]。泗南峪社区围绕习近平总书记指示，以生态文化旅游为主导产业建立居民利益联结，通过建立有效的村企联动机制、党支部领办合作社、激发居民自主创业的内生动力及"美丽银行"激励方

[①] 习近平：坚持把解决好"三农"问题作为全党工作重中之重 举全党全社会之力推动乡村振兴[EB/OL].
https://www.gov.cn/xinwen/2022-03/31/content_5682705.htm?token=a1a2b7ad-4a9a-4b01-b257-497264cd3b33，2022-03-31.

案等方式，为实现社区参与旅游探索了好的做法。第一，引导旅游企业实行有序开发，围绕旅游开发重点抓好与群众生活息息相关的镇村建设、公共设施建设、交通建设、环境保护与文化保护。同时，鼓励居民以闲置土地、住宅作为资本入股旅游项目建设，并建立合理的分红机制。第二，为保证居民收入的稳定性与可靠性，提升居民对旅游业发展的信心，打造多元化收入渠道。党支部领办猕猴桃合作社，采用租赁农户田地年底分红的方式，拓宽了居民收入来源，促进了居民收入增长。第三，定期邀请旅游专家、劳动技术专家对地方居民进行培训。培养一批扎根社区的导游，一批技术过硬的餐饮人员、工艺品制作人员，一批服务质量综合水平较高的服务人员，以及一批具备管理水平的领导人员。通过将居民能力与旅游发展挂钩，进而提高居民参与旅游发展的意愿。第四，提振群众精气神、养成好习惯、形成好风气，凝聚乡村振兴正能量，独创"美丽银行"激励方案，通过这种奖励形式，调动群众主动参与的积极性。

（三）注重社区全面综合发展

想要社区参与旅游不能只在号召层面停留，必须要让居民看见旅游发展所带来的好处。首先，建立泗南峪便民服务中心。设立一站式服务大厅，建立集中党政事务办事、信访接待、民政、计划生育、劳动保障、法律咨询等一站式服务，利用计生服务、农家书屋、科普长廊向广大群众宣传政策、法律法规和旅游发展动态，让参与旅游发展的群众能够有一个信息获取、问题解决的"中心地"。其次，完善区域内群众生产生活所需的水、电、公路、路灯及环卫等设施，为旅游发展提供基础条件，从而增强居民参与旅游发展的信心，尽可能地降低居民参与的单位成本。据了解，居委会截至2022年在社区内设置了520个垃圾桶，12个垃圾箱，建成了7个污水处理氧化塘，8个集中污水处理池，有效控制了地方污水排放；修建集中饮水工程1处，铺设4 500米自动供水管网，村组修建蓄水池共十余处，解决了居民用水问题；电力杆线入地3 200米，建设覆盖全村居的网络基站，使得区域家用网络覆盖率达75%。最后，促进智慧旅游建设。信息化、智慧化不仅是产业发展的趋势，也是居民生活水平提高的体现。在搭建智慧旅游平台的同时，也设计为群众服务的信息平台，一方面提高居民生活的便利性，另一方面在服务平台上还可以提供农村政策法规、旅游服务规范、智慧服务操作技能培训等相关项目，让居民群众可以随时随地进行学习，提高旅游服务质量。

第七章 社区参与生态文化旅游开发的研究结论与展望

一、社区参与是生态文化旅游发展的最佳方式

强调社区参与旅游发展的理念，是实现旅游业可持续发展战略的必然要求。社区居民在旅游发展中作为弱势群体，在旅游开发、规划、决策和管理等方面往往没有话语权，这就容易导致他们消极地对待，甚至做出偷猎、盗伐等破坏行为。生态文化旅游活动是一种维系当地居民生活、保护生态和文化环境的社区发展旅游形式。大量实践证明，社区居民参与是生态文化旅游发展的最佳模式，社区参与不仅能够促进当地经济发展，为社区谋利，同时起到保护生态和文化环境资源的职责。因此，要实现生态文化旅游可持续发展，社区参与至关重要。

旅游业对资源有较强的依附性。生态文化旅游以良好的自然生态环境、文化景观为资源基础，贯彻生态保护和文化保护原则，开展的各项旅游活动既能够发展旅游目的地的经济，又能促进对环境资源的保护、对文化资源的传承和保护。生态文化旅游活动涉及旅游目的地社区的各个方面，既包括社区的工农业生产，也包括社区服务的基础设施，还包括社区的自然生态环境、人文景观和非遗等。开展生态文化旅游活动的主要目的之一就是要促进旅游业可持续发展，而要保证这一目标的实现，就必须在开展生态文化旅游过程中推行社区参与。生态文化旅游的开发和发展需要依托旅游目的地来实现，社区居民是旅游目的地的常住居民，只有依靠他们，才能够真正实现对旅游目的地环境的保护、文化的保护和弘扬。

党的二十大报告提出：中国式现代化是人与自然和谐共生的现代化。人与自然是生命共同体，无止境地向自然索取甚至破坏自然必然会遭到大自然的报复。我们坚持可持续发展，坚持节约优先、保护优先、自然恢复为主的方针，像保护眼睛一样保护自然和生态环境，坚定不移走生产发展、生活富裕、生态良好的文

明发展道路，实现中华民族永续发展①。生态文化旅游符合中国式现代化的要求，践行"绿水青山就是金山银山"的发展理念，充分体现生态环境保护与经济社会发展之间的辩证统一关系。生态文化旅游有效结合了现代工农业和现代旅游业，是巩固拓展脱贫攻坚成果同乡村振兴有效衔接的重要产业，成为推动经济发展、产业融合和农民增收的有效途径。人的问题是旅游发展过程中最重要的问题，社区居民的参与与生态文化旅游发展息息相关。只有以社区参与为切入点，才会有生态文化旅游的可持续发展。因此，社区居民参与生态文化旅游开发与规划，分享旅游发展带来的红利，并在旅游发展过程中担负起保障监督职责，才能实现生态文化旅游可持续发展。与此同时，社区参与还可以缓解传统生活方式与保护自然和文化环境之间的矛盾，减少偷猎、盗伐和破坏文化景观等现象的发生，减轻景区的压力，杜绝短期经济行为，并带动周边社区的发展。社区参与不仅能提高社区居民整体生活质量，还能发展当地经济，实现社会、经济、文化和生态的和谐与文明，从而实现旅游目的地社会、经济、文化和生态效益的平衡，实现生态文化旅游资源开发的最佳效益，从而实现旅游业可持续发展的目标。

二、社区参与生态文化旅游一体化发展的目标

（一）重视"人的发展"是实现社区参与生态文化旅游发展的关键

社区参与生态文化旅游资源开发的目的，不仅仅是地区的经济增长和乡村振兴，也不仅仅是居民单纯的经济获利，应该是"以人为本"的发展。生态文化旅游业的发展焦点是人的发展，而且是当地人的发展，只有当地人的发展在旅游开发过程中得到强化，旅游业才能得到当地人的积极支持和配合，才能实现可持续发展。因此，生态文化旅游开发是离不开人的参与，社区参与通过推动社区发展最终实现人的全面发展。目前对社区参与的研究主要基于"政治人""社会人""经济人"假设，从问题视角出发，对社区居民参与生态文化旅游过程中出现的参与人数少，参与层次低、范围窄，对旅游业了解程度低，被动参与等问题进行分析，从"人"本身出发去关注研究社区参与旅游发展需要加强。将"以人为本"发展理念引入社区参与，"以人为本"的社区参与新思路将人的根本需要和人的全面发展作为社区发展的出发点和最终目标。

"以人为本"的社区参与是充分尊重参与主体的地位，在此基础上，增强社

---

① 习近平. 高举中国特色社会主义伟大旗帜　为全面建设社会主义现代化国家而团结奋斗——在中国共产党第二十次全国代表大会上的报告[EB/OL]. https://www.gov.cn/xinwen/2022-10/25/content_5721685.htm，2022-10-25.

区参与的主体意识，激发主体的参与热情，充分调动社区参与主体的积极性、主动性和创造性，使他们在参与生态文化旅游发展过程中形成良好的互动参与关系，最终在"资源共享、共驻共建"的基础上分担社区参与责任、共享社区参与成果。利益是参与主体参与旅游发展最重要的驱动力，当参与主体意识到旅游与自身利益息息相关时，自然会萌生参与的动机。社区居民多元化的需求要在旅游发展中得到实现和维护，实现的前提条件是使社区居民通过自身的力量去创造"自觉"的参与环境。据调查，社区参与生态文化旅游不足最本质的原因是社区居民权利的缺失与不足。因此，必须摆正社区居民的主体性地位，将研究重点放在对社区居民增权上，增什么？怎么增？在经济方面，社区居民是否能够从社区参与生态文化旅游发展中获利及获利多少。在社会方面，社区的凝聚感和整体度是否得到提升。在心理方面，在社区参与生态文化旅游中增强自我认知和自我肯定，树立"主人翁"的意识。在政治方面，居民是否纳入社区参与生态文化旅游发展的决策体系，使得社区居民的利益和诉求得到表达与伸张。在社区参与生态文化旅游发展中，只有重视人的发展，从经济、社会、心理和政治四方面对社区居民进行增权，才能实现社区参与生态文化旅游的一体化发展。

（二）建设生态宜居、文化多彩的和美旅游社区

随着旅游业的快速发展，旅游业从单一的生态旅游或文化旅游向集生态文化于一体的生态文化旅游转变。生态文化旅游是以丰富的生态资源为基础、深厚的文化底蕴为灵魂，注重生态保护和文化传承，集生态旅游和文化旅游于一体的综合性旅游形式。生态文化旅游树立和践行"绿水青山就是金山银山"的理念，同时顺应"文化产业和旅游产业密不可分，要坚持以文塑旅、以旅彰文，推动文化和旅游融合发展，让人们在领略自然之美中感悟文化之美、陶冶心灵之美"。[①]生态文化旅游景区除了拥有丰富的自然资源和深厚的文化底蕴外，社区本身的生产、生活、文化等也是旅游的吸引力之一。因此，建立生态宜居、文化多彩和美的旅游社区势在必行。

生态文化旅游地多集中在西部地区，而西部地区往往是自然和生态文化脆弱带，又是资源和生态限制型地区。为了促进当地经济增长，提高居民收入水平，有效衔接乡村振兴，当地政府和居民通常倾向于选择快速拉动经济增长的旅游开发模式，对可能会导致旅游地环境恶化、原生态文化的异化等问题必须警惕，而社区参与是遏制问题发生的有效方式。社区参与生态文化旅游是一种自然环境保护、文化

---

① 习近平：在教育文化卫生体育领域专家代表座谈会上的讲话[EB/OL]. https://m.thepaper.cn/baijiahao_9296050，2020-09-22.

传承与旅游发展战略，鼓励当地居民亲自参与，利用社区拥有的生态和文化资源发展社区，以社区居民利益诉求为核心，由此做出旅游发展规划。社区参与生态文化旅游有效将社区居民参与生态文化旅游发展的方方面面，是一种有效的活态传承，不仅有利于保护生态文化的活态性，同时也有助于旅游文化内涵的提升。因此，建立生态宜居、文化活力的旅游社区有利于推动生态文化旅游持续健康发展。

三、社区参与生态文化旅游一体化发展的路径

实现社区与生态文化旅游一体化发展的路径是要建立参与、分享和保障三个平台，利用三个平台构建参与驱动机制、利益分配机制和权利保障监督机制，用"三位一体"模式共同推动社区与生态文化旅游的发展。

（一）驱动机制是社区参与生态文化旅游开发的根本动力

随着旅游业的发展，社区居民不仅仅是旅游业发展的相关者，还应该是旅游发展的主体，也应该是旅游业发展的主要受益者，社区参与在生态文化旅游开发中是不可或缺的一部分。但社区怎样才能更加有效地参与生态文化旅游的开发，从动力机制看，需要内在推力、外在拉力及相应激发系统运行的催化剂。

社区参与最重要的参与主体是社区居民，利益是社区居民参与生态文化旅游的根本动力，社区居民在生态文化旅游中分享旅游带来的经济利益，这使得社区居民成为生态文化旅游的积极支持者。社区参与生态文化旅游应以生态资源和文化资源为基础，将生态资源、文化资源及社区的生产生活有效整合，同时增强社区居民的主体地位，激发社区居民的主人翁意识，提升社区居民对本地文化的自豪感，有利于保护社区的自然环境和传统文化，将在旅游业发展过程中带来的社会负面效应降低到最小，有效推动生态文化旅游资源可持续发展。

旅游专家、规划师在旅游规划编制中一定要导入社区参与和"以人为本"观念，要意识到没有社区的参与，就没有成功的旅游规划。通过对社区居民进行调查，了解社区居民的意愿和需求，将他们的想法融入旅游规划。因此，融入社区意识的旅游规划和政府引导，才能有效拉动生态文化旅游的发展。此外，游客的个性化需求、和美社区的建设等也会加速推动社区参与。

（二）利益分配是社区参与生态文化旅游健康发展的基础

利益是社区参与生态文化旅游活动的动力和追求的最终结果。社区参与是生态文化旅游开发与规划的重要组成部分，并成为旅游利益分配机制中的重要主体。旅游利益分配是社区居民有效参与旅游活动的关键因素之一，也是促使社区居民有效参与的一种内在的经济激励机制，分利能力是决定社区居民在社区所获利益多少的关键因素。在生态文化旅游发展中，旅游开发主体对投资环境的担忧、政策的不信任及社区居民参与能力和谈判能力有限，导致旅游开发主体对利益获取的不确定性、社区居民的利益被排挤在边缘地带等问题。因此，按照社区居民的参与意愿和分利能力组织他们从事不同的旅游活动，构建社区参与的利益分配机制是关键。分利能力强的社区居民可直接参与旅游获利，分利能力弱的社区居民可以以间接参与的方式受益等，同时利用好国家的"三变"政策，因地制宜找到"资源变资产、资金变股金、农民变股东"的有效途径，不断壮大新型集体经济，为乡村振兴和共同富裕提供制度保障和经济支持。公平合理的利益分配既能促使社区居民积极支持生态文化旅游，也能处理好社区各利益相关者的关系，从而保证社区参与生态文化旅游可持续发展。

（三）保障监督机制是社区参与生态文化旅游良性运行的保证

生态文化旅游以生态资源和文化资源为基础，对资源有很强的依赖性，生态文化旅游在经历快速发展后，出现了不同程度衰落的迹象，究其原因是市场经济和法治体制不够完善，导致社区参与生态文化旅游建设的保障监督机制不够健全。为了保证社区参与生态文化旅游持续健康发展，构建保障监督机制成为社区参与生态文化旅游研究的重要内容，具体包括保障、监督和评估反馈。社区参与保障平台可从建立法律保障、技术保障和体制保障等方面提高工作管理效率与水平，保障社区参与生态文化旅游，将社区参与的权利合法化、制度化；社区参与监督平台可分为政府监管、行业协会监督、舆论监督和社会公众与社区内部的力量监督四种方式，并将这四种监管紧密结合为一体构建出一个完善的生态文化旅游开发社区参与监管机制；社区参与评估反馈平台主要是对生态文化旅游景区开发与社区居民参与过程的效果评估，了解景区开发前后社区的经济、生态、社会、文化等方面的变化，产生哪些积极效应和负面效应，以便更好地对社区参与生态文化旅游发展提出针对性建议。构建社区参与生态文化旅游开发的保障监督机制，可以进一步保障社区参与生态文化旅游的高效运行。

四、社区参与生态文化旅游开发的创新点

（一）为社区参与生态文化旅游开发提供新思路新路径

本书研究基于理论、经验和问题，从社区参与的驱动力、利益分配和保障三个方面提出产业拓展、政策保障、市场激励、社区自我能力提升等方面，构建"三位一体"的社区参与模式，为推动社区参与生态文化旅游开发的理论和实践提供了新思路和新模式。

（二）丰富社区参与生态文化旅游开发研究的内容和方法

国内现有的社区参与生态文化旅游建设研究，定性分析较多，具体的建议也有一些。本书研究将社区参与纳入一个区域旅游发展规划，将社区参与贯穿整个区域旅游发展始终，并从驱动力、利益分配和保障方面设计计量分析模型，评价社区参与的绩效，丰富了已有的社区参与生态文化旅游发展的研究内容与方法。

（三）为政府决策提供参考

本书研究重点放在生态文化旅游资源开发与当地社区参与的结合上，是一个全新视角。在生态文化旅游开发中，如何构建社区参与机制实现生态文化旅游可持续发展？本书通过对生态文化旅游的社区参与意义、内容、路径等进行全面分析，可以为政府在社区参与生态文化旅游发展方面的决策提供参考。

五、研 究 展 望

本书研究基于制度经济学和利益相关者理论，对社区参与生态文化旅游开发的驱动机制、利益分配机制和保障监督机制进行了探索，提出了"三位一体"模式，由于笔者学识与能力有限，研究有不足，在未来的研究中将针对这些不足实现突破。

（1）本书研究是从总体框架上构建"三位一体"的社区与生态文化旅游发

展一体化模式，在三个分机制的论证上，特别是对三个机制运行的影响要素的选择上，思考还欠充分。希望在未来研究中对三个运行机制的探讨更深入，有更多生态文化这一特殊旅游资源开发方面的考量，并将生态文化的特性因素纳入分析范畴，考察其特质，使分析更为缜密。

（2）本书研究虽然重视到时间这一维度，但出于资料来源的方便，更多是基于特定时间内的横断研究，并没有过多地考虑时间维度在其中的作用。在社区参与生态文化旅游开发的问题上，是有一个发展和变化的过程的，时间是一个重要变量。未来研究将考虑选取特定的社区进行跟踪研究，了解不同生态文化旅游开发时段由于制度、分利、保障等变动对社区参与造成的影响，根据这种纵断研究的变化为社区参与生态文化旅游发展提供有价值的对策建议。

（3）本书研究的案例分析是选取贵州省丹寨县万达小镇、云南省元阳县阿者科村、陕西省礼泉县袁家村、云南省南华县咪依噜风情谷、新疆喀纳斯景区、湖南省张家界市泗南峪社区、湖南省怀化市大坪村为研究对象，虽然有数据获取的便利，也有一定的代表性，但样本相对较少。希望在未来研究中加入更丰富的案例，可以发现更多不同的问题和获取不一样的经验，从理论上完善本书的研究，也使研究结论更具实践上的指导价值。

参 考 文 献

艾菊红. 2007. 文化生态旅游的社区参与和传统文化保护与发展——云南三个傣族文化生态旅游村的比较研究[J]. 民族研究, (4): 49-58.

保继刚, 楚义芳. 1999. 旅游地理学[M]. 北京: 高等教育出版社.

保继刚, 孙九霞. 2003. 旅游规划的社区参与研究——以阳朔遇龙河风景旅游区为例[J]. 规划师, 19 (7): 32-38.

保继刚, 钟新民. 2002. 桂林市旅游发展总体规划 (2001~2020) [M]. 北京: 中国旅游出版社.

蔡碧凡, 陶卓民, 郎富平. 2013. 乡村旅游社区参与模式比较研究——以浙江省三个村落为例[J]. 商业研究, (438): 191-196.

曹开军, 杨良健. 2020. 社区旅游参与能力、旅游感知与自然保护意识间的互动关系研究——以新疆博格达自然遗产地为例[J]. 新疆大学学报 (哲学・人文社会科学版), 48 (6): 23-32.

陈江美. 2010. 鄂西生态文化旅游概论[M]. 北京: 旅游教育出版社.

陈俊安. 2014. 基于利益相关者理论的乡村旅游开发主体合作机制研究[J]. 大庆师范学院学报, 34 (3): 86-88.

陈志永. 2015. 少数民族村寨社区参与旅游发展研究[M]. 北京: 中国社会科学出版社.

程占红. 2001. 生态旅游社区从事旅游业者的行为特征研究——以芦芽山自然保护区为例[J]. 山西大学学报 (自然科学版), 24 (2): 159-163.

崔晓明, 杨新军. 2018. 旅游地农户生计资本与社区可持续生计发展研究——以秦巴山区安康一区三县为例[J]. 人文地理, 33 (2): 147-153.

邓海雯. 2021. 社区参与背景下生态旅游开发博弈研究[D]. 上海师范大学硕士学位论文.

邓小艳. 2012. 文化传承视野下社区参与非物质文化遗产旅游开发的思路探讨[J]. 广西民族研究, (1): 180-184.

董培海, 张东强, 李伟. 2022. 民族村寨社区参与旅游扶贫的空间生产效应——以云南省怒江州老姆登村为例[J]. 旅游研究, 14 (4): 57-70.

杜永川. 2021. 云南省西畴县国家石漠公园旅游开发的社区居民参与研究[D]. 云南师范大学硕士学位论文.

杜宗斌，苏勤. 2011. 乡村旅游的社区参与、居民旅游影响感知与社区归属感的关系研究——以
　　浙江安吉乡村旅游地为例[J]. 旅游学刊，26（11）：65-70.

冯淑华. 2003. 三百山旅游发展中流域利益主体关系的探讨[J]. 宜春学院学报（社会科学），
　　25（5）：47-50.

巩俐. 2015. 基于文化空间视角下的社区参与旅游机制研究——以吐鲁番葡萄沟为例[D]. 新疆
　　财经大学硕士学位论文.

贵州省丹寨县地方志编纂委员会. 2016. 丹寨县志（上）[M]. 北京：方志出版社.

郭清霞，秦张平，马勇. 2010. 鄂西生态文化旅游圈社区生态旅游的开发研究[J]. 经济地理，
　　30（9）：1569-1573.

郭文. 2010. 乡村居民参与旅游开发的轮流制模式及社区增权效能研究——云南香格里拉雨崩社
　　区个案[J]. 旅游学刊，25（3）：76-83.

何艺玲. 2002. 如何发展社区生态旅游？——泰国 Huay Hee 村社区生态旅游（CBET）的经验[J].
　　旅游学刊，17（6）：57-60.

洪颖，卓玛. 2000. 滇西北香格里拉生态旅游开发与藏族社区文化调查研究[J]. 思想战线，
　　26（6）：81-84.

胡北明，张美晨. 2019. 我国社区旅游增权理论框架及模式构建研究——基于西方旅游增权理论
　　研究评述[J]. 四川理工学院学报（社会科学版），34（1）：87-100.

胡浩，王姣娥，金凤君. 2012. 基于可达性的中小文化旅游城市旅游潜力分析[J]. 地理科学进
　　展，31（6）：808-816.

胡志毅，张兆干. 2002. 社区参与和旅游业可持续发展[J]. 人文地理，17（2）：38-41.

黄昆. 2003. 利益相关者共同参与的景区环境管理模式研究[J]. 湖北社会科学，（9）：81-82.

黄益军. 2013. 非物质文化遗产旅游开发中的社区参与机制研究[J]. 广西社会科学，（8）：
　　53-56.

黄郁成，顾晓和，郭安禧. 2004. 农村社区旅游开发模式的比较研究[J]. 南昌大学学报（人文社
　　会科学版），35（6）：55-60.

贾衍菊，李昂，刘瑞，等. 2021. 乡村旅游地居民政府信任对旅游发展支持度的影响——地方依
　　恋的调节效应[J]. 中国人口·资源与环境，31（3）：171-183.

黎洁，赵西萍. 2001. 社区参与旅游发展理论的若干经济学质疑[J]. 旅游学刊，16（4）：44-47.

李德明，程久苗. 2005. 乡村旅游与农村经济互动持续发展模式与对策探析[J]. 人文地理，
　　20（3）：84-87.

李华忠. 2016. 乡村旅游：村民参与、影响感知与社区归属感研究[D]. 华南农业大学硕士学位
　　论文.

李进兵. 2010. 利益相关者的利益分配与旅游可持续发展[J]. 经济问题，（8）：123-126.

李琳，徐素波. 2022. 生态旅游研究进展述评[J]. 生态经济，38（7）：146-152.

李涛，王磊，王钊，等. 2022. 乡村旅游：社区化与景区化发展的路径差异及机制——以浙江和

山西的两个典型村落为例[J]. 旅游学刊, 37（3）: 96-107.

李小丽, 赵振斌. 2006. 生态旅游社区参与与乡村亚文化价值观的变化[J]. 社会科学家, （4）: 128-131.

李友亮, 吴忠军. 2005. 旅游业主流发展战略模式比较与模式选择探讨[J]. 信阳师范学院学报（自然科学版）, 18（1）: 57-61.

连玉銮. 2005. 白马社区旅游开发个案研究——兼论自然与文化生态脆弱区的旅游发展[J]. 旅游学刊, 20（3）: 13-17.

梁嘉慧, 胡志钊, 左平. 2021. 中国黄（渤）海世界自然遗产地保护与社区发展模式研究——以江苏盐城为例[J]. 环境生态学, 3（10）: 21-26, 92.

令狐雪雪, 殷红梅, 杨洋, 等. 2023. 民族旅游地社区参与对社区韧性的影响研究——有调节的中介模型[J]. 农业与技术, 43（1）: 108-115.

刘昌雪, 汪德根. 2003. 皖南古村落可持续旅游发展限制性因素探析[J]. 旅游学刊, 18（6）: 100-105.

刘宏芳, 明庆忠, 鲁芬. 2020. 民族社区参与低碳旅游的理想模式与路径解析[J]. 生态经济, 36（9）: 129-134, 157.

刘欢. 2018. 金寨县社区参与茶文化旅游: 主要影响因素识别及对策研究[D]. 云南大学硕士学位论文.

刘静艳. 2006. 从系统学角度透视生态旅游利益相关者结构关系[J]. 旅游学刊, 21（5）: 17-21.

刘静艳, 李玲. 2016. 公平感知视角下居民支持旅游可持续发展的影响因素分析——以喀纳斯图瓦村落为例[J]. 旅游科学, 30（4）: 1-13.

刘静艳, 韦玉春, 黄丽英, 等. 2008. 生态旅游社区参与模式的典型案例分析[J]. 旅游科学, 22（4）: 59-64.

刘明. 2001. 旅游地周边乡村社区的功能与结构更新[J]. 华中师范大学学报（自然科学版）, 35（1）: 95-97.

刘思雨. 2018. 基于权益视角的社区参与旅游研究[D]. 东北财经大学硕士学位论文.

刘纬华. 2000. 关于社区参与旅游发展的若干理论思考[J]. 旅游学刊, （1）: 47-52.

刘欣. 2021. 社区参与旅游视域下肇兴侗寨居民文化认同研究[D]. 贵州民族大学硕士学位论文.

刘亚萍. 2013. 生态文化与旅游业可持续发展[M]. 北京: 中国环境出版社.

刘岩, 张珞平, 洪华生. 2002. 生态旅游资源管理中社区参与激励机制探讨——以厦门岛东海岸区生态旅游开发为例[J]. 农村生态环境, 18（4）: 60-62.

路幸福, 陆林. 2011. 乡村旅游发展的居民社区参与影响因素研究[J]. 资源开发与市场, 27（11）: 1054-1056.

罗辉. 2006. 社区参与旅游发展的利益冲突[J]. 玉溪师范学院学报, 22（11）: 32-38.

罗永常. 2006. 民族村寨社区参与旅游开发的利益保障机制[J]. 旅游学刊, 21（10）: 45-48.

罗永常. 2020. 合理增权、有效参与与利益协调——基于多理论场域的民族村寨旅游发展再思考[J]. 贵州民族研究，41（8）：87-92.

吕君. 2012. 欠发达地区社区参与旅游发展的影响因素及系统分析[J]. 世界地理研究，21（2）：119.

吕君，吴必虎. 2010. 国外社区参与旅游发展研究的层次演进与判读[J]. 未来与发展，31（6）：108-112.

吕秋琳. 2012. 增权理论视角下社区参与乡村旅游可持续发展研究[D]. 山东大学硕士学位论文.

吕宛青. 2007. 利益相关者共同参与的民族地区家庭旅馆经营及管理模式研究[J]. 思想战线，33（5）：35-42.

潘秋玲，李九全. 2002. 社区参与和旅游社区一体化研究[J]. 人文地理，17（4）：5，38-41.

潘顺安. 2009. 中国乡村旅游驱动机制与开发模式研究[M]. 北京：经济科学出版社.

庞清云，保继刚. 2022. 涓滴策略对乡村社区旅游收益分配的影响[J]. 旅游学刊，37（8）：13-25.

彭多意. 2001. 发展民族社区经济方法探索——以可邑彝族生态文化旅游村项目为例[J]. 思想战线，27（6）：113-115.

彭如月，段雅雯，朱冬群，等. 2019. 乡村振兴战略背景下乡村旅游的社区参与机制模式研究——基于利益相关者理论[J]. 内江科技，40（4）：8-9.

漆明亮，李春艳. 2007. 旅游扶贫中的社区参与及其意义[J]. 中国水运（学术版），7（6）：212-213.

邱美云，封建林. 2005. 少数民族地区社区参与旅游的影响因素与措施[J]. 黑龙江民族丛刊，（6）：48-51.

冉琼，苏智先. 2010. 生态文化旅游发展中的问题与对策[J]. 前沿，（19）：163-166.

单纬东. 2004. 少数民族文化旅游资源保护与产权合理安排[J]. 人文地理，19（4）：26-29.

沈晓敏. 2021. 乡村振兴视角下生态文化旅游产业发展研究[J]. 环境工程，（10）：16-17.

时少华. 2012. 北京乡村旅游发展中的社区参与研究——基于权力结构的视角[M]. 北京：旅游教育出版社.

时少华，李享，吴泰岳. 2017. 社会交换视角中的权力、信任对居民参与旅游发展的影响效应分析——以北京前门社区为例[J]. 地域研究与开发，36（5）：127-133.

宋鹏. 2012. 羌族文化旅游可持续发展中的社区参与研究[D]. 成都理工大学硕士学位论文.

宋瑞. 2004. 我国生态旅游发展：利益相关者视角分析[J]. 杭州师范学院学报（社会科学版），（5）：74-80.

宋瑞. 2005. 我国生态旅游利益相关者分析[J]. 中国人口·资源与环境，15（1）：36-41.

苏明明，杨伦，何思源. 2022. 农业文化遗产地旅游发展与社区参与路径[J]. 旅游学刊，37（6）：9-11.

孙九霞. 2005. 社区参与旅游对民族传统文化保护的正效应[J]. 广西民族学院学报（哲学社会科学版），27（4）：35-39，46.

孙九霞. 2006. 守土与乡村社区旅游参与——农民在社区旅游中的参与状态与成因[J]. 思想战线，32（5）：59-64.

孙九霞. 2009. 旅游人类学的社区旅游与社区参与[M]. 北京：商务印书馆.

孙九霞. 2013. 社区参与旅游与族群文化保护：类型与逻辑关联[J]. 思想战线，39（3）：97-102.

孙九霞，保继刚. 2006. 从缺失到凸显：社区参与旅游发展研究脉络[J]. 旅游学刊，21（7）：63-68.

孙九霞，庞兆玲，王学基. 2020. 现代性拓殖与地方响应：少数民族盐业旅游社区的发展实践[J]. 经济地理，40（4）：214-222.

唐承财，向宝惠，钟林生，等. 2011. 西藏申扎县野生动物旅游社区参与模式研究[J]. 地理与地理信息科学，27（5）：104-108.

唐玲萍. 2010. 对社区参与旅游发展可能性的理论分析：社会交换理论[J]. 思想战线，35（S1）：145-148.

唐顺铁. 1998. 旅游目的地的社区化及社区旅游研究[J]. 地理研究，17（2）：145-149.

佟敏. 2005. 基于社区参与的我国生态旅游研究[D]. 东北林业大学博士学位论文.

佟敏，黄清. 2004. 社区参与生态旅游模式研究[J]. 学习与探索，（6）：126-128.

王芳. 2019. 旅游社区参与研究[D]. 西南交通大学硕士学位论文.

王华，龙慧，郑艳芬. 2015. 断石村社区旅游：契约主导型社区参与及其增权意义[J]. 人文地理，30（5）：106-110.

王洁，杨桂华. 2002. 影响生态旅游景区社区居民心理承载力的因素探析——以碧塔海生态旅游景区为例[J]. 思想战线，28（5）：56-59.

王金伟，谢伶，张赛茵. 2020. 自然灾难地黑色旅游发展：居民感知与社区参与——以北川羌族自治县吉娜羌寨为例[J]. 旅游学刊，35（11）：101-114.

王金伟，张丽艳，王国权. 2022. 民族地区居民旅游扶贫参与意愿的影响机制——一个中介与调节效应的混合模型[J]. 旅游学刊，37（8）：40-57.

王丽华，张宏胜. 2004. 社区参与型旅游产品开发的"IDPC"模式研究——以非民族旅游地为例[J]. 财经问题研究，（6）：60-64.

王湉，邝家麒. 2022. 社区参与何以影响高质量景区创建？——基于黄姚古镇创5A田野调查数据的质性分析[J]. 旅游科学，36（2）：86-100.

王毅，黄宝荣. 2019. 中国国家公园体制改革：回顾与前瞻[J]. 生物多样性，27（2）：117-122.

王英，孙业红，苏莹莹，等. 2020. 基于社区参与的农业文化遗产旅游解说资源研究——以浙江青田稻鱼共生系统为例[J]. 旅游学刊，35（5）：75-86.

王莹. 2004. 政府作用与旅游区投资效益[J]. 旅游学刊，19（3）：14-18.

王兆峰，向秋霜. 2017. 基于MOA模型的武陵山区社区居民参与旅游扶贫研究[J]. 中央民族大学学报（哲学社会科学版），44（6）：94-102.

翁时秀，彭华. 2011. 旅游发展初级阶段弱权利意识型古村落社区增权研究——以浙江省楠溪江芙蓉村为例[J]. 旅游学刊，26（7）：53-59.

吴吉林. 2020. 生态文化旅游视域下乡村旅游规划与农户生计研究[M]. 北京：经济管理出版社.

吴雨晴. 2021. 居民旅游增权、社区参与旅游、旅游扶贫效应感知与旅游发展支持度的关系研究——以延吉市贫困村为例[D]. 延边大学硕士学位论文.

谢巧燕. 2020. 社区参与对旅游地社区居民感知恢复力的影响机制分析[J]. 旅游纵览，（22）：51-54，67.

谢小芹. 2020. "村社本位"：社区参与的一种分析性框架——以贵州郎德苗寨社区参与旅游发展为个案[J]. 理论月刊，（9）：96-108.

修新田，陈秋华，赖启福. 2015. 社区居民参与森林旅游发展的影响因素分析[J]. 福建论坛（人文社会科学版），（5）：155-159.

徐德成，逯登斌. 1994. "无烟工业"并非"无污染工业"[J]. 森林与人类，（5）：5-6.

徐德成，余海涛，倪玉乐，等. 1996. 可持续发展——中国旅游业的抉择[J]. 地域研究与开发，15（4）：87-90，96.

徐虹，张行发. 2021. 国内社区参与旅游研究回顾与展望——基于 CiteSpace 和 Vosviewer 的知识图谱分析[J]. 西南民族大学学报（人文社会科学版），42（8）：218-228.

徐克勤，田代武，张建永，等. 2016. 打造武陵山片区民族特色生态文化旅游支柱产业研究[J]. 民族论坛，（1）：37-51.

徐燕，吴再英，陆仙梅，等. 2012. 民族村寨乡村旅游开发与民族文化保护研究——以黔东南苗族侗族自治州肇兴侗寨为例[J]. 贵州师范大学学报（自然科学版），30（4）：53-58.

颜亚玉，黄海玉. 2008. 历史文化保护区旅游开发的社区参与模式研究[J]. 人文地理，23（6）：94-98.

杨桂红. 2001. 试论社区居民参与旅游业发展对环境保护的积极作用——以碧塔海旅游景区为例[J]. 经济问题探索，（11）：124-126.

杨桂华. 2003. 民族生态旅游接待村多维价值的研究——以香格里拉霞给村为例[J]. 旅游学刊，18（4）：76-79.

杨晓红. 2011. 社区参与旅游发展的立法探讨[J]. 旅游学刊，26（3）：9-10.

杨晓红. 2015. 社区参与旅游发展法律保障制度研究[M]. 北京：法律出版社.

杨效忠，张捷，唐文跃，等. 2008. 古村落社区旅游参与度及影响因素——西递、宏村、南屏比较研究[J]. 地理科学，28（3）：445-451.

杨兴，柱王群. 2006. 我国城乡旅游地居民参与旅游规划与发展研究[J]. 旅游学刊，21（4）：32-37.

杨昀，保继刚. 2020. 本地旅游精英培育与目的地层面内在影响研究——基于阳朔的历时性解释[J]. 旅游学刊，35（5）：87-97.

叶晔，程道品. 2005. 旅游商品开发模式探讨——以桂林兴安县为例[J]. 改革与战略，（3）：

16-18.

于笑云. 2007. 生态旅游市场营销策略研究[J]. 中国林业，（21）：44.

余向洋. 2006. 中国社区旅游模式探讨——以徽州古村落社区旅游为例[J]. 人文地理，（5）：41-45.

余志远，赵星会，梁春媚. 2021. 社区旅游参与视角下民族村寨旅游地居民地方感生成研究[J]. 旅游导刊，5（1）：23-42.

张广瑞. 1999. 生态旅游的理论与实践[J]. 财贸经济，（8）：43-49.

张海燕. 2013. 旅游企业与社区居民利益冲突及协调博弈研究[J]. 财经理论与实践，34（181）：121-124.

张宏宇. 2020. 基于社区参与的东北虎豹国家公园入口社区生态旅游发展研究[D]. 延边大学硕士学位论文.

张建萍. 2001. 生态旅游学理论与实践[M]. 北京：中国旅游出版社.

张建萍. 2003. 生态旅游与当地居民利益——肯尼亚生态旅游成功经验分析[J]. 旅游学刊，18（1）：60-63.

张洁，杨桂华. 2005. 社区居民参与旅游积极性的影响因素调查研究[J]. 生态经济，（10）：303-306，311.

张萍. 2015. 民俗旅游开发中的居民权益保护研究——以怀化侗族民俗旅游开发为例[D]. 湘潭大学硕士学位论文.

张伟，吴必虎. 2002. 利益主体（Stakeholder）理论在区域旅游规划中的应用——以四川省乐山市为例[J]. 旅游学刊，17（4）：63-68.

张琰飞，朱海英. 2021. 社区参与乡村旅游关系网络协同治理机制的个案研究——以湘西土家族苗族自治州凤凰县竹山村社区为例[J]. 旅游研究，13（5）：59-71.

张艳萍. 2014. 基于原住民权益的沙溪古镇旅游发展模式研究[D]. 首都师范大学硕士学位论文.

张英. 2004. 湘鄂渝黔边特色旅游区建设研究[M]. 北京：民族出版社.

张英. 2005. 湘鄂渝黔边旅游业建设投融资对策研究[J]. 中南民族大学学报（人文社会科学版），25（5）：66-69.

张英. 2009-10-12. 武陵山民族地区建设"两型社会"的基本路径[N]. 光明日报.

张英. 2018. 民族地区旅游资源开发与城镇化建设协同机制研究[M]. 北京：人民出版社.

张英，龙安娜. 2019. 民族村镇旅游精准扶贫实证分析——以湘西州德夯、芙蓉镇、老洞、惹巴拉四村为例[J]. 中南民族大学学报（人文社会科学版），39（3）：158-162.

张英，于沛鑫. 2022. 西部地区旅游发展与铸牢中华民族共同体意识[J]. 中南民族大学学报（人文社会科学版），42（2）：37-44.

张祖群，方巧，杨新军. 2004. 基于文化景观的利益主体经济互动——荆州的旅游人类学实证研究[J]. 桂林旅游高等专科学校学报，15（1）：74-78.

章晴. 2009. 乡村旅游开发的利益冲突与和谐社区建设——基于社区居民视角[J]. 湖北经济学院

学报（人文社会科学版），6（3）：15-16.

赵福祥，方曦来，李全德，等. 2003. 社区旅游对少数民族地区的影响及对策研究[J]. 桂林旅游高等专科学校学报，14（2）：52-54.

赵娟. 2007. 世界管理大师连载之（7）平衡记分卡的创始人：罗伯特·卡普兰[J]. 施工企业管理，（10）：74.

郑群明，钟林生. 2004. 参与式乡村旅游开发模式探讨[J]. 旅游学刊，19（4）：33-37.

周年兴，俞孔坚，李迪华. 2005. 风景名胜区规划中的相关利益主体分析——以武陵源风景名胜区为例[J]. 经济地理，（5）：716-719.

周世强. 1998. 生态旅游与自然保护、社区发展相协调的旅游行为途径[J]. 旅游学刊，（4）：33-35，63.

周小凤，张朝枝. 2022. 线性文化遗产保护与旅游发展：社区参与的影响因素[J]. 中国文化遗产，（5）：90-100.

周雨. 2017. 社区参与乡村旅游影响因素作用机制研究[D]. 山东师范大学硕士学位论文.

朱元秀. 2014. 生态旅游发展中的社区参与典型模式比较与分析[J]. 商业时代，（35）：137-139.

诸葛仁，陈挺舫，德拉西 T. 2000. 武夷山自然保护区资源管理中社区参与机制的探讨[J]. 农村生态环境，16（1）：48-53.

邹嘉. 2021. 社区参与到社区增权：乡村旅游主体参与性研究——以贾家庄村为例[D]. 山西大学硕士学位论文.

邹统钎. 2004. 旅游景区开发与管理[M]. 北京：清华大学出版社.

左冰，保继刚. 2008. 从"社区参与"走向"社区增权"——西方"旅游增权"理论研究述评[J]. 旅游学刊，23（4）：58-63.

左健，刘美业. 2022. 乡村振兴背景下社区参与旅游的现状、问题与发展研究——以云南省文山州牡露村为例[J]. 中国集体经济，（22）：8-10.

Aas C，Ladkin A，Fletcher J. 2005. Stakeholder collaboration and heritage management[J]. Annals of Tourism Research，32（1）：28-48.

Akama J S. 1996. Western environmental values and nature-based tourism in Kenya[J]. Tourism Management，17（8）：567-574.

Anthony O A，Omokeme B C，Dulias R. 2018. Assessment of community awareness and participation in ecotourism in Old Oyo National Park，Nigeria[J]. Environmental & Socio-economic Studies，6（3）：1-12.

Araujo L M D，Bramwell B. 1999. Stakeholder assessment and collaborative tourism planning：the case of Brazil's Costa Dourada Project[J]. Journal of Sustainable Tourism，7（3-4）：356-378.

Ashley C，Boyd C，Goodwin H. 2000. Pro-poor tourism：putting poverty at the heart of the tourism agenda[J]. Natural Resource Perspectives，（51）：1-6.

Ashley C, LaFanhchi C. 1997. Livelihood strategies of rural household in Caprivi: implication for conservancies and natural resource management[R]. Namibia: Ministry of Environment and Tourism.

Ashley C, Roe D. 2003. Working with the private sector on pro-poor tourism: opinions and experience from two development practitioners[Z]. London : Department for International Development.

Bello F G. 2021. Community participation in tourism planning at Majete Wildlife Reserve, Malawi[J]. Quaestiones Geographicae, 40（4）: 85-100.

Bello F G, Carr N, Lovelock B. 2016. Community participation framework for protected area-based tourism planning[J]. Tourism Planning and Development, 13（4）: 1-17.

Björk P. 2000. Ecotourism from a conceptual perspective, an extended definition of a unique tourism form[J]. International Journal of Tourism Research,（3）: 189-202.

Bramwell B, Sharman A. 1999. Collaboration in local tourism policymaking[J]. Annals of Tourism Research, 26（2）: 392-415.

Bridger J C, Luloff A E. 1999. Toward an interactional approach to sustainable community development[J]. Journal of Rural Studies, 15（4）: 377-387.

Burns G L, Howard P. 2003. When wildlife tourism goes wrong: a case study of stakeholder and management issues regarding Dingoes on FraserIsland, Australia[J]. Tourism Management, 24（6）: 699-712.

Cano L M, Mysyk A. 2004. Cultural tourism, the state, and day of the dead[J]. Annals of Tourism Research,（4）: 879-898.

Chhabra D, Healy R, Sills E. 2003. Staged anthenticity and heritage tourism[J]. Annals of Tourism Research, 30（3）: 702-719.

Choguill M B G. 1996. A ladder of community participation for underdeveloped countries[J]. Habitat International, 20（3）: 431-444.

Clausen H B, Gyimóthy S. 2016. Seizing community participation in sustainable development: Pueblos Mágicos of Mexico[J]. Journal of Cleaner Production, 111: 318-326.

DadvarKhani F. 2011. Participation of rural community and tourism development in Iran[J]. Community Development, 43（2）: 259-277.

Doxey G V. 1975. When enough's enough: the natives are restless in Old Niagara[J]. Heritage Canada, 2（2）: 26-27.

Emily R, Sing N K, Weng J T. 2021. Factors influencing community participation in community-based ecotourism in Padawan, Sarawak[R]. SHS Web of Conferences, 124: 1-7.

Fallon L D, Kriwoken L K. 2003. Community involvement in tourism infrastructure: the case of the Strahan Visitor Centre, Tasmania[J]. Tourism Management, 24（3）: 289-308.

Fennell D A. 1999. Eeo-tourism：An Introduction[M]. New York：Routledge.

Fennell D A，Eagle P F J. 1990. Ecotourism in Costa Rica：a conceptual framework[J]. Journal of Park and Recreation Administration，（1）：23-34.

Gezici F. 2006. Components of sustainability，two cases from Turkey[J]. Annals of Tourism Research，33（2）：442-455.

Gunn C A. 1979. Tourism Planning[M]. New York：Crane Rusak.

Hamzah A，Mohamad N. 2011. The sustainability of community based ecotourism surrounding protected areas in the Lower Kinabatangan Wildlife Sanctuary：critical success factors[J]. The Malaysian Forester，（74）：1-21.

Haywood K M. 1988. Responsible and responsive tourism planning in the community[J]. Tourism Management，9（2）：105-118.

Hull C. 1943. Principles of Behavior：An Introduction to Behavior Theory[M]. New York：Appleton Century Crofts.

Humphrey M K. 2019. Evaluation of community participation in Sihlanzimvelo Stream Cleaning Project：case study of Pink Sihlanzimvelo Project[D]. Masters Dissertation of the University of KwaZulu-Natal.

Hurdawaty R，Elsa V M，Kusumaningrum D A. 2020. Local community participation in tourism in Siau Island，Sitaro District，North Sulawesi，Indonesia[J]. South Asian Journal of Social Studies and Economics，（11）：1-12.

Inskeep E. 1991. Tourism Planning：An Integrated and Sustainable Development Approach[M]. New York：Van Nostrand Reinhold.

Jaafar M，Shuhaida M N，Mohamad D，et al. 2020. Motivational factors impacting rural community participation in community-based tourism enterprise in Lenggong Valley，Malaysia[J]. Asia Pacific Journal of Tourism Research，25（7）：697-710.

Jamal T，Getz D. 1995. Collaboration theory and community tourism planning[J]. Annals of Tourism Research，22（1）：186-204.

Jamieson W. 1994. The challenge of cultural tourism[J]. Canadian Tourism Bulletin，（3）：28-30.

Jamison D. 1999. Tourism and ethnicity [J]. Annals of Tourism Research，26（4）：944-967.

Kangas P，Shave M，Shave P. 1995. Economics of an ecotourism operation in Belize[J]. Environmental Management，19（5）：669-673.

Keogh B. 1990. Public participation in community tourism planning[J]. Annals of Tourism Research，17（3）：449-465.

Lewin K. 1946. Action research and minority problem[J]. Journal of Social Issues，（2）：34-46.

MacDonald R，Jolliffe L. 2003. Cultural rural tourism：evidence from Canada[J]. Annals of Tourism Research，30（2）：307-322.

Matarrita-Cascante D. 2010. Beyond growth: reaching tourism-led development[J]. Annals of Tourism Research, 37（4）: 1141-1163.

Medina L K. 2003. Commoditizing culture: toursim and Maya identity[J]. Annals of Tourism Research, 30（2）: 353-368.

Murphy P N. 1985. Tourism: A Community Approach[M]. New York: Methuen.

Nicholas L N, Thapa B, Ko Y J. 2009. Residents' perspectives of a world heritage site: the Pitons Management Area. St. Lucia[J]. Annals of Tourism Research, 6（3）: 390-412.

Pam D, Lucinda A, Sigrid S. 2013. Tourism impacts on an Australian indigenous community: a Djabugay case study[J]. Tourism Management, 24（1）: 83-95.

Park R E. 1936. "Book review" The Geographic Factor: Its Role in Life and Civilization[J]. American Journal of Sociology, 41（4）: 520-522.

Parry D, Campbell B. 1992. Attitudes of rural communities to animal wildlife and its utilization in Chobe Enclave and Mababe Depression, Botswana[J]. Environmental Conservation, 19（3）: 245-252.

Rafael M. 1996. Conservation and community[J]. Habitat International, 20（2）: 265-278.

Rasoolimanesh S M, Jaafar M, Barghi R. 2017. Effects of motivation, knowledge and perceived power on residents' perceptions: application of Weber's theory in world heritage site destinations[J]. International Journal of Tourism Research, 19（1）: 68-79.

Rasoolimanesh S M, Ringle C M, Jaafar M, et al. 2016. Urban vs. rural destinations: residents' perceptions, community participation and support for tourism development[J]. Tourism Management, 60: 147-158.

Reed M G. 1997. Power Relations and community-based tourism planning[J]. Annals of Tourism Research, 24（3）: 566-591.

Reid D, Heather M, George W. 2004. Community tourism planning[J]. Annals of Tourism Research, 31（3）: 623-639.

Reimer J K, Walter P. 2013. How do you know it when you see it? Community-based ecotourism in the Cardamom Mountains of southwestern Cambodia [J]. Tourism Management, 34（2）: 122-132.

Reisinger Y, Waryszak R Z. 1994. Tourists' perceptions of service in shops[J]. International Journal of Retail & Distribution Management, 22（5）: 20-28.

Robbins S P. 1986. Organizational Behavior[M]. Upper Saddle River: Prentice-Hall.

Ross E M, Donald G R. 2001. Community integration[J]. Annals of Tourism Research, 28（1）: 113-139.

Ross S, Wall G. 1999. Ecotourism congruence between theory and practice[J]. Tourism Management, 20（1）: 123-132.

Sautter E T, Leisen B. 1999. Managing stakeholders: a tourism planning model[J]. Annals of Tourism Research, 26（2）: 312-328.

Scheyvens R. 1999. Ecotourism and the empowerment of local communities[J]. Tourism management, 20（2）: 245-249.

Sebele L S. 2010. Community-based tourism ventures, benefits and challenges: khama rhino sanctuary trust, central district, Botswana[J]. Tourism Management, 31（1）: 136-146.

Simmons D G. 1994. Community participation in tourism planning[J]. Tourism Management, （15）: 98-108.

Singgalen Y A, Sasongko G, Wiloso P G. 2019. Community participation in regional tourism development: a case study in North Halmahera Regency-Indonesia[J]. Insights into Regional Development, 1（4）: 318-333.

Staudt K. 1990. Woman, International Development and Politics[M]. Philadelphia: Bureaucratic Mire Temple University Press.

Sudhiani P. 2000. Understanding local community participation in ecotourism development: a critical analysis of select published literature[D]. PhD. Dissertation of the Michigan State University.

Swarbrooke J. 1999. Sustainable Tourism Management[M]. Oxford: Oxford University Press.

Tazim B J, Donald G. 1995. Collaboration theory and community tourism planning annals of tourism research[J]. Annals of Tourism Research, 22（1）: 186-204.

Tosun C. 2000. Limits to community participation in the tourism development process in developing countries[J]. Tourism Management, 21（6）: 613-633.

Tosun C. 2006. Except nature of community participation in tourism development process in developing countries[J]. Tourism Management, 21（6）: 613-633.

Trakolis D. 2001. Local people's perceptions of planning and management issues in Prespes Lakes National Park, Greece[J]. Journal of Environmental Management, （61）: 227-241.

Yuksel F, Bramwell B, Yuksel A. 1999. Stakeholderinter views and tourism planning at Pamukkale, Turkey[J]. Tourism Management, 20（3）: 351-360.

后　记

习近平总书记在党的二十大报告中指出，"大自然是人类赖以生存发展的基本条件。尊重自然、顺应自然、保护自然，是全面建设社会主义现代化国家的内在要求"[①]。中国旅游资源丰富，自然生态资源类型多样、千姿百态，文化资源源远流长、博大精深，发展生态文化旅游潜力巨大。发展生态文化旅游既顺应了旅游业可持续发展潮流，也体现了"以人为本""着力推进高质量发展"的中国式现代化理念，而要实现生态文化旅游的可持续发展，离不开当地社区居民的智慧、参与和支持，社区参与是我国生态文化旅游发展战略实现的底气和根基所在。因此，推进旅游业转型升级，提升旅游发展质量，构建旅游目的地居民广泛参与的生态文化旅游建设模式，成为必需和必然。研究生态文化旅游资源开发的社区参与，推进实现人与自然和谐共生和共同富裕的中国式旅游现代化，具有重要的理论和现实意义。

《生态文化旅游资源开发社区参与机制研究》是湖北省社会科学基金项目的最终成果。

全书除绪论外共分七章，分别从社区参与生态文化旅游开发的文献回顾和理论渊源、社区参与生态文化旅游开发的"三位一体"模式、社区参与生态文化旅游开发的驱动机制、社区参与生态文化旅游开发的利益分配机制、社区参与生态文化旅游开发的保障监督机制、社区参与生态文化旅游开发的实证分析和社区参与生态文化旅游开发的研究结论与展望，进行了全面而系统的梳理和阐述。本书理论上构建了旅游目的地社区在生态文化旅游资源的开发参与、利益分配和保障监督上的"三位一体"模式，并通过多地多个案例，详细分析"三位一体"模式的运用与实践。本书认为基于旅游产业特性和乡村振兴、共同富裕目标的考量，走新型集体经济与个体经济互惠共生道路，成为一种较好的选择，而且在实践中也形成了袁家村、阿者科村、泗南峪社区等多种旅游新型集体经济与个体经济互

[①] 习近平. 高举中国特色社会主义伟大旗帜 为全面建设社会主义现代化国家而团结奋斗——在中国共产党第二十次全国代表大会上的报告[EB/OL]. https://www.gov.cn/xinwen/2022-10-25/content_5721685.htm，2022-10-25.

惠共生模式。生态文化旅游是践行"绿水青山就是金山银山"理念的重要领域，是传承弘扬中华文化的重要载体，推进生态保护、文化传承、旅游发展深度融合、相互促进，把生态文化旅游打造成衔接脱贫攻坚成果和推动乡村振兴的主导产业、支柱产业、先导产业，从而实现旅游目的地社区经济、生态、社会三大效应的平衡。

本书的几个特点如下：一是将旅游置于国家发展大战略之下，将生态文化旅游与乡村振兴、共同富裕相结合，通过发展生态文化旅游进一步推进乡村振兴，激发生态文化旅游的富民效应，使生态文化旅游成为调节收入分配、缩小贫富差距和推动共同富裕的有效路径。二是将理论与实践结合，用案例诠释理论价值。通过剖析湖南省张家界市泗南峪社区、贵州省丹寨县万达小镇、湖南省怀化市大坪村、云南省阿者科村、陕西省袁家村等案例，从生态文化旅游资源开发的社区参与、分配和保障监督等方面进行分析，认为各案例具有特色的新型集体经济与个体经济共生模式，是激活生态文化旅游发展的内生动力。三是将社区居民视为生态文化旅游资源的主体，坚持"以人为本"发展理念，推进游客与目的地居民的价值共享，让生态文化旅游建设成果更多、更公平地惠及全体人民，不断增进民生福祉，实现游客和旅游目的地居民的共建共乐共富。

本书由张英教授负责策划选题，并拟定写作大纲和体例。各章节具体分工如下：张英负责绪论、第一、二、三、七章，杨光祥负责第四章，田开俊负责第五章，龙安娜负责第六章。朱姜燕、阿如娜负责第一章文献回顾和参考文献修订，杨光祥增补第三章案例——贵州省丹寨县万达小镇，田开俊增补第三章案例——湖南省怀化市鹤城区大坪村，袁铭鸿增补第四章案例——云南省阿者科村和陕西省袁家村，阿瓦古丽增补第五章案例——云南省南华县咪依噜风情谷和新疆喀纳斯景区。杨光祥协助全书修订，田开俊协助案例修订。最后，由张英统一终审定稿。

本书的出版，得到了中南民族大学科学发展研究院、研究生院领导支持，得到了中南民族大学经济学院学科建设和"民族地区产业发展与金融支持"团队的经费支持；在出版过程中，科学出版社徐倩老师认真负责，对书稿提出了很好的修改意见，为本书出版付出了大量心血。一并感谢！

本书的写作，既充分吸收了我们多年积累的研究成果，又广泛参考了学术界近几年研究的新成果，在此表示诚挚的感谢！由于我们水平有限，书中还有一些不足之处，也真诚地期待能看到本书的专家和同行多提宝贵意见！

张 英

2023 年春